U0454013

本书系国家语委语言文字科研项目优秀成果后期资助
2016年度项目"民汉双语教育规划论"
（项目编号：HQ135−8）的最终研究成果

民汉双语教育规划论

海　路

滕　星

陈立鹏

等著

知识产权出版社
全国百佳图书出版单位

图书在版编目（CIP）数据

民汉双语教育规划论/海路等著. —北京：知识产权出版社，2019.9

ISBN 978 – 7 – 5130 – 6255 – 8

I. ①民… II. ①海… III. ①少数民族—民族地区—双语教学—研究—中国 IV. ①G75

中国版本图书馆 CIP 数据核字（2019）第 091321 号

责任编辑：邓　莹　　　　　　　　责任校对：潘凤越

特约编辑：冯汝林　　　　　　　　责任印制：刘译文

民汉双语教育规划论

海　路　滕　星　陈立鹏　等著

出版发行：**知识产权出版社**有限责任公司	网　　址：http://www.ipph.cn
社　　址：北京市海淀区气象路 50 号院	邮　　编：100081
责编电话：010 – 82000860 转 8346	责编邮箱：dengying@cnipr.com
发行电话：010 – 82000860 转 8101/8102	发行传真：010 – 82000893/82005070/82000270
印　　刷：保定市中画美凯印刷有限公司	经　　销：各大网上书店、新华书店及相关专业书店
开　　本：720mm×1000mm　1/16	印　　张：16.75
版　　次：2019 年 9 月第 1 版	印　　次：2019 年 9 月第 1 次印刷
字　　数：250 千字	定　　价：66.00 元
ISBN 978-7-5130-6255-8	

前　言

　　本著作是笔者主持的国家语委语言文字科研项目优秀成果后期资助2016年度项目"民汉双语教育规划论"（项目编号：HQ135－8）的最终研究成果。

　　本著作首次从语言规划的视角，对中国少数民族地区的双语教育问题进行文献分析、理论探讨、历史回顾、政策解读和实践考察，提出少数民族双语教育规划应从"问题解决""权利保障"转向"资源开发"的实践路径以及在双语教育领域中"树立科学的语言资源观"的理论命题，这对丰富我国民汉双语教育研究的理论内涵和研究视角，正确认识和总结我国民汉双语教育发展的基本经验，科学规划和指导我国民汉双语教育的实践具有较高的理论价值和实践意义。

　　全书分为"理论篇""历史篇""政策篇"及"政策篇"四大部分。第一部分"理论篇"主要介绍语言规划取向视角下双语教育的理论基础、政策价值逻辑以及少数民族双语教育的双重性特征；第二部分"历史篇"主要对中国少数民族新创文字的语言规划、改革开放40年来我国双语教育政策的发展、我国民族中小学汉语课程建设的历史演进、蒙古族中小学汉语教科书60年变迁等重要议题进行回顾和展望；第三部分"政策篇"从科学推进"民汉"双语教育的战略思考、民汉双语教育与国家安全的关系、民汉双语教育政策的顶层设计与基层管理、中国促进语言教育平等法规的研究等方面对民汉双语教育政策进行具体解读和分析；第四部分"实践篇"主要以广西壮族自治区的壮汉双语教育为例，从实践层面分析民汉双语教育规划的成就、经验、问题及教训，为我国民汉双语教育规划的科学发展提供借鉴和启示。

目 录 *Contents*

理 论 篇

历 史 篇

政　策　篇

实　践　篇

理论篇

第一章 语言规划视角下的双语教育[*]

语言规划取向是指人们对语言及语言多样性问题所持的态度和看法。语言规划取向视角下的语言观有三种：（1）将语言作为问题；（2）将语言作为权利；（3）将语言作为资源。语言规划取向为研究少数民族双语教育提供了新的视角，对中国少数民族双语教育的发展具有一定的借鉴意义。

一、语言规划取向下的三种语言观

由于人们对语言及语言多样性问题的看法不同，由此形成不同的语言规划观念。鲁伊斯（Ruiz）认为，语言规划中的"取向"（Orientation）是指："对语言及其作用，以及多种语言及其社会作用的一种复杂的认识倾向"，存在三种因人而异、因群体而异的关于语言的基本倾向或观点：语言作为问题（language - as - problem）；语言作为权利（language - as - right）；语言作为资源（language - as - resource）。这三种语言倾向主要来自潜意识。❶

（一）语言作为问题

"语言作为问题"有两种截然相反的观点：第一种观点可称为"语言同化主义"。这种观点认为，永久性地保留少数民族语言和语言的多样性

---

* 本章主要内容曾刊发于《新疆师范大学学报（哲学社会科学版）》2013 年第 3 期，执笔人：海路，滕星。

❶ Ruiz Richard. Orientations in Language Plan [J]. NABE Journal, 1984 (2): 15 – 34.

会使一体化和内聚力的程度下降，在社会上引起更多的骚乱和冲突。对社会而言，语言多样性问题容易造成不同民族的对立和冲突，甚至导致国家分裂；对个体而言，少数民族语言经常与贫困、学业成绩低下、少量的社会和职业流动以及与主体民族文化缺乏融合等问题联系在一起，因而被认为是引起社会、经济和教育问题的根源。少数民族语言还被认为是一种需要通过学校教育制度加以解决的不利因素。❶ 这种观点坚持主体民族语言对多样性语言的统一，认为语言多样性问题应当通过学习主体民族语言的同化方式加以解决。例如在美国的学校中，主要实施淹没型和过渡型两种"弱势"的双语教育，其目的就是使少数民族母语儿童尽快掌握英语，融入主流社会。

第二种观点可称为"语言民族主义"。这种观点认为，语言是民族的特征和标志之一，一个多民族国家中的少数民族必须大力发展自己的语言，传承本民族文化，在学校教育中应实施保持型的"强势"双语教育。但如果过于强调本民族语言而排斥学习其他语言，往往容易导致"语言民族主义"（或"语言保守主义"）的倾向，在全球化和各民族交往日益密切的背景下，容易使本民族的发展与进步受到限制，这显然不合时宜。

（二）语言作为权利

"语言作为权利"的观点认为，语言是人的一项基本权利。语言权利包括个人的语言权利和群体的语言权利，个人的语言权利包括个人自由表达的权利，群体的语言权利包括继承母语和保护文化的权利。❷

一些国际性组织在其声明中极力倡导保护少数民族的语言权利。如《联合国在民族或族裔、宗教和语言上属于少数群体的人的权利宣言》（1992 年）规定："各国应采取适当措施，在可能的情况下，使属于少数

---

❶ ［英］科林·贝克. 双语与双语教育概论［M］. 翁燕珩，等译. 北京：中央民族大学出版社，2008：408 – 409.

❷ ［英］科林·贝克. 双语与双语教育概论［M］. 翁燕珩，等译. 北京：中央民族大学出版社，2008：410.

群体的人有充分的机会学习其母语或在教学中使用母语。"❶ 1999 年，联合国教科文组织第 30 届大会决定将每年的 2 月 21 日定为"世界母语日"，旨在增强人们的母语意识，保护语言的多样性，提倡多语教育。联合国教科文组织在《多语并存世界里的教育》（2003 年）中宣称："语言不仅是交流和知识传播的工具，也是个人与群体文化特征和权利的基本属性。因此，尊重属于不同语言群体的人的语言是和平共存的基础。……要求语言权利是少数群体在政治变革中首先要求得到的权利之一。这种语言权利的要求包括少数人语言和土著语言争取获得正式的法律地位，也包括语言教学和在学校和其他机构以及媒体中使用这种语言。"❷

在一个多民族国家中，少数民族一方面应当拥有使用和传承自己母语的权利，另一方面还要履行其作为国家公民学习和使用国家通用语言文字的权利和义务，不能厚此薄彼。因此，中国少数民族语言权利的保障主要包括两方面：一是学习、使用国家通用语言文字的权利；二是学习、使用本民族语言文字的权利。我国宪法和相关法律规定"各民族都有使用和发展自己的语言文字的自由"（《宪法》第 4 条），同时也规定"国家推广全国通用的普通话"（《宪法》第 19 条），很好地体现了多民族国家中"语言作为权利"的两个不可分割的部分。中国少数民族学习本民族语言和国家通用语言都有充分的法律依据和保障，是宪法和法律赋予的神圣权利。

"语言权利观"相对"语言问题观"而言是一种进步，它不仅保障一个统一的多民族国家中各族公民学习国家通用语言的权利，而且强调尊重和保障少数民族的语言权利，反对任何形式的语言歧视。我们认为，少数民族地区的民汉双语教育不仅有利于维护少数民族的母语教育权利，保障少数民族学习、使用本民族语言文字，而且有利于保障少数民族群体与个体学习国家通用语言的权利，不仅赋予群体与个体的文化选择权，而且体

---

❶ 周勇. 少数人权利的法理：民族、宗教和语言上的少数人群体及其成员权利的国际司法保护［M］. 北京：社会科学文献出版社，2002：243.

❷ 联合国教科文组织. 多语并存世界里的教育（中文版）［R］. 巴黎：联合国教科文组织，2003：16－17.

现了一种均衡发展的语言权利观。

（三） 语言作为资源

"语言作为资源"的观点认为，语言是一种个人的和民族的资源。少数民族语言是一种文化和社会资源。语言被认为是构成潜在的经济桥梁，因其在不同群体间搭建社会桥梁、在文化的相互交流中起沟通作用而受到青睐。语言的多样性不会引起分裂和一体化程度降低的社会形态。相反，国家的统一和语言的多样性并存是可能的。群体间的宽容与合作也许因为有了语言的多样性才成为可能。❶

相对于"语言问题观"和"语言权利观"，"语言资源观"丰富了人们对语言多样性问题的认识，肯定了多种语言的积极作用。如果将语言看作一种资源，对于个人来说，如果会说几种语言，就意味着他能获得更多的资源，具有更多接触和了解不同文化的机会，更有利于个人的发展；对于国家来说，多种语言是国家发展的资源和财富，国民掌握多种语言也是国家的财富。丰富的语言文化资源一方面可以提升国家的软实力，另一方面也可以促进不同民族的和谐关系，维护国家统一和民族团结。随着人们语言观念的变化，人们逐渐认识到，"多语言多方言是国家宝贵的社会文化资源，不应看成国家统一和社会经济发展道路上的障碍。越来越多的人认识到语言和方言保护的重要性。各种语言资源的占有、开发和利用正在受到重视。"❷ 在一个多民族国家中，各民族的语言都是重要的资源。从语言资源的角度认识中华民族语言，一方面，国家通用语言是最重要的语言资源，它对国家统一、民族交流、经济发展、社会进步以及个人的发展具有非常重要的作用；另一方面，少数民族语言也是重要的语言资源，在本民族内部的交流和民族文化的传承方面起着不可替代的作用，而且在国家

---

❶ ［英］科林·贝克. 双语与双语教育概论 ［M］. 翁燕珩，等译. 北京：中央民族大学出版社，2008.

❷ "中国语言生活状况报告"课题组. 中国语言生活状况报告2005（上编）［R］. 北京：商务印书馆，2006：2.

的政治、经济、文化、科技、教育、国家安全等各方面也发挥着重要的功能。因此，在少数民族地区实施"民汉兼通"的双语教育，有利于开发、利用国家通用语言和少数民族语言资源，充分发挥各自在不同领域内的社会文化功能，形成和谐的语言环境和语言关系。

二、中国少数民族双语教育存在的问题

中华人民共和国成立 70 年来，我国少数民族双语教育取得巨大成就。截至 2014 年，我国少数民族地区共有 1.2 万多所学校使用 21 个民族的 29 种文字开展双语教育，接受双语教育的学生 410 万人，双语教师 23.5 万人。每年编译出版的少数民族文字教材达 3 500 余种，出版发行 1 亿多册。❶

然而，由于主观上人们对少数民族双语教育的长期性、艰巨性、复杂性认识不足，有忽视双语教育或急于求成的倾向；客观上缺乏足够的胜任双语教育的师资、适宜少数民族学生的双语教材，以及配套的升学、就业等措施，致使一些地区的少数民族双语教育规划在实施过程中未能完全实现其提高少数民族学生教育质量、传承少数民族文化的初衷。从语言规划取向的视角检视少数民族双语教育中存在的问题，主要有以下三个方面。

（一）对民汉双语教育的两种片面认识："忽视母语"和"忽视国家通用语"

从少数民族双语教育发展的历史和现状来看，少数民族地区一直存在"忽视母语"和"忽视国家通用语"两种片面倾向。

"忽视母语"的倾向主要表现在少数民族地区的一些干部、群众对实施双语教育、发展语言文化多样性缺乏必要的认识，将少数民族语言视为

---

❶ 柴葳. 为了"一个都不能少"的承诺——近年来我国民族教育改革发展成就综述［N］. 中国教育报，2015 - 08 - 18（001）.

影响少数民族学生学业质量提高和民族地区社会经济发展的"障碍"，认为少数民族学生应该尽快掌握国家通用语言，才能更好地融入主流社会。其实这种观点也符合国际语言文化发展的趋势，不过不能成为推行双语教育的阻力。与"忽视母语"相反的是"忽视国家通用语"的倾向，主要表现为少数民族地区的一些干部、群众担心普及国家通用语会削弱本民族母语的作用，不利于本民族语言文化的传承和保护，因而对推行国家通用语言的态度表现消极。

综上所述，"忽视母语"和"忽视国家通用语"这两种认识都是片面的，对双语教育目标的理解是不完整的。语言观影响和决定人们的语言行为。我国少数民族双语教育的目标是实现"民汉兼通"。在学好国家通用语言文字的基础上，我们应该保留并发展本民族的语言文字。

（二）推行国家通用语言文字和使用少数民族语言文字：冲突与和谐

我国的《宪法》《民族区域自治法》《国家通用语言文字法》和相关法律法规对各民族公民使用、发展本民族语言文字的自由和学习、使用国家通用语言文字的权利分别作了若干规定。

《宪法》第 4 条规定："各民族都有使用和发展自己的语言文字的自由。"《民族区域自治法》也规定："招收少数民族学生为主的学校（班级）和其他教育机构，有条件的应当采用少数民族文字的课本，并用少数民族语言讲课；根据情况从小学低年级或者高年级起开设汉语文课程，推广全国通用的普通话和规范汉字。"我国政府对少数民族使用和发展自己的语言文字，在学校教育中使用本民族语言文字教学的有关规定，充分反映了国家尊重和保护少数民族语言文字，维护文化多样性的语言规划目标，是少数民族地区民族文化多元化的具体体现。

在规定少数民族享有使用和发展本民族语言文字的自由的同时，《宪法》第 19 条规定："国家推广全国通用的普通话。"《国家通用语言文字法》第 3 条规定："国家推广普通话，推行规范汉字。"第 4 条规定："公民有学习和使用国家通用语言文字的权利。"在一个多民族国家中，为了达到各民族在各个领域相互交流从而维护国家统一政体的目的，各民族必须要拥有一种共同的族际语（国家通用语）。中国的国家通用语就是汉语。这是由中国几千年来各民族历史发展与现实的政治、文化、经济等多方面社会因素所决定，并自然而然形成的，是中国各民族自愿的选择。从语言规划的视角来看，推行国家通用语言文字，不仅有利于各民族交流和国家统一，也是实现国家整合，促进社会一体化的重要手段。

因此，在少数民族地区推行国家通用语言文字和使用少数民族语言文字，实际上反映了语言规划中国家一体化与民族文化多元化这两个不同的方向。少数民族学生学习国家通用语的权利和学习母语的自由是受法律保护的。

（三）少数民族母语资源的开发和利用："一刀切"还是多样性

在少数民族地区的学校教育中，语言资源包括国家通用语资源和少数民族语言资源，这里重点论述少数民族语言资源暨母语资源的开发和利用。少数民族双语教育具有教育功能、文化功能、经济功能、社会功能、政治功能等多重功能。● 我们需要对少数民族母语资源进行有效的开发、利用，以实现双语教育的多重功能。

少数民族母语资源的开发、利用是一项系统工程，需要根据不同地方的实际情况制定科学、稳妥的具体实施方案，建立科学、有效的管理机制。在实施双语教育的学校中，对于两种教学语言的比例、双语课程的目标和规划、双语教育的起止时间、双语教育的模式、双语教育的评价等问题，都需要因地制宜地综合考虑，并做出妥当的安排。一些民族地区的干部尽管有良好的主观愿望，但没有依据当地客观的语言生态环境和语言使用情况，在条件还不具备或不成熟的情况下，就推行"一刀切"的"保持性"或"过渡性"双语教育模式，结果违背了教育教学规律和语言学习规

● 滕星. 中华民族多元一体格局中的新疆双语教育［J］. 新疆教育学院学报，2011（1）：14－16.

律，致使双语教育质量得不到保证，"欲速则不达"。这方面的教训不在少数。

因此，在少数民族母语资源的开发、利用中，应根据不同地方多样性的语言生态环境和语言使用情况，尊重当地少数民族干部、群众的意愿，满足少数民族学生的实际学习需求，采取多样性的双语教育模式，实行差异性的开发策略，努力达到比较理想的教学效果。

三、促进少数民族双语教育发展的几点建议

（一）坚持"民汉兼通"的目标，反对"语言融合主义"和"语言民族主义"

针对少数民族地区一些干部、群众思想中存在的"忽视母语"和"忽视国家通用语"这两种片面倾向，笔者认为，在少数民族地区的双语教育中应坚持"民汉兼通"的目标，反对"语言融合主义"和"语言民族主义"。

"忽视母语"和"忽视国家通用语"这两种倾向实质上是"语言融合主义"和"语言民族主义"语言意识形态在实践中的反映。

"语言融合主义"当前主要表现为人们在思想认识上对民汉双语教育存在一些争议：一是随着全球一体化趋势的日益加快、改革开放的深入发展，少数民族应该直接进入汉语与外语教学；二是少数民族学习民族语会影响个体国家通用语水平的提高，不利于其更好更快地融入现代社会；三是实施双语教育的经费数倍于单语教育，民族地区经济基础薄弱，应把有限的资源投入单语教育中。笔者对上述看法的回应是：首先，少数民族学习自己的语言文字不仅是法律赋予的自由，而且对促进民族认同、传承民族文化也具有重要意义。现代化并不是要以消灭语言文化多样性为代价，经济发展与民族文化传承是可以同时并存的。其次，不少研究表明，少数民族儿童的母语学习能够促进其认知水平和思维能力的提高，更有利于第

二语言习得。因此，少数民族儿童学习母语非但不会影响其国家通用语水平的提高，反而有利于更好地学习国家通用语。目前一些地区国家通用语学习质量不高，主要是由于缺乏合格的师资和适宜的教材，以及教学方法不科学造成的，不能简单地归因于少数民族母语学习。最后，双语教育确实是一项造价昂贵的社会发展系统工程，但对于一个多民族国家的民族团结、社会发展和国家统一来说，"双语教育的代价无论多么昂贵，它都将比不进行双语教育所付出的社会代价要低"。❶

"语言民族主义"当前主要表现为人们在思想认识上对民汉双语教育存在的另一种片面看法。有些少数民族地区的领导、干部，不顾本民族地区的现实状况和本民族广大群众的意愿，仅从狭隘的民族情感出发，片面主张建立从小学到大学整个用民族语言授课的教育体系。这种主张至今仍在一些少数民族地区干部的头脑中或多或少地存在。实际上，从我国的现实情况出发，这种主张无论在理论上还是实践上都需要进一步斟酌。首先，南方的少数民族由于大多数文字尚不完备，使用情况又极为复杂，不可能达到这一目标。其次，即便北方的一些少数民族，如蒙古族、朝鲜族、维吾尔族、哈萨克族等，建立从小学到大学整个用民族语言授课的教育体系，其结果也将会导致本民族的自我封闭，在单一民族语言教育系统中培养出来的学生，将因无法跨越语言文化障碍而难以顺利进入现代化主流社会，无法获得更大的发展。

因此，在中国少数民族双语教育的理论与实践领域，既要反对"语言融合主义"和"语言民族主义"的潜在意识，又要坚持"民汉兼通"双语教育目标，这个目标在任何时候都不能偏废。因为"民汉兼通"不但有利于少数民族保存及发展各自的优秀传统文化，而且有利于少数民族学生跨越语言、文化障碍，在现代化社会获得进一步的发展，此外，更有利于中华民族大家庭的团结和国家的统一。

---

❶ ［加拿大］W. F. 麦凯，［西班牙］M. 西格恩. 双语教育概论［M］. 严正，柳秀峰，译. 北京：光明日报出版社，1989：（导言）5.

（二）树立"多元文化整合教育"的语言教育观，将推行国家通用语言文字和学习、使用少数民族语言文字有机结合

首先，应树立"多元文化整合教育"的语言教育观。"中华民族多元一体"的基本格局，决定了我国的语言规划和双语教育政策必须同时兼顾"多元"和"一体"这两个特点，保证少数民族学生在学习、掌握本民族语言的同时，也能学习、掌握国家通用语言，实现学校教育领域内"多元"和"一体"的整合。这不但是必要的，而且是可能的。从国际社会经验来看，在一个多民族国家中，语言的多样化和国家的统一是可以共同存在的。"在多样性与国家统一之间不存在取舍。多元文化政策是一个建立多样且团结统一国家的方法。"❶ 为此，作为笔者之一的滕星教授曾提出"多元文化整合教育"（也叫"多元一体化教育"）的理论构想，认为在一个多民族国家的学校教育中，国家主流文化知识的教学和少数民族优秀语言文化的传承不仅并行不悖，而且可相互促进，共同发展。❷ 这种"多元文化整合教育"的语言教育观较好地兼顾了多民族国家中政治"一体"和文化"多元"的平衡关系，是一种比较理想的语言教育模式。

其次，少数民族学生学习国家通用语言和本民族语言文字是可以协调、兼顾的，二者并不存在根本的对立和冲突。我国的《宪法》和相关法律法规同时保障了少数民族学生学习国家通用语言文字和本民族语言文字的权利。如《宪法》第 4 条规定"各民族都有使用和发展自己语言文字的自由"，同时在第 19 条规定"国家推广全国通用的普通话"。这两条规定相辅相成，很好地体现了我国语言"多元"和"一体"相结合的特点，符合"中华民族多元一体"的基本国情。我们认为，少数民族学生学习通用语言文字和学习少数民族语言文字这两种语言权利之间是一种相互兼容和

---

❶ 联合国开发计划署. 2004 年人类发展报告：当今多样化世界中的文化自由 [R].《2004 年人类发展报告》翻译组，译. 北京：中国财政经济出版社，2004：3.

❷ 滕星，苏红. 多元文化社会与多元一体化教育 [J]. 民族教育研究，1997（1）：18－31 +71.

叠加的关系，而不是相互冲突和对立的关系。我国少数民族公民可以同时享有这两种语言权利。

最后，在两种语言的具体学习步骤和措施上，应根据各地的语言环境和语言使用情况而定。在通常情况下，应当遵循母语优先的原则，少数民族学生在学习、掌握好本民族语言的基础和前提下，学习、使用国家通用语言文字，最终成为"民汉兼通"的跨文化人才。

（三）坚持因地制宜、分类指导的原则，将母语资源的开发、利用与民族地区的语言环境有机结合

少数民族地区多样化的语言生态环境和语言使用情况，决定了少数民族母语资源开发绝不能采取单一化的模式。应坚持因地制宜、分类指导的原则，将少数民族母语资源的开发、利用与民族地区的语言生态环境和语言使用情况有机结合，在各地各级各类学校实施不同的双语教育模式。

一方面，要根据不同地方的语言环境和语言使用情况的差异性，制定多样化的双语教育模式，在设计双语教育模式时要充分考虑民族聚居区和杂居区、城市和乡村、学校教育和扫盲教育、小学、中学和大学的不同阶段等各类差异情况，以及人口规模、民族交往、语言兼用和转用等因素。另一方面，也要尊重少数民族地区干部、群众的语言态度和行为选择，提供必要的教育资源，满足不同类型的语言群体及个体学习少数民族语言、国家通用语言和外国语的不同需求。总之，在少数民族地区实施双语教育是一项严肃、艰巨的任务，需要因地制宜、科学管理，不能简单化对待。

第二章　语言规划取向下双语
教育政策价值逻辑分析[*]

　　语言学家理查德·鲁伊斯认为，语言规划中的"取向"（Orientation）就是"人们对语言及其作用，以及多种语言及其社会作用的一种复杂的认识倾向"。根据个体之间、群体之间及其所处社会环境之间的差异，对语言规划大体上可分为三种不同的基本价值：将语言视为问题（language - as - problem），将语言视为权利（language - as - right）以及将语言视为资源（language - as - resource）。❶ 根据这些不同理念，双语教育政策决策者会针对不同地域环境与发展阶段的需要进行价值选择，并形成相应的政策价值逻辑，即视语言为阻碍国家主权统一与认同的根源问题而选择缩减性沉浸式双语教育；视语言为保障民族平等与文化传承的基本权利而实施多样性保持式双语教育；视语言为促进国家（地区）间经济合作与交流的重要资源而采用添加性双向式双语教育。

一、"语言问题观"逻辑中的双语教育政策

　　语言是一个民族的象征、符号，具有不可磨灭的民族性与社会性。语言的统一象征着国家主权的统一，而民族语言与文化的多样性则会在一定程度上降低国家一体化与内聚力程度，甚至可能会引起不同民族或社会群

　　* 本章主要内容曾刊发于《比较教育研究》2018 年第 4 期，执笔人：王瑜、刘妍。
　　❶ Ruiz Richard. Orientations in Language Plan［J］. NABE Journal，1984（2）：15 - 34.

体间的对立、冲突。为此，在一些多民族国家、移民国家中，决策者会视民族语言多样性为不利于社会稳定、主权统一的主要因素，而将双语与双语教育视为有效增强国家认同的沟通工具与途径。这些国家往往会基于民族和谐共处、避免国家分裂等政治需要，而将双语教育设为国家强势语言教育政策的重要内容。这种视语言为问题的双语教育政策通常是利用国家主流语言环境，针对少数民族或移民等亚文化群体实施文化同化或涵化教育来促使其迅速融入主流文化，在学校教育中主要采用"沉浸式""过渡式"❶ 等双语教学模式。其中，前者是在少数民族聚居地或移民聚居地的官方学校直接开设国家强势语言为教学语言的教育课程，并通过各类主流文化与传播渠道中统一的语言环境，减少亚文化群体接触本族母语环境的概率，使主流文化得到全面覆盖；后者则是采用亚文化群体母语作为学科教学语言，伴随着学生认知水平以及目标生活语言能力的提升，逐渐过渡到以目标语为教学语言。无论采取哪种模式，这两种模式本质上都是一种弱势双语教学或单语教育，其根本目的都是帮助亚文化群体迅速掌握主流文化语言并享有公平的受教育过程及结果，进而维护社会和谐与政治稳定。

（一）以"语言问题观"为主要逻辑的美国双语教育政策

美国作为包含来自意大利、德国、荷兰、法国、波兰等多个国家移民群体的多民族多语言的移民国家，其双语教育政策表现出较清晰的"语言问题观"逻辑。美国自建国以来，其双语教育政策的制定或每一次修订都与该时期移民潮的涌入及其带来的政治思潮有着直接关联。但无论是支持还是反对双语教育，每届政府都希望能通过语言教育政策促进少数族裔尽快地掌握英语，接受美国价值观并融入主流社会。早在 1839 年，美国就先后有十多个州根据当地居民需求开始尝试实施双语教育。到了 19 世纪末的

---

❶　Colin Baker, Sylvia Prys Jones. Encyclopedia of Bilingualism and Bilingual Education ［M］. Philadelphia：Multilingual Matters Ltd. , 1998：47.

移民大浪朝时期，面对错综复杂的移民语言情况及可能发生的文化冲突，美国政府不得不将语言同化政策作为国家统一的重要手段，英语的地位开始确立并不断被加强，如 1906 年《国民法》确立了英语作为加入美国国籍的基本要求。在民族熔炉主义、同化主义等思潮影响下，这一阶段的美国双语教育遭到社会各方的抵制。到了 20 世纪六七十年代，受到民权运动、自由主义等政治思潮的影响，语言教育被视为缓解政治平等与社会公平等问题的重要途径。美国政府从 1968 年起通过一系列法案来促进双语教育发展。这一发展持续到 20 世纪 80 年代，民族主义、保守主义等思潮再次卷土重来，"英语第一"等非官方组织提出重新实施"沉浸式"或"过渡式"等弱势双语教育的熔炉主义同化政策。而当"9·11"恐怖袭击发生后，保守主义的政治声浪达到顶峰，小布什政府于 2002 年签署《英语习得法》，提出"为语言水平有限的学生与移民学生提供英语教育"，由此宣告《双语教育法》的废止。当前，特朗普政府提出"美国优先"的带有"民族保护主义"色彩的政治口号，美国少数族裔语言与文化的多样性问题再次受到普遍关注。

正是在"语言是问题"的主导逻辑下，美国历届政府一直是以维护英语优势地位为核心，通过双语教育来削减语言与文化的多样性，从而确保社会稳定与国家主权统一。例如，《双语教育法》颁布的最初目的是希望保护亚文化学生的本族语言与文化不受影响，同时能具有足够的英语能力进入劳务市场参与公平竞争。这些法案似乎为母语为非英语的学生提供了学习英语的方法，并为他们提供了维持少数族群语言的教学项目，维护了少数民族的语言权利。然而，对这些在经济、政治、文化等方面都处于不利地位的外来群体而言，这些将少数族裔语言视为文化阻碍或竞争劣势而开发的各类双语教学项目在实践中大多是过渡性的，其主要任务仍是用标准化的英语取代多样性的少数族群语言。这些从本质上仍然是一种非强制性的语言自愿同化政策，无法实现学习者双语双文化素养的培养。美国双语教育政策制定的背后反映了美国主流社会的政治观念：大量移民会加速美国分裂为语言和文化上的不同社会，应重新认同美国是一个基督教国家，认同盎格鲁－撒克逊清教徒价值观，说英语，维护欧洲文化遗产，认同美国信念。❶ 值得注意的是，美国联邦政府制定双语教育政策时，往往会因为"语言问题都是伴随着种族问题"❷ 的政治敏感性而具有隐性特点，即尽管没有明确法规及其他文字规定，但会通过政策表述或某些政治行为将其态度、意识形态表现出来。例如，《美国宪法》及任何联邦法律都未指定过官方语言，英语的地位更多是通过隐性方式表现出来：用英文书写《美国宪法》来确立英语的政治地位；用"同一面旗帜，同一种语言，同一个国家"的美国信条来树立英语的社会价值；用对 LEP 学生（英语水平欠缺者）的各种"教育救扶"来明确英语的经济优势等。而州政府层面制定双语教育政策则是通过显性的形式来机动性、创造性地处理美国不同地区复杂的语言教育生态，具有临时性、地方性和微观性。如截至目前已有超过半数的州通过立法等不同形式确立了英语在州内的官方语言地位。可以说，尽管自美国建国以来从未有任何一种语言被宪法承认，其语言政策也体现出包容性与平等性的特征，但是其各类含有唯英语或标准英语倾向的语言教育政策更多通过习俗化或制度化途径而非立法途径实现。❸

（二）双语教育政策制定应强调国家核心意识主导

从美国双语教育发展变迁可以看到，以"语言问题观"为主要逻辑的双语教育政策体现了决策者对各民族群体间语言权利与利益的平衡，具有维护政治与社会稳定的功能。在多民族国家中，这种群体语言权利的张力平衡多是受到国家政治、语言价值取向、地方社会环境等因素影响，其双语教育政策制定都蕴含着政府对语言权利的政治倾向。换言之，尽管双语

---

❶ ［美］亨廷顿. 我们是谁：美国国家特性面临的挑战［M］. 程克雄，译. 北京：新华出版社，2005：1－3.

❷ Howatt, A. P. R. A history of English Language Teaching ［M］. Oxford：Oxford University Press, 1984：77.

❸ Hernandez－Chavez. Language Policy in the United States：A History of Cultural Genocide ［C］// Phillipson（eds.）. Linguistic Human Rights：Overcoming Linguistic Discrimination. New York：Mouton de Gruyter, 1995：141－158.

教育政策的价值逻辑可能会根据不同发展阶段、不同地区环境作出动态调整或选择，但是其政策制定必须始终以维护国家文化安全与利益为根本前提，明确双语教育对国家认同培养的第一性。这不难从各国的双语教育实践教训中得以确认：一些发展中国家曾经以"经济至上"的价值理性对外实施工具导向的双语教育，却在全球市场的信息交互中不同程度上遭遇西方"现代化"带来的文化与价值转型，最终导致本国与本民族的文化、历史在"全球认同""现代化"等发展口号中不断被解构、碎片化，国民的国家身份与民族身份出现分裂、冲突甚至消亡。为此，针对可能会影响社会稳定与民族统一的"语言多样化问题"，双语教育政策制定应首先考虑对国家的政治文化安全、语言文化安全以及传统文化安全的维护。在国家各类语言教育政策体系中，无论是涉及对外双语，还是民族双语，双语教育政策制定都应以培养公民强烈的国家意识和宪法意识为前提。其中，国家意识的主导并非要削弱对各族自身语言文化的传承，而是要将国家中所有语言、文化的传承与传播都置身于国家认同的范畴规约中开展，确保核心价值观在国民意识中的主导地位与唯一地位。这就要求在双语教育政策的设计与实施中应注重将显性认知性内容与隐性价值性内容有机结合。即一方面要继续关注学习者科学文化素养的提升，促使其在两种或多种文化与学术认知的交互中突破单一文化带来的思维局限，从而满足全球化、现代化等社会发展趋势提出的人才需要；另一方面更要重视学习者国家认同与宪法认同的培养，确保其具备共同的公民意识、核心价值观、法制精神以及社会参与能力，从而有能力在全球多元文化与价值中做出理性判断与价值选择。

二、"语言权利观"逻辑中的双语教育政策

民族存在的前提是其语言与文化的存在。民族语言作为民族价值理念、精神信仰以及风俗习惯等文化特质与意识最重要的载体与结晶，是一个民族不断繁衍、传承的精神纽带，更是与其他民族相互区分的独特"逻

辑坐标"。❶ 在各族多元文化并存的"地球村"中，强调规则一致性的经济全球化使各族文化都遭受到不同程度的"现代化"冲击。许多经济发展水平处于弱势地位的族群在同一的"现代化"标准中容易开始对本族文化及其价值产生质疑、贬损甚至抛弃。为此，针对这种在多元文化交往中不可避免的差异与冲突，持有"语言权利观"的双语教育政策决策者会将民族语言与文化安全视为该族生存的基本权利。这类双语教育注重对学习者在民族认同、族群情感以及家国情怀等方面的培养，同时也担负本族文化传承、进化功能。决策者通常会采用"保持式"双语教学模式来帮助学习者在跨文化交往中能理性、自主地审视国内外各族文化的差异性，并产生对本族文化的"自知之明"。❷ 不同于以语言替代或文化转型为目的的"沉浸式"与"过渡式"双语教学模式，"保持式"双语教学更多是希望通过异文化间的持续交流与互动融合实现各民族语言、文化的保护、传承与创新。其中，根据文化观念差异，该模式在实施中会细化为静态保持与动态保持两种类型，前者认为文化是一种界限分明、内部连贯、稳定不变的静止形态，双语教育应强调对民族语言、传统文化的保持和保护，有组织、有计划地开展本民族语言教育；后者则认为不同文化间是一种持续交流、融合和创新的互动形态，双语教育应旨在发展学习者在本族语言与主流语言的双语、双文化素养，促使学习者能在不同文化间的平等沟通中进行文化的比较、选择和吸纳，逐渐认识本族文化与人类文化中所共存的普适价值。

（一）以"语言权利观"为主要逻辑的印度双语教育政策

作为拥有上百个少数民族、超过 200 种母语的多民族国家，❸ 印度的双语教育政策较好地诠释了"语言权利观"这一价值逻辑。面对如此复杂多样的民族、文化环境，印度政府从国家独立伊始就明确了促进各族平

---

❶ 韦森. 文化与制序［M］. 上海：上海人民出版社，2003：23 – 25.

❷ 费孝通. 跨文化的"席明纳"［J］. 读书，1997（10）：16 – 25.

❸ 邱永辉. 印度宗教多元文化［M］. 北京：社会科学文献出版社，2009：35 – 36.

等、保护多样文化的政策态度，承认所有文化具有同等的尊严与地位，强调尊重和保护少数人群的平等权利。例如，《印度宪法》第 29 条第 1 款规定，"居住在印度境内任何阶层的公民，凡具有独特的语言、文字或文化者，皆有权保持其语言、文字或文化"。❶ 基于"语言是权利"的政策逻辑，印度政府明确了其语言规划及语言教育的主要目标：通过必要的措施保障国家语言的多元化，使各族语言能在其适宜的领域获得生存与发展；大力发展印地语，使其能成为印度各民族通用交际的官方语言工具。❷ 同时，印度政府以语言为界限标准，根据不同语言分布区域划分出邦、联邦属地及首都辖区，生活在不同行政区域的印度公民往往需要掌握母语、地区语言以及用于城邦与国家间交流的印地语和英语。面对如此社会需求与文化环境，印度政府设计并实施了三语模式，即在国家学校课程大纲中明确第一种语言必须是母语或地区语言（一年级至五年级），第二种语言是印地语（印地语区则是任何一种非印地语的现代印度语言，六年级至八年级），第三种语言是英语（三年级开始）。该三语方案自 1957 年提出开始就一直坚持母语的首要地位和印地语的主要地位，使学龄儿童能掌握代表国家和本民族文化的语言并体现出政府对各民族文化、语言的权利保护，而将英语纳入全国教育体系则更多是将其视为进入高等教育和国际化社会的语言工具。用母语维护不同族群的语言权利，用印地语构建族群间的文化交流基础，用英语顺应全球化科技发展的人才需要，三语共筑符合印度多族文化、历史的民族观念与价值。这种以民族语言为根本权利的双语教育政策较好地实现了印度政府在社会公平、文化传承、主权统一以及科技发展等多重保障功能。

回顾印度双语教育政策历史不难发现，将语言视为基本权利的价值观念并非无中生有，更不是一蹴而就，而是印度漫长历史文化变迁与国内外政治环境共同作用的结果。在 1947 年印度独立前夕，印度领导人曾经秉持

---

❶ 姜士林，等. 世界宪法全书 ［C］. 青岛：青岛出版社，1997：581.

❷ Mallikarjun B. Fifty years of language planning for modern hindi：The official Language of India. ［J］. Language in India, 2004 (4)：11.

"一个国家、一种语言"的民族国家思想，尝试采用"苏联语言政策模式"进行语言的统一与规划，积极推动具有一定人数优势的印地语成为各族的共同语。然而，印度在语言、宗教、民族等方面的多样性与复杂性决定了印地语并不具备作为国语的地位与能力，带有文化同化与涵化色彩的"沉浸式""过渡式"双语教育在这一时期的印地语推广中遭到强烈抵触。各民族为了维护自身的经济利益与政治地位，不断引发出各类语言问题、矛盾甚至爆发冲突，使用印地语较少的南方地区斗争尤为激烈。这些因语言问题而产生的民族权利抗争使印度政府将印地语明确为国家官方语言而非国语，视语言为权利的三语模式也由此应运而生。作为一套指导性和原则性的政策框架，三语模式通过规定不同教育阶段选择不同必修与选修语言，并赋予各邦可以因地制宜采取符合地区实际的语言教育权利，较好地解决了不同语言使用者在国家主权、文化归属以及经济利益等方面可能产生的矛盾与困境。可以说，印度的双语教育政策是各民族之间相互竞争博弈的最终产物，也是印度雅利安文化、穆斯林文化和基督教文化等多种文化融合变迁的历史必然，更是当前政府团结和联结各地区、各民族关系的重要纽带。值得注意的是，印地语作为印度国家民族身份的代表，在双语教育政策中的政治象征性功能远大于工具性与情感性功能。这使得许多学校在印地语或母语的双语教学实践中过多强调对民族语言、文化的权利保护以及民族文字、知识的静态传递，却忽视了民族情感、价值与精神的融入，导致学习者非但没有成为决策者理想中的多语多文化人才，反而出现学业负担过重和文化归属感淡化的现象。❶

（二）双语教育政策制定应注重多元民族文化整合

通过归纳印度双语教育政策变迁可知，以"语言权利观"为主要逻辑的双语教育政策体现了决策者对民族权利与文化传统的维护，具有推动文

---

❶　Ladousa, C. On Mother and Other Tongues: Sociolinguist ics, Schools, and Language Ideology in Northern India [J]. Language Sciences, 2010 (6): 602 –614.

化传承与创新功能。在多民族、多文化地区，这类民族语言文化的权利维护主要受到意识理念、行为规范乃至审美、道德、宗教意向等因素影响，其双语教育政策制定需要考虑双语教育自身所具有的文化逻辑与民族逻辑。为此，民族双语教育政策或对外双语教育政策应以促进多元民族文化整合、增强国家核心价值认同为重要内容，即通过深层次的文化教育活动促使各族文化的共同建构与交互渗透。也就是说，作为维护"民族基本权利"的有效途径，双语教育政策制定将从注重语言的工具性利用逐渐转向情感传达、文化融合以及学术认知等深层次功能的开发。双语教育目标不再局限于各种工具性语言或静态文化内容的知识传递层面，而应注重学习者在面对文化差异时能平等、积极进行文化沟通与理解的能力提升层面。值得注意的是，注重民族文化整合与强调核心价值认同并不是非此即彼的政策原则，两者是相互支撑与补充的，它们应通过自然且自发的民族情感与家国情怀进行联结。单向强制性的价值灌输或语言植入，难以培养公民对祖国的认同与热爱，甚至产生抵制与冲突。对国家与民族的热爱绝非不断重复的政治理想与口号，而是一种根植于个体血脉中的质朴情感。这种情感源自对国家的归属、对家乡的眷恋和对家人的依恋，只有将本民族的语言文字、历史传统、风俗信仰等民族文化要素与国家核心价值进行教育融合，才能在民族文化与乡土情感的相互交融中逐渐养成与激发对国家命运共同体的文化自信与民族自豪。

三、"语言资源观"逻辑中的双语教育政策

频繁的国家间交流促使许多国际性语言尤其是英语逐渐成为重要的国际交流工具，并通过信息技术在世界范围内广泛传播。为适应这种全球性变革，一些决策者将外语视为增进国家、地区间科技与经济交往的重要途径与资源，往往会推行以本国的母语为第一语言、外语为第二语言的双语教育活动。"语言是资源"的价值逻辑是将语言视为不同国家或族群间的经济桥梁与文化平台，认为语言多样性与国家主权统一可以并存共进。基

于语言特有的经济性与民族性，以"语言资源观"为主要逻辑的双语教育政策大多是持有一种积极且谨慎的态度，以两种语言和文化共存互通进而促进经济共同发展为目的。即坚守本国文化与意识民族性，在确保双语活动不会对本族群的社会稳定产生不良影响的前提下，鼓励技术和交流国际性发展。这类双语教育多将外语视为基本的涉外技能与工具，通常会以"外语主流式"或"沉浸式"等添加性双语教学模式为主。其中，前者是广义上的双语教学，其本质上就是外语课程教学。这类模式因推广效率高而受到各国广泛重视与投入，但语言习得效果普遍不理想。后者则是在每个学校教育阶段都将学生一半以上时间浸泡在外语环境中，使学生能逐渐具备母语与外语两种语言和文化。这种做法被认为是培养双语、双文化人才较好的途径，但往往在实践中受限于环境、师资、政策及教材等条件而被束之高阁。

（一）以"语言资源观"为主要逻辑的新加坡双语教育政策

作为儒家文化、佛教文化、伊斯兰文化以及盎格鲁－撒克逊文化等多元文化的交会地，新加坡双语教育政策是"语言资源观"价值逻辑的典型代表。纵观新加坡双语教育政策，其成功的关键在于新加坡政府始终将语言视为引进先进科技、吸引外资和促进国际政治经济往来的重要资源，明确了加强语言经济性与民族性深度融合的战略发展定位。从1965年新加坡独立开始，面对国内种族关系恶化、文化宗教多元以及国外东西方政治对抗格局等内忧外患的局面，新加坡政府提出了通过语言发展来摆脱国际不利地位和缓解国内种族冲突的重要战略，明确了"尊马语、重英语、保母语、弃方言"的语言定位。在此基础上，新加坡政府设计了以英语为主，母语为辅的双语教育政策，即以英文为经济与科技发展的谋生工具，以母语为民族文化价值观的传承路径。通过将最具中立性、融合性的英语作为各族文化的共建基础与交流平台，辅以维系各族乡土情感与价值传承的母语教育，新加坡实现了国内多种语言资源的合理利用，化解了不同语言文化体系的族群间碰撞与冲突。同时，通过明确英语在行政与工作中的主导地位，充分开发英语作为全球第一语言资源的经济价值，新加坡在全球贸易、科技与管理中能始终占据语言互动优势。正是将语言的经济价值与文化精髓进行积极融合，新加坡双语教育政策增强了国民"我是新加坡人"的国家民族意识与认同，形成其特有的"具有儒家伦理观念、马来人传统、印度人精神气质以及西方追根究底的科学调查方法和客观寻求真理的推理方法相结合"的国家文化特征。❶

与此同时，坚持"语言资源观"为逻辑的新加坡双语教育政策一直保持着与时俱进的务实态度，这使得新加坡双语教育能根据不同时期的发展需求与外部环境进行因地制宜的动态调整。在 1965 年开始的双语建国时期，新加坡将英语定为各族可以相互沟通的共同语，强制性推行"独尊英语，多语并存"的双语教育策略。这一时期的双语教育主要采用"淹没式""外语主流式""过渡式"等弱势双语模式开展教学，将传统以"母语为主"的华人、马来人、印度人学校学制向"以英语为主"的学校学制过渡，促使各族教育制度、教育源流和教学语言逐步实现统一。自 1987 年形成统一的国民教育模式后，新加坡政府一方面继续通过英语来获得在商业、贸易等领域的国际化发展优势，另一方面则开始关注儒家传统文化与西方现代民主的东西方价值融合。21 世纪以来，随着中国经济实力与国际地位的不断提升，新加坡认识到华文和华文文化在全球网络的重大经济价值，提出"重造新加坡"的双语强国战略。"新加坡必须为中国起飞的时代做好准备，必须拥有一批兼通双语和精通中西文化的精英。"❷ 这一时期，新加坡双语教育政策开始了以文化力促进语言生态化发展的探索过程：一方面在中央集权制的管理模式下建立了从学前教育到高等教育一系列完整的华文双语教育体制，不同能力情况的学生在其配套的双语分流制度中得到充分性与适应性发展；另一方面则通过政府号召推动全社会共同

---

❶ ［新加坡］李光耀. 李光耀回忆录：我一生的挑战（新加坡双语之路）［M］. 南京：译林出版社，2013：166.

❷ ［新加坡］李光耀. 李光耀回忆录：我一生的挑战（新加坡双语之路）［M］. 南京：译林出版社，2013：197.

营造双语环境，将双语教育延伸到家庭教育、社会教育等各个教育领域，促使双语学习由语言表达与交际走向跨文化理解与沟通，"沉浸式""双向式"等强势双语模式不断被推广采纳。正是由于这种动态、统筹的政策设计，使新加坡双语教育政策能始终与国家发展战略保持一致，具有系统性、全民性、终身性等特征。

（二）双语教育政策制定应关注学术认知语境建构

梳理新加坡双语教育政策历史可以发现，以"语言资源观"为主要逻辑的双语教育政策体现了决策者对语言和教育工具性价值的重视，具有促进经济交流与发展的重要功能。在现代化和国际化环境要素影响下，这种强调实用理性的双语教育政策不能简单定位为对学习者的知识传递和语言训练，而应关注其终身性学习能力、多元化文化视野与全球化科技素养等方面培养。也就是说，随着国家间或民族间的经济、文化进入较深层次交往，"主体间性""文化间性"和"话语间性"将成为当代双语教育政策的主要特征，[1] 以构建社会文化情境、学术认知语境为指向的"沉浸式"或"双向式"双语教学则会是未来提升学习者跨文化思维与认知能力的主要模式。为此，双语教育的目标并非双语，其只是双语教学活动中的语言工具、思维方式以及教学环境。双语教育应当是一种以学科专业知识为教学载体、以文化建构为指向的融入式教育，其主要目标在于培养教育者的跨文化理解与创新能力，即能够对来自于历史或现实中的各类文化进行主动且客观的对话与反思，并在两种或多种社会文化与学术认知的多维信息中进行理解、比较、迁移、融合与创新。[2] 为此，关注学术认知语境建构的双语教育政策应体现出国家认同、民族情感以及学术认知三者的良性融合，其包含对本民族文化的理解与接纳，对国家主权的认同与维护，以及对经济全球化与科技现代化的适应与满足。

---

[1] 袁梅，刘玉杰. 从语言到话语：我国民族地区双语教育范式的偏移 [J]. 广西师范大学学报（哲学社会科学版），2017（5）：105–110.

[2] 王瑜. 论全球化时代民族跨文化教育的合理性发展 [J]. 教育科学，2016（1）：13–20.

　　综上，纵观这三个国家的双语教育政策历史，虽然各有特点，但其整体上都是经历了"语言问题观"到"语言权利观"再到"语言资源观"的螺旋式发展历程。这种政策逻辑的历史转向反映了全球双语教育从消极被动、静态孤立到积极主动、互动整合的发展规律。此外，由于发展水平与地域环境的差异性，很难说哪种语言规划价值主导下的政策逻辑更为先进或优秀，只能说双语教育政策价值的选择与取舍是一个受到国家（地区）战略发展定位而不断波动、调整的过程。当然，这种政策价值选择绝不是国家各民族之间相互利益与资源的"零和"博弈，更不是各民族语言或文化权利中非此即彼的单向度取舍，而是从国家文化安全与文化利益的整体战略框架出发，统筹协调各类别语言教育的地位与关系，促使各类别语言教育政策相互补充、互动，进而实现各民族语言文化的传承、传播与创新。

第三章　少数民族双语教育的
双重性特征探析[*]

中央民族大学滕星教授所著的《文化变迁与双语教育：凉山彝族社区教育人类学的田野工作与文本撰述》是我国第一部比较规范的应用人类学的理论和方法撰写的教育民族志作品，在少数民族双语教育的教育人类学个案研究和理论探讨方面具有重要意义。❶

在该书《序言》部分，时任中国教育学会会长顾明远先生指出，半个多世纪以来，我国少数民族经历了两次剧烈的文化变迁：第一次是 1956 年的民主改革，很多少数民族地区从奴隶制跨越到社会主义，实现了社会形态的巨大进步；第二次是正在进行中的改革开放和现代化进程，民族地区努力实现从落后到先进的蜕变和发展。❷ 无论是从社会制度还是从社会发展程度而言，中华人民共和国成立半个多世纪以来，少数民族地区可谓经历了翻天覆地的变化。少数民族地区要迈向现代化，首先要开启民智，培养少数民族青少年成为合格的社会公民，这必然离不开学校教育质量特别是双语教育质量的提升。

滕星教授以凉山彝族社区作为田野工作的立足点，针对该社区学校彝

---

  * 本章主要内容曾刊发于《民族高等教育研究》2019 年第 2 期，执笔人：海路，刘倩。
  ❶ 滕星. 文化变迁与双语教育：凉山彝族社区教育人类学的田野工作与文本撰述［M］. 北京：教育科学出版社，2001.
  ❷ 滕星. 文化变迁与双语教育：凉山彝族社区教育人类学的田野工作与文本撰述［M］. 北京：教育科学出版社，2001：8（序言）.

汉双语教育进行田野调查和民族志撰写，并从教育人类学的立场对彝族社区文化变迁和双语教育的关系进行理论探讨。他认为，双语教育与文化变迁的联系在于，凉山社区在迈向现代化的进程中，单语、单文化的环境逐步被打破，双语、双文化的社会逐步形成并日渐成熟。为适应这一社会的要求，原来的民族教育也逐渐演变为具有双语和双文化特征的、侧重使用两种不同教学语言（彝语、汉语）的两类不同教育模式的学校教育体制。❶这就几乎解释了双语教育从何而来以及凉山社区彝族双语教育的特点和性质。在文化变迁的大背景下，少数民族双语教育应运而生，这是少数民族社会发展的必然产物，并且双语教育还肩负着促进人才培养、文化整合、社会发展等重大使命。

四川凉山彝族社区实施的双语教育始于中华人民共和国成立之后，基于"国家统一"与"文化多元"的政治目标，在"民汉兼通"的方针下实施。如何看待双语教育的目标和成效，还是要回归到教育的本质和目的——"我们要培养什么样的人"这一根本问题上。从"培养什么样的人"这一教育的本质出发，该书引发了我们对少数民族双语教育的目标、认识和实践三个方面的思考，并以此剖析少数民族双语教育的双重性特征。

一、少数民族双语教育目标的双重性：传承优秀民族文化与融入主流社会

对于凉山彝族社区来说，双语教育的目标包括两个方面：一方面，通过学习彝语言文化，使得彝族的孩子掌握本民族语言和文化，成为本民族优秀文化遗产的传承者；另一方面，学习汉语使他们获得进入主流社会的工具和条件，实现个体的充分发展进步，从而带动整个彝族地区实现更大程度的发展。

---

❶ 滕星. 文化变迁与双语教育：凉山彝族社区教育人类学的田野工作与文本撰述 [M]. 北京：教育科学出版社，2001：26.

首先，文化传承的目标主要是针对双语中的彝语来说的。文化与教育密切相关，一个民族的教育必然会受到该民族文化、历史的影响，但同时教育之于文化，也有着传播、选择和创造文化的功能。因此，少数民族双语教育不仅是一个语言教学问题，实际上还是一个文化传承问题——"语言不仅是交际的工具，而且是语言群体认同的符号。它与其负载的传统文化以及这种传统文化的核心——价值系统紧密相连"。❶ 王鉴也认为："双语教育是一个极其复杂的过程，它不仅仅是一个教学问题。如果从民族文化、民族心理、社会语言学等不同学科的观点出发，双语教育则又是民族文化传承的工具、民族心理的表现、民族认同的标志等。"❷ 由此看来，通过发展双语教育来传承民族文化是一条黄金大道。

其次，融入主流社会的目标是针对双语中的族际语——汉语来说的。在一个多民族的国家中，各民族之间要想能够信息传递顺畅，更好地进行交流交往交融，就必须拥有并掌握一种族际语即国家通用语言，由此各族青少年才可以更好地实现在社会中自由、无障碍地沟通和交流，促进个人在教育、就业、工作、生活、交往等各个方面的发展和进步。因此，中华民族族际语即国家通用语言汉语的学习，为少数民族融入主流社会、寻求向上发展提供了必不可少的媒介和手段。

在今天经济全球化、社会一体化的大背景下，对于在少数民族聚居区成长并习得母语的少数民族儿童来说，他们一出生即被自动归属到两个群体之中：一是本地区、本民族的亲密群体；二是主流社会这个大家庭。这两个群体无论大小，都有它们各自的语言、文化和价值观。很明显，少数民族儿童处于这两个文化圈的交集之中，势必会受到双方的辐射和影响。在面对本民族文化圈的时候，他们是亲切自然的。因为那里有他们赖以生存的土地和环境，有他们熟识的乡亲同胞和语言，更重要的是在那里他们建立起对自身民族的认同感和依赖感，形成了一套自成体系的价值观。而

---

❶　滕星. 文化变迁与双语教育：凉山彝族社区教育人类学的田野工作与文本撰述［M］. 北京：教育科学出版社，2001：227.

❷　王鉴. 民族教育学［M］. 兰州：甘肃教育出版社，2002：100.

作为社会公民的一分子，他们又必须学好国家课程和国家通用语言，适应现代性和城市社交规则，积极地融入主流社会，实现个人更好地发展进步。

因此，怎样让少数民族儿童在双语教育中既能传承优秀民族文化，又能融入主流社会，实现二者的"两全其美"，是教育政策制定者和实践工作者在设计和实施双语教育目标时所需要考虑的核心问题。正如该书作者在其书结论部分指出的："站在既恢复与保持少数民族传统文化，又融入现代主流社会的双语教育目标的高度，研究者愿意在此明确陈述自己的坚定立场：凉山彝族社区学校实施的彝汉双语教育经费无论多么昂贵，都将比在该社区不实施学校彝汉双语教育所付出的社会代价要低。"❶

二、少数民族双语教育认识的双重性：工具性和情感性

在该书第五章中，作者从八个方面论述了凉山彝族社区学校实施彝汉双语教育的必要性。其中必要性之六提到"彝汉双语教育切实体现了绝大多数彝族群众的社会语言文字态度"，❷ 作者以教师为调查对象最后得出该结论。

首先，我们并不完全认为教师群体可以从总体上代表广大群众对彝汉双语双文化的社会态度。在"双语学习者的语言学习态度和动机"这一小节中作者明确提出，"一般社会阶层和文化程度低的彝族老百姓对彝语言文字的学习主要持工具性态度和动机，而彝族中的干部和知识分子对待学习彝语文的态度往往会从整个彝族群体的未来发展思考而持肯定性的态度和族群发展动机"。❸ 教师作为彝族社区的知识分子甚至是精英阶层的一部

---

❶ 滕星. 文化变迁与双语教育：凉山彝族社区教育人类学的田野工作与文本撰述 ［M］. 北京：教育科学出版社，2001：258.

❷ 滕星. 文化变迁与双语教育：凉山彝族社区教育人类学的田野工作与文本撰述 ［M］. 北京：教育科学出版社，2001：169.

❸ 滕星. 文化变迁与双语教育：凉山彝族社区教育人类学的田野工作与文本撰述 ［M］. 北京：教育科学出版社，2001：229.

分，多数接受过高等教育（或在职进修获得大学学历），实际其身份并不同于一般的普通民众。因此，教师对于彝语、汉语及彝汉双语教育的态度并不能等同于大多数普通民众的观点。更何况在这些教师中，绝大多数都是不同程度的双语平衡者。

其次，普通民众对双语教育的态度更多的是从少数民族学生接受双语教育后其学习、就业、个人发展前途等方面能否受益或在多大程度上受益的"工具性"的实用角度出发来考虑的。作者认为，少数民族地区潜在的"语言融合主义"意识一直存在。在该书第三部分开头，作者列举了一些干部和知识分子对于双语教育的观点，包括"倒退论""分裂论""多余论""照顾论""强加论""有害论""局限论""用途论""前途论""唯心论"和"过渡论"等 11 种怀疑担忧的声音。直到现在，其中的部分观点仍在学生家长甚至部分领导干部心中根深蒂固。其实，少数民族并非不热爱自己民族的语言和文化，只是在现实情况下，学校何种教学语言更有实用价值才是他们最关心和重视的问题。从学习和工作两方面来说，在学校教育中，学习彝语会挤压掉孩子们学习语数外等其他功课的时间，对上大学这一学习的"终极目标"而言并无多大益处；而工作以后，对于大多数不在彝族地区工作的毕业生来说，彝语的使用率微乎其微。所以，作为普通家长和群众，有上述想法无可厚非。我们从学习动机的角度对这一现象作出解释。动机是个体发动与维持其行为的一种心理状态。在第二语言学习中存在两种动机，即工具性动机和综合性动机。❶ 很显然，上述的普通民众和家长大多将双语教育中汉语的学习视为一种工具，由此来实现子女获得"铁饭碗"或"当干部"的目标。与汉族同学相比，学习汉语汉文化无疑是少数民族学生提升自身竞争力的一大重要砝码，由此他们个人发展的选择空间豁然开阔。

相比之下，彝语似乎是一个显得不那么厉害的"工具"。如果从马斯

---

❶ 滕星. 文化变迁与双语教育：凉山彝族社区教育人类学的田野工作与文本撰述 [M]. 北京：教育科学出版社，2001：228.

洛的需求层次理论来解释的话，社会阶层较低的民众依然处于生存和安全这两个阶段，他们需要学校教育来为自己提供生活的保障。❶ 对于双语教育的认知而言，多数普通民众考虑的是最实际的问题——哪一项更有用就学哪一项。而社会阶层较高的知识分子或精英人士，一般而言其文化程度和汉语水平也比较高，他们已经到达了金字塔顶端的交往和社会成就的需求，对于汉语习得没有太大的压力，从而能够站在民族发展的高度来看待学习彝语对于文化传承和民族发展的重要意义。由此，在彝族中占人口少数的精英群体和其余占大多数的普通百姓对待彝汉双语教育的态度存在明显不同，从而构成了一对结构性的矛盾。

因此，从语言态度上说，人们对待彝汉双语教育的认识形成工具性和情感性两种不同的看法，而作为双语教育的实施主体——大多数少数民族学生及其家长并未从根本上对双语教育的地位和作用产生与政策制定者一致的认同。在这一背景下，彝汉双语教育政策在现实实施过程中存在的诸多矛盾和问题也就不难理解了。

三、少数民族双语教育实践的双重性：群体文化传承与个人前途发展

教育实践与教育目的密不可分，双语教育实践的双重性直接来源于其目标的双重性。在该书第七章中，作者分析了凉山彝族社区学校彝汉两类模式双语教育理论设计目标与实践结果存在的差距，分别从语言目标、专业目标和社会融合目标三个方面进行分析。理想与现实总是有差距的。尽管从民族文化传承的角度来看，彝族双语教育取得了一定成就，但在现实生活中，基于融入主流社会的学习者个人发展前途，成为双语教育实践的最大利益追求。追根溯源，我们尝试从以下两个方面进行分析。

---

❶ 滕星. 文化变迁与双语教育：凉山彝族社区教育人类学的田野工作与文本撰述 [M]. 北京：教育科学出版社，2001：230.

　　首先，是自上而下的国家法律、政策层面对双语教育的保障。《中华人民共和国宪法》（1982 年）第一章第 4 条明确规定："中华人民共和国各民族一律平等。……各民族都有使用和发展自己的语言文字的自由。"第19 条同时规定："国家推广全国通用的普通话。"根据《宪法》制定的《中华人民共和国民族区域自治法》（1984 年）、《中华人民共和国义务教育法》（1986 年）、《中华人民共和国教育法》（1995 年）和《中华人民共和国通用语言文字法》（2000 年）及《国家中长期教育改革和发展规划纲要（2010—2020 年）》（2010 年）、《国务院关于加快发展民族教育的决定》（2015 年）等相关法律政策，都明确指出在少数民族地区要实施双语教育。❶ 根据《宪法》和相关法律，民族地区也制定了相关的双语教育政策。2009 年修订通过的《凉山彝族自治州彝族语言文字工作条例》第 18 条规定："自治州各级国家机关重视开展彝族语言文字教学。以招收彝族学生为主的中、小学校和班级实行彝、汉双语教学，完善两类模式并重并举的双语教学体制；州内大中专院校、职业技术院校、中小学校等彝族学生占一定比例的学校，应当开设彝族语言文字课或者彝语会话课。"因此，从国家到自治州层面，可以看出，少数民族双语教育作为我国一项基本的民族政策、教育政策、语言政策，是少数民族教育的核心内容之一，其目标是使少数民族成员实现"民汉兼通"，既学好本民族语言，又掌握国家通用语言。可以说，相关政策和法律从群体层面保障了少数民族接受双语教育特别是学习本民族语言的权利，是我国民族平等政策在语言教育领域的具体体现，有利于促进少数民族群体的语言、文化的传承与发展。

　　其次，是自下而上的民族个体心理层面对双语教育的认知。前文中提到，针对双语教育的态度，可分为工具性视角和情感性视角两类，一些民族精英和知识分子认为，双语教育有利于民族语言和文化传承，应该大力加强民族语言学习；而在大多数普通民众的认知中，双语教育的实用性动

---

❶ 王鉴. 坚持依法推进我国少数民族双语教育的政策和模式［J］. 民族教育研究，2019（1）：5 – 11.

机占了上风，国家通用语言学习受到了更多的重视。从整体上看，少数民族双语教育的理想目标是实现国家整合、民族发展、文化传承、个人发展的统一与协调，但理想与现实之间仍然存在较大的距离。虽然大多数人都能够认识到学习彝族语言和文化的重要性，但在实际的行为选择中无法做到不遗余力地支持双语教育的实施。正如 W. F. 麦凯和 M. 西格恩提到的：双语教育具有实现民族融合的功能，也具有保护和传承本民族优秀文化的功能。大多数双语教育的支持者和管理者从内心来说都拥护双语教育的"保护主义"，在具体的实践中却不约而同地选择利用双语教育的"融合主义"功能。❶ 如何"科学稳妥地实行双语教育"，即在国家的政策和法律中提出的尊重和保障少数民族学习本民族语言权利的前提下，以少数民族母语作为桥梁和工具，因地制宜探索适切的双语教育模式，更加有效地提高国家通用语言文字的教育质量，成为今后少数民族地区双语教育实践和研究的一个重点。

在现代社会中，少数民族双语教育实践的"终端"在学校。在系统的、科学的、有组织的教学活动中，学校应当设置和开发相关课程与教学内容，让少数民族青少年对本民族语言文化有一定的了解、认同和担当。多元文化主义认为，双语教学只是一种形式，与这种形式相配的内容则是民族文化课程，二者结合才能实现真正富于民族特色的民族教育。❷ 同时，学校教育也要让少数民族青少年学好国家通用语言和现代科学文化知识，为他们提供进入主流社会和现代化社会的重要阶梯和通道。滕星教授在该书中提出的"多元文化整合教育理论"认为，"一个多民族国家在担负人类共同文化成果传递功能的同时，不仅要担负传递本国主体民族优秀传统文化的功能，而且同时也要担负起传递本国各少数民族优秀传统文化的功

---

❶ ［加拿大］W. F. 麦凯，［西班牙］M. 西格恩. 双语教育概论［M］. 北京：光明日报出版社，1989：79 - 80.

❷ 向伟，钱民辉. 我国少数民族教育研究主题回顾：基于"中华民族多元一体"的理论框架［J］. 民族教育研究，2017（2）：16 - 22.

能。"❶ 可以说，"多元文化整合教育理论"为学校教育中如何促进少数民族群体文化传承和个人前途发展的有机统一提供了重要的理论指南，有利于实现少数民族双语教育中国家利益、民族利益和个体利益的协调发展、共生共荣。

综上所述，在目标、认识和实践三个层面的双重性的交织下，少数民族双语教育面临着多重矛盾和张力。然而，事物的矛盾总是对立统一的，它并非不可调和。关键在于我们如何进行更为合理的双语教育制度安排、如何科学引导群众的双语教育观念发生真正转变、如何为少数民族语言文化的发展发掘更肥沃的土壤，从而使少数民族双语教育政策能够落实到位，为矛盾的双方寻找到一个共生的结合点。总之，只要自上而下和自下而上的努力都同时进行并有效落实，就能够更加接近少数民族双语教育的理想目标。

---

❶ 滕星. 文化变迁与双语教育：凉山彝族社区教育人类学的田野工作与文本撰述［M］. 北京：教育科学出版社，2001：157－158.

历史篇

第四章 中国少数民族新创文字的
语言规划及其实践[*]

一、中国少数民族新创文字规划的背景

中国是一个多民族的国家，又是一个多语种、多文种的国家。一般认为，中国各民族语言约在 100 种以上。中华人民共和国成立前，共有 21 个民族使用着 24 种文字，大多数少数民族没有记录自己语言的文字，使用汉文的人数也不多。我国实行民族平等和语言平等的政策，1954 年通过的《中华人民共和国宪法》第 3 条明确规定："各民族都有使用和发展自己的语言文字的自由。"❶

为了贯彻执行我国的民族语文政策，发展少数民族文化教育事业，20世纪 50 年代中期，国家着手帮助尚无文字的民族创制文字，帮助文字不完备的民族逐渐充实其文字。1951 年 2 月，中央人民政府政务院《关于民族事务的几项规定》第 5 条规定："在政务院文化教育委员会内设民族语言文字研究指导委员会，指导和组织关于少数民族语言文字的研究工作，帮助尚无文字的民族创立文字，帮助文字不完备的民族逐渐充实其文字。"❷

---

  * 本章主要内容曾刊发于《中央民族大学学报（哲学社会科学版）》2012 年第 1 期，执笔人：海路。

  ❶ 全国人民代表大会. 中华人民共和国宪法（1954 年 9 月 20 日）[N]. 人民日报，1954 – 09 – 21.

  ❷ 中国社会科学院民族研究所，国家民族事务委员会文化宣传司. 中国少数民族文字[M]. 北京：中国藏学出版社，1992：220.

1955 年 12 月，中国科学院和中央民族事务委员会在北京联合召开全国首届少数民族语文科学讨论会，制定了调查少数民族语言，创立、改进和改革少数民族文字的规划。

1956—1959 年，中国政府组织了有 700 多人参加的 7 个民族语言调查工作队，在 16 个省、自治区先后对 42 个民族的语言进行了大规模的普查工作。❶ 在语言调查的基础上，借鉴苏联❷为少数民族创制文字的成功经验，❸ 根据少数民族"自愿自择"的原则和"创、改、选"的方针，❹ 到 1958 年 8 月，国家先后为壮、布依、彝、苗、傈僳、哈尼、纳西、佤、黎、景颇（载瓦支系）、侗等 10 个少数民族分别创制了壮文（1955 年）、布依文（1956 年）、彝文（1956 年）、黔东苗文（1956 年）、湘西苗文（1956 年）、川黔滇苗文（1956 年）、傈僳文（1957 年）、哈雅方言哈尼文（1957 年）、碧卡方言哈尼文（1957 年）、纳西文（1957 年）、佤文（1957 年）、黎文（1957 年）、载瓦文（1957 年）、侗文（1958 年）等 14 种以拉丁字母为基础的拼音文字。❺

中华人民共和国成立初期，少数民族普遍不懂汉语文，政府为其创制文字的目的之一是提高全民文化素质。少数民族文化素质的提高，需要利用新创文字进行成人扫盲，并在学校实施双语文教学，促使学习者在更好地掌握本民族语文的基础上学习和掌握汉语文，克服跨语言交际的障碍。半个世纪以来，这些新创文字在相关少数民族地区得到了正式推行或试验推行，在成人扫盲、学校教育和其他社会领域中发挥了应有的作用。进入

---

❶ 傅懋勣. 我国已有十个少数民族在汉语拼音方案的基础上创制了文字 [J]. 语文建设，1959（18）：12.

❷ 中国少数民族文字的创制工作还得到苏联语言学家、俄罗斯共和国教育科学院通讯院士谢尔久琴柯教授的指导和帮助。

❸ 周庆生. 中苏建国初期少数民族文字创制比较 [J]. 民族语文，2002（6）：51.

❹ 即根据少数民族的自愿自择，分别采用创制、改革和选择文字的办法，解决少数民族文字问题。

❺ 在这些新创文字中，壮文于 1957 年 11 月获国务院批准正式推行，其他文字获中央民族事务委员会批准试验推行。但由于各种原因，碧卡方言哈尼文没有得到试验推行，黎文在 1958 年后停止了试验推行，凉山彝文方案也于 1976 年被经过整理的四川彝文规范方案所取代。

21 世纪以来，随着中国少数民族地区经济、社会一体化趋势的增强，新创文字在少数民族地区出现了一些新情况、新问题，其生存和发展以及母语教育问题日益受到社会各界的广泛关注。在此背景下，对新创文字这一语言规划的实践进行回顾和展望，具有重要的理论和现实意义。

二、中国少数民族新创文字在扫盲教育和学校教育中的使用

调查表明，新创文字在扫盲和学校教育中的使用通常经历了以下四个阶段。❶

（一）试行阶段（1955—1958 年）

1955—1958 年，民族文字创制之后，根据国家有关文件，各地政府先后成立专门机构，培训师资，开办扫盲班，在部分小学进行试点，编辑出版教材、书籍，创办报纸。

20 世纪 50 年代中后期，由于政府的积极推动和群众学习科学文化知识的需要，新创文字受到少数民族群众的普遍欢迎。这一阶段的工作重点是使用新创文字在民族地区进行师资培训和扫盲教育，出版民族文字的报刊书籍。如广西壮文扫盲人数共达 290 万人，先后培训壮文骨干人员 6.4 万多人，编译壮文图书 430 种 1 044 万册，出版《壮文报》1 028 期。❷ 许多不会汉文的农村青壮年，通过扫盲班学习后，借助民族文字读物，及时了解党和国家的路线、方针、政策，学习科普知识，政治觉悟、知识水平和生产能力都有了明显提高。由于文字的推行时间比较短暂，这一阶段新创文字主要用于扫盲教育，只有少数新创文字（如壮文、佤文）进入小学试教。

---

❶　前三个阶段的划分主要参考了戴庆厦等. 中国少数民族语言文字应用研究［M］. 昆明：云南民族出版社，1999.

❷　黄泉熙. 广西民族语文工作基本情况［G］//国家民族事务委员会文化宣传司. 构建多语和谐的社会语言生活：民族语文国际学术研讨会论文集. 北京：民族出版社，2009：115.

（二）停滞阶段（1959—1979年）

1959年国内实施"大跃进"，由于极"左"路线干扰，"语言融合风"盛行，新创文字的试行工作从1959年以后基本停滞。1962年召开全国民族工作会议，重申党的民族语文政策，提出加强民族语文工作的要求，使民族语文工作出现一定转机。1966年"文化大革命"开始后，民族语文工作遭到全面破坏，有关机构被撤销，人员被解散，新创文字推行工作全面停止。

（三）恢复阶段（1979—1990年）

1979年中国共产党第十一届三中全会召开后，党和政府重新开展了新创文字的推行工作。

1980年，在北京召开了第三次全国民族语文科学讨论会，总结了中华人民共和国成立以来特别是1958年第二次全国民族语文科学讨论会以来民族语文工作的经验教训，确定了新创文字恢复推行和试行的政策。20世纪80年代中后期，少数民族新创文字在学校教育和社会扫盲中的应用达到高潮，具体表现在两个方面。

1. 新创文字扫盲教育在部分民族地区全面铺开

短短几年内，新创文字扫盲的范围、人数迅速扩大，至20世纪80年代中期达到顶峰。如1980年广西壮族自治区党委和自治区人民政府决定恢复推行壮文，到1986年年底，全区有53个县（市）50多万人参加壮文扫盲学习，其中有25万多人达到脱盲标准。1981年纳西文重新在云南省丽江纳西族自治县部分地区试点推行。1984—1988年共开办纳西文扫盲班384个，参加人数达5 799名，脱盲人数达2 236名。❶

2. 新创文字开始进入学校教育

1981—1983年，各地纷纷在少数民族地区的小学或初中开办双语文教

---

❶ 姜竹仪. 积极推行纳西文 提高纳西族文化［J］. 民族语文，1994（3）：48.

学实验班，进行民族语文教学。1987 年前后，各种新创文字的双语文教学班级、人数均达到高峰。

然而，这一阶段的新创文字推行工作在蓬勃发展的同时，也存在明显问题，主要表现在以下三个方面。

第一，缺乏新创文字的读物与交流途径。少数民族群众脱盲后，除扫盲课本和少量民族文字读物之外，缺乏相应的读物；懂新创文字的人数很少，缺乏新创文字交流的途径和机会，使得已经脱盲的少数民族群众几年之后复盲。❶

第二，双语文教学的效果不理想。新创文字在个别学校的教学试点取得一定效果后，在师资队伍、配套教材、经费支持等条件不够成熟的情况下，就大面积推广，导致教学效果不理想，很多学校的教学实验在开展一段时间后，就因种种困难不得不停办。如 1985 年云南省红河州要求全州300 所小学开设或准备开设哈尼文课，但不到一年时间，大部分学校都无法坚持，到 1988 年，教授哈尼文的小学仅剩 15 所。❷

第三，少数民族群众学习民族语文的意愿有了一定变化。20 世纪 50年代新创文字推行时，由于政策的推动和少数民族地区社会发展的实际需要，少数民族群众学习新创文字的热情十分高涨。20 世纪 80 年代中后期，由于少数民族地区的经济发展和文化变迁，一些干部群众出于升学、就业等现实问题考虑，希望子女尽早学好汉语文，学习少数民族语言文字的意愿有所降低。❸

（四）调整阶段（1990 年至今）

自 20 世纪 90 年代中期以来，特别是进入 21 世纪之后，由于各种主客观原因，新创文字在多数地区的推行效果并不理想，出现了大幅度的滑

---

❶ 滕星，张霜，海路. 对中国少数民族新创文字扫盲教育的思考［J］. 民族教育研究，2008（2）：79.

❷ 戴庆厦，成燕燕，等. 中国少数民族语言文字应用研究［M］. 昆明：云南民族出版社，1999：34.

❸ 王远新. 民族语文政策与民族认同［N］. 中国民族报，2007 – 01 – 26（006）.

坡，主要表现在以下两个方面。

1. 新创文字基本不再用于扫盲教育

除壮文、侗文等少数新创文字仍在部分地区用于成人扫盲外，其他新创文字已不在扫盲教育中使用。❶

2. 使用新创文字教学的学校和班级为数不多

中央民族大学"中国少数民族新创文字在教育教学中的应用状况及存在问题调查研究"课题组 2006 年的调查表明，除广西壮族自治区有 92 所中小学开展壮文教学外，云南省和贵州省只有十几所学校仍坚持使用新创文字教学，一些新创文字已在学校教育中停止使用。❷

总体而言，20 世纪 50 年代以来，新创文字在教育教学中的使用经历了两次高峰和两次低谷的发展阶段。前两次高峰和一次低谷（20 世纪 50 年代到 80 年代中期）主要是受政治因素的影响，政府部门是否贯彻和落实党的民族语文政策，成为影响新创文字在扫盲教育和学校教育中使用、推广的主要因素。后一次低谷（20 世纪 90 年代中期至今）更多的是受经济和社会发展因素的影响，以及少数民族群众语言文字态度发生了变化。

三、中国少数民族新创文字在其他社会领域中的使用

从总体上看，中国少数民族新创文字在其他社会领域的使用大致也经历了试行、停滞、恢复和调整四个阶段。20 世纪八九十年代，新创文字在少数民族地区的政治、经济、文化、传媒、出版等领域得到了一定程度的应用。90 年代以后，少数民族新创文字的社会推行工作力度逐渐减弱。目前，新创文字主要用于少数民族语文研究、民间文学和民族古籍整理方面。

---

❶ 滕星，张霜，海路. 对中国少数民族新创文字扫盲教育的思考［J］. 民族教育研究，2008（2）：78.

❷ 滕星，王远新. 中国少数民族新创文字应用研究：在学校教育和扫盲教育中使用情况的调查［M］. 北京：民族出版社，2011：19 - 20.

以下是 20 世纪 80 年代至今新创文字在社会领域中使用的一些典型情况。

(一) 政治领域

中央民族语文翻译局壮文室每年除翻译全国人大和全国政协会议期间的重要文件外，还为参加"两会"的壮族代表提供壮语同声翻译；中国正式发行的人民币中也印有壮文。在少数民族自治地方，一些新创文字被用于政府文件及法律、法规的翻译以及政府机关的印章、匾额、会标，一部分少数民族群众曾将新创文字用于信件、电报、对联、告示、诉状等。这对不懂汉语的少数民族群众利用新创文字宣传党和政府的方针政策，起到了良好的宣传效果。例如，20 世纪 80 年代，贵州省天柱县水洞乡举办了"侗文学用演讲比赛""少年儿童侗文歌咏赛"等活动，参赛者用侗文创作了大量宣传党的各项方针政策、歌颂党和社会主义方面的作品，内容丰富、通俗易懂，深受广大侗族群众的欢迎。❶

(二) 经济领域

许多不会汉文的农村青壮年，通过扫盲班学习后，借助新创民族文字的读物学到了有关科普知识，生产能力有了较大的提高，对发展经济、促进生产起到了积极作用。例如，从 1999—2005 年，广西壮族自治区少数民族语言文字工作委员会开办了 20 个"农民学壮文学科技培训班"，学员 1 000 人，绝大多数是仅有小学或初中文化程度的妇女。凡参加农民壮文科技培训班的学员，在壮文脱盲的同时，基本上能够掌握两三项农业科学技术，并用于生产实践。其中，武宣县农业技术推广站技术员讲授的"塞白兔饲养法"，深受当地壮族农民的称赞，不少学员已依靠饲养塞白兔走上致富之路。❷

---

❶　海路，李芳兰. 侗族新创文字的历史沿革 [J]. 贵州民族研究，2010 (6)：145.

❷　滕星，王远新. 中国少数民族新创文字应用研究：在学校教育和扫盲教育中使用情况的调查 [M]. 北京：民族出版社，2011：70 – 71.

（三）文化领域

20 世纪 80 年代，在少数民族地区，一些掌握了新创文字的少数民族群众用新创文字写歌编戏，有的少数民族文艺爱好者还用新创文字收集民间古歌、古词、故事等。如贵州侗族文艺工作者利用侗文收集即将失传的民间文学资料 20 多万字，与省民委共同编印侗文版的《侗族传统文学选编》和《养鸡》等书籍，还配合黔东南州民族医药研究所收集整理流传于天柱县侗族地区的侗医侗药验方，促进了侗族传统文化的继承和发扬。❶广西壮族自治区少数民族语言文字工作委员会从 2000 年起开办"壮族歌师歌手壮文学习班"，指导学员利用壮文发掘、整理和创作民歌，这对丰富和发展山歌文化，活跃壮族乡村的精神文化生活具有很大的促进作用。

（四）传媒领域

随着新创民族文字的推行，少数民族语言的广播、影视等得到了较快发展。例如，1987 年 8 月，贵州人民广播电台举办《民族之音》黔东苗语广播节目，每周 1 次，每次 15 分钟。贵州省黎平县、施秉县、黄平县、罗甸县、望谟县、荔波县、册亨县等都曾用侗语、苗语或布依语进行广播，取得较好的成绩。1981—1994 年，黔东南州电影公司涂磁录音站用苗语译制故事片 196 部，科教片 45 部，总放映 2 万多场次。❷广西人民广播电台多年来坚持每天用壮文稿标准音播出《壮语新闻》节目。目前，广西卫星电视台和广西电视台公共频道分别开设有《壮语新闻》和《壮语报道》，广西电视台还曾为大量影视剧进行壮语配音。

（五）出版领域

广西、云南、贵州在 20 世纪 50 年代后期分别成立了广西民族出版社、

---

❶ 海路，李芳兰. 侗族新创文字的历史沿革［J］. 贵州民族研究，2010（6）：145.
❷ 滕星，王远新. 中国少数民族新创文字应用研究：在学校教育和扫盲教育中使用情况的调查［M］. 北京：民族出版社，2011：127.

云南民族出版社和贵州民族出版社，出版发行了一大批少数民族新创文字的报刊书籍。1980—2007 年，广西民族出版社出版壮文图书近 300 种，发行近 1 000 万册；《三月三》壮文版已出版 133 期，总发行约 40 万份；《广西民族报》壮文版已出版 1 768 期，总发行 500 万份。❶ 到 20 世纪 90 年代中期，云南民族出版社、贵州民族出版社先后用载瓦文、佤文、哈尼文、川黔滇苗文、黔东苗文、湘西苗文、布依文、侗文等新创文字出版了识字课本、政治、科普、文艺读物、词典等书籍近 200 万册。❷

四、中国少数民族新创文字规划的实践意义及不足

(一) 中国少数民族新创文字规划的实践意义

第一，中国少数民族新文字的创制和推行具有重要的历史和政治意义。中国少数民族新文字自 20 世纪 50 年代中期创制以来，经历了"两起两落"的发展历程，目前处于一个调整阶段。在不同的历史时期，新创文字在成人扫盲、学校教育及政治、经济、出版、新闻、文艺等社会领域得到了一定应用，发挥了不可替代的社会功能，❸ 取得了较好的社会效果，为推动少数民族地区的社会经济发展做出了重要贡献。它还有利于推行民族区域自治制度和满足少数民族当家做主的需要，充分体现了中国共产党的民族平等和语言平等政策，具有深远的历史意义和重大的政治意义。

第二，为有语言无文字的民族创制和推行新文字提供宝贵的"中国经验"。新创文字涉及的 10 多个少数民族世居贵州、云南、广西、湖南等省区贫困地区，大部分是 20 世纪 50 年代才逐步与主体民族接触，有语言无

---

❶ 黄泉熙. 广西民族语文工作基本情况 [G] //国家民族事务委员会文化宣传司. 构建多语和谐的社会语言生活：民族语文国际学术研讨会论文集. 北京：民族出版社，2009：117.

❷ 黄行. 我国新创与改进少数民族文字试验推行工作的成就与经验 [J]. 民族语文，1996 (4)：13.

❸ 马效义. 中国少数民族新创文字在文化变迁中的功能与意义阐释：以哈尼、傈僳和纳西族为例 [J]. 民族教育研究，2007 (5)：6–11.

文字或无通行文字，语言使用情况复杂，方言差异大，至今仍保留着比较独特的传统文化。中国政府为这些民族创制和推行新文字的语言规划迄今已历时半个多世纪，在实施过程中涉及方方面面。例如，对民族文字教学、编译、管理人才的培养；成立出版机构，编写民族文字课本、读物，发行报刊书籍；建立广播电视台（站），编制有关节目；在干部群众中举办扫盲班和文化补习班；在学校开展双语教育。在中国少数民族新创文字的语言规划的实施过程中，积累了不少行之有效的宝贵经验，同时也有着许多引以为鉴的深刻教训。认真总结和检视中国少数民族新创文字的语言规划，可以为世界上其他国家和地区有语言无文字的民族（族群）创制和推行新文字提供有益的参考。

第三，有利于人们正确认识民族语文的功能，构建和谐的双语环境。少数民族新创文字承载着本民族的文化，是一种重要的民族文化资源，它的存在是文化多样性的真实体现，也是民族认同的重要象征。同时，发展和使用新创文字还是少数民族的一项基本人权。我们必须认识到，少数民族语文和汉语文之间并不是一种此消彼长的对立关系，而是并存并用、和谐发展。在经济发展、社会变迁的时代背景下，中国政府有关部门应尽快制定和落实有利于民族语言文字和国家通用语言文字协调发展的语言规划，既在全国推广普通话，又在少数民族地区为各种少数民族语言分类确定使用领域，分类配置资源，建立公正、合理、稳定的语言秩序，开创语言和谐、社会和谐的局面。❶ 这不仅有利于充分开发和利用母语这一宝贵的教育文化资源，而且对促进少数民族群众学习汉语文、帮助少数民族更好地融入现代社会都具有积极意义。

（二）中国少数民族新创文字规划的不足

第一，没有解决好文字方案的适应性问题。即新创文字基础方言区的

---

❶ 周明朗. 全球化时代中国的语言意识形态、语言秩序和语言和谐 [G] //国家民族事务委员会文化宣传司. 构建多语和谐的社会语言生活：民族语文国际学术研讨会论文集. 北京：民族出版社，2009：47.

标准音与非基础方言区或非标准音点区不同方言的适应问题。在新创文字的推行过程中，由于一个民族方言众多，语言内部差异较大，多数新创文字只能在基础方言或标准音点地区推行，这就给非基础方言区或非标准音点的群众使用新创文字带来一定的困难。❶ 20 世纪 50 年代创制少数民族文字方案时，规定了基础方言和标准音，在非基础方言区也要求推行标准音。实践证明，这种推行方法并不符合南方少数民族语言使用的具体情况。南方少数民族支系众多，方言差别较大，一般都没有形成全民族通用的基础方言以及相应的标准音。如果非基础方言区或非标准音点区一味推行新创文字的基础方言和标准音，少数民族群众和干部学习起来就有一定困难，推行效果并不理想。

第二，缺乏新创文字的使用环境。尽管《中华人民共和国宪法》《中华人民共和国民族区域自治法》《中华人民共和国义务教育法》等已为少数民族文字的使用提供了基本法律保障，但随着少数民族地区改革开放的深入、市场经济的渗透，特别是普通话的普及和《中华人民共和国通用语言文字法》的实施，在推行新创文字的少数民族地区，当地的电视、广播、报刊、书籍等普遍使用汉语汉文，少数民族地区的双语接触和双语交流不断增多，少数民族中通晓汉语的人数也显著增加。一些少数民族群众、干部从经济利益和实用价值出发，在日常生产生活中更多地选择使用汉语汉文。在这样的背景下，新创文字的使用空间缩小，社会交际功能削弱，有的新创文字在社会上已很少使用。

第三，没有充分考虑到少数民族各阶层的语言文字态度差异。到底有没有必要推行新创文字，如果有必要推行的话，那么推行的范围应该多大？力度应该如何？对于这些问题，少数民族内部从领导干部、知识分子到普通群众的态度和看法都不一致，各地区、各部门、各阶层之间也存在分歧。如教育部门、民族工作部门之间对推行新创文字的意见不一致，在

---

❶　道布. 关于创制少数民族文字问题的几点反思［J］. 三月三·民族语文论坛专辑，2000（1）：8－9.

新创文字的具体推行过程中往往缺乏统筹和协调。此外，一些少数民族干部、群众虽然认为新创文字意义重大，但在现实生活中还是选择了学习汉语汉文，体现出其情感态度和实际行为倾向之间存在较大差距。

第四，缺乏相关语言、教育政策的支持。20 世纪 90 年代中期以后，由于试行的新创文字未被中央政府批准为正式文字，一些地方政府部门对新创文字试行工作的支持力度有所下降，民族语文专项经费逐年减少，不少民族语文教师转为普通教育教师或改行。加上国家、地方的教育政策中也没有对新创文字教学的经费投入、考核评估、师资培训等作出明确规定，导致新创文字的推行工作停滞不前。

第五，新创文字语言规划实施过程中存在一些非理性、不科学因素。如有的领导干部不顾本民族、本地区的实际情况，主张全民推广新创文字，在条件还不具备的情况下，搞大规模的新创文字扫盲和教学活动；一些部门的领导干部急功近利，只满足于扫盲数字上的达标，不注意扫盲后的继续教育和巩固，导致新创文字推行的效果不理想。❶

五、结　　语

实施新创与改进民族文字的推行工作作为一项重大的社会语言规划，是在党和政府的直接关心和领导下，由许多社会部门互相配合、共同组织实施的。这样浩大的社会工程在国际同类社会语文运动中也可以说是很少见的。❷ 中国少数民族新创文字的语言规划历时半个多世纪，涉及 10 多个民族、上千万人口，是一项规模庞大、代价昂贵、影响深远的社会系统工程。尽管目前新创文字的使用和推行遇到了一定困难，但从一个多民族国家和谐发展的高度和各民族的长远利益来看，中国政府对少数民族新创文

---

❶　滕星，张霜，海路. 对中国少数民族新创文字扫盲教育的思考［J］. 民族教育研究，2008（2）：80.

❷　黄行. 我国新创与改进少数民族文字试验推行工作的成就与经验［J］. 民族语文，1996（4）：1.

字语言规划的实践是值得充分肯定的，它为世界上其他国家和地区有语言无文字的民族如何创制和推行民族文字积累了宝贵的经验教训，具有深远的历史意义和重大的现实意义。我们有必要回顾和检视中国少数民族新创文字创制和推行的这一重大语言规划，为世界多民族国家如何解决使用少数民族语言文字问题提供有益的参考。

第五章　改革开放 40 年来我国双语
教育政策的回顾与前瞻[*]

我国是一个统一的多民族国家。开展民汉双语教育，有利于各民族之间的交往交流，有利于传承和发展各民族优秀传统文化，构建中华民族共有精神家园。本章从新时期、新世纪、新节点、新时代四个不同阶段，系统梳理改革开放 40 年来国家和各民族地区所发布的双语教育政策，分析和总结其特征和趋势，在此基础上进一步探讨今后我国双语教育政策的重点与发展前景。

一、新时期平等化和规范化的双语教育探索（1979—1999 年）

1978 年党的十一届三中全会召开，中国社会发展进入新时期，民族平等、语言平等政策在我国民族教育领域内得到恢复。1981 年 2 月召开的第三次全国民族教育工作会议指出，要加强民族语文教学，少数民族学生在中小学阶段应首先学好民族语文，然后在此基础上学习汉语文。1982 年 12 月 4 日修订的《中华人民共和国宪法》在保留 1954 年版提出的"各民族都有使用和发展自己的语言文字的自由"❶ 的基础上，强调"国家推广全国通用的普通话"，双语教育作为一种语言制度被正式确立下来。1984 年颁布的《中华人民共和国民族区域自治法》提出：有条件的招收少数民族

---

*　本章主要内容曾刊发于《民族教育研究》2018 年第 6 期，执笔人：李郭倩。

❶　中华人民共和国宪法（1954 年）［EB/OL］．（2000 – 12 – 26）［2018 – 06 – 10］．https：//www – npc – gov – cn. vpn. muc. edu. cn/wxzl/wxzl/2000 – 12/26/content_4264. htm.

学生为主的学校（班级）和其他教育机构，应当用少数民族语言讲课并采用少数民族文字的课本，根据情况从小学阶段起开设汉语文课程，推广普通话和规范汉字。❶ 1986 年出台的《中华人民共和国义务教育法》则提出了学校应推广普通话，以少数民族学生为主的学校可以用少数民族通用的少数民族语言文字教学。❷

这一时期，各少数民族地区都根据《宪法》《民族区域自治法》和各自的实际情况出台了地方性的语言文字政策法规。1984 年，青海省在出台的《民族中小学教学计划（试行草案）》中提出了"贯彻以本民族语言文字为主的教学原则"，规定少数民族学生首先要学好本民族的文字，然后再学好汉语文。❸ 1984 年，第二次中央西藏工作座谈会召开，明确提出将藏语文作为教学用语。西藏自治区也多次发出了地方性的关于用藏语文授课的指示或通知。1987 年，西藏自治区颁布了《西藏自治区学习、使用和发展藏语文的若干规定（试行）》，对学校学习藏语文作出了法律法规层面的规定，明确提出，以藏语文为主，藏汉语并重。吉林省延边朝鲜族自治州 1988 年颁布的《延边朝鲜族自治州朝鲜语文工作条例》提出，一是要重视对朝鲜族幼儿的民语文训练；二是中小学应当用本民族语言教学，语文教学以朝鲜语文为主，也要加强汉语文教学；三是州内各类师范院校、中等专业学校要使用朝鲜文教材，用朝鲜语授课；四是州内中等专业学校、技工学校、职业学校开设朝鲜语文课。❹

20 世纪 80 年代初期，在国家和地方颁布的相关法律法规中，还没有直接使用"双语"这一提法。1990 年发布的《中国教育发展和改革纲要

❶　中华人民共和国民族区域自治法［EB/OL］.（2001 - 03 - 03）［2018 - 06 - 10］. https：//www - npc - gov - cn. vpn. muc. edu. cn/wxzl/gongbao/2001 - 03/03/content_5004447. htm.

❷　中华人民共和国义务教育法［J］. 人民教育，1986（5）：2 - 3.

❸　戴庆厦，董艳. 中国少数民族双语教育的历史沿革（下）［J］. 民族教育研究，1997（2）：50 - 61.

❹　延边朝鲜族自治州朝鲜语文工作条例［EB/OL］.（1997 - 02 - 26）［2018 - 06 - 10］. https：//www - chinalawedu - com. vpn. muc. edu. cn/falvfagui/fg22598/136241. shtml.

（1990—2000）》提出："采取适当的办学形式，贯彻双语文教学政策。"❶ 这是"双语"作为全国教育政策在中央政府文件中首次正式提出，并逐渐取代之前通用的"汉语文"和"民族语文"并举的提法，之后又出台各种细则。1991年的《国家民委关于进一步做好少数民族语言文字工作的报告》提出：有条件的招收少数民族学生为主的学校，应当用少数民族语言讲课并采用少数民族文字的课本，在适当年级增设汉语文课程，"实行双语文教学"。❷ 1992年，国家语委发布的《国家语委关于当前语言文字工作的请示》进一步提出："在学校中应推行当地民族语言和汉语普通话的双语教学"，少数民族地区要重视推广普通话。❸ 1992年，国家教委、国家民委共同发布的《关于加强民族教育工作若干问题的意见》提出："要因地制宜地搞好双语文教学。"❹ "双语"作为教育政策的正式提法被初步确立起来。1998年发布的《面向21世纪教育振兴行动计划》提出"要重视加强民族地区'双语'教育教学和师资培养培训工作"。"双语"教育这一提法得到固化。

各民族地区也相应出台关于双语教育的规定。1990年，《广西壮族自治区人民政府印发自治区壮文指导委员会第二次会议纪要的通知》提出，"以壮为主，壮汉结合、以汉促壮，壮汉兼通"❺ 的原则，并将壮文进校工作由区民语委转交区教委管理，实施壮汉双语同步教学模式。1993年制定的《新疆维吾尔自治区语言文字工作条例》规定使用少数民族语言文字授课的中小学从小学三年级起开设汉语课程。❻

---

❶ 中国教育发展和改革纲要（1990—2000）［EB/OL］.（2012 – 07 – 06）［2018 – 06 – 10］. https：//www – moe – gov – cn. vpn. muc. edu. cn/s78/A03/ghs_left/moe_1892/s6616/s6617/201207/t20120706_138916. html.

❷ 国务院发文要求进一步做好少数民族语言文字工作［J］. 语言与翻译，1992（2）：3 – 5.

❸ 国务院批转国家语委关于当前语言文字工作请示的通知［EB/OL］.（2016 – 10 – 20）［2018 – 06 – 10］. https：//www – gov – cn. vpn. muc. edu. cn/zhengce/content/2016 – 10/20/content_5122083. htm.

❹ 关于加强民族教育工作若干问题的意见［EB/OL］.（2017 – 05 – 25）［2018 – 06 – 10］. https：//dxmw – bjdx – gov – cn. vpn. muc. edu. cn/zcfg4/mw/jy/77848. htm.

❺ 海路. 壮汉双语教育模式变迁论［J］. 广西民族研究，2016（5）：77 – 84.

❻ 新疆维吾尔自治区语言文字工作条例［J］. 语言与翻译，1994（1）：1 – 4.

总体来看，这一时期的双语教育政策具有以下几个特点。

（1）以民语文教学为侧重点。早在 1980 年，教育部、国家民委共同发布的《关于加强民族教育工作的意见》中提出用民语文教学，兼学汉语汉文。❶ 1983 年，教育部发布的《关于正确处理少数民族地区宗教干扰学校教育问题的意见》再次提出恢复民族语文教学，学生学好本民族语文的同时要根据需要学好汉语文。❷ 各民族地区从自身语言文字的历史和现实出发，颁布的政策主要以保障少数民族学习、使用和发展本民族语言文字的权利和自由为主。

（2）以民汉双语并重为导向。在大力提倡民语文的同时，也以推广国家通用语言、培养民汉兼通的双语人才为主要导向。国家或地方的法律法规也不断增强双语教育的地位，从小学到中学，已经形成比较完整的双语教育体系，且根据民族地区的不同情况有不同的侧重点。1992 年，国家教委民族地区教育司印发的《全国民族教育发展与改革指导纲要（试行）》提出，要搞好"'双语'教学"，加强对少数民族学生学习汉语文和民族语文的双语教学研究，学校开展的双语教学工作也必须由当地教育部门统一管理，全部纳入教学计划。❸ 这从管理机制上为双语教育的统筹规划和具体管理提供了一定保障。

（3）形成了基本公认的双语教育模式。这一时期民族地区初步形成五种类型的双语教育模式：一类模式（模式 1）、二类模式（模式 2）、三类模式（模式 3）、"双语双文模式""双语单文模式"。各民族地区根据自身特点采用不同的模式，如在主要使用民族语言的民族地区一般采用民语文授课为主加授汉语文的一类模式，而在主要使用汉语的民族地区如苗、

---

❶ 马戎. 西藏社会发展与双语教育［J］. 中国藏学，2011（5）：108 – 139.

❷ 中共中央办公厅、国务院办公厅转发教育部《关于正确处理少数民族地区宗教干扰学校教育问题的意见》［EB/OL］.（2006 – 06 – 17）［2018 – 06 – 10］. https：//cpc – people – com – cn. vpn. muc. edu. cn/GB/64184/64186/66704/4495671. html.

❸ 国家教委民族地区教育司关于印发《全国民族教育发展与改革指导纲要（试行）》的通知［EB/OL］.（2003 – 06 – 09）［2018 – 06 – 10］. https：//www – people – com – cn. vpn. muc. edu. cn/item/flfgk/gwyfg/1992/206006199205. html.

瑶、白、纳西等民族聚居地，一般采用汉语文授课为主加授民语文的二类模式，在具体课程设置上采用某些科目用汉语授课、某些科目用民语授课的三类模式，在双语发展成熟地区采用民汉两种语言文字同等使用的"双语双文模式"，在民族文字创制较晚、没有民族文字的民族聚居区的小学采用民语辅助汉语教学的"双语单文模式"。因学段的变化，民族地区一般会采用多种模式叠加的复合模式。

虽然这一时期的双语教育政策在客观上仍存在一些问题，比如，对于民语文教育的凸显在一定程度上弱化了国家通用语言文字的全面推广，地方政策重合性较高而针对性较弱，政策执行层面贯彻程度参差不齐，等等，但与"文化大革命"期间的基本停滞状态相比，国家对双语教育开始重视与支持，各民族的民语文教育总体上得到较快的恢复与发展。以西藏自治区为例，仅教材一项，从1981—1985年的短短几年间，就编译教材500多种。内蒙古自治区1996年接受双语教育的学生数占总学生数的比例分别为：学前36.78%，小学57.04%，普通中学54.66%，职中57.14%，高校37.71%。❶

二、新世纪标准化双语教育体系的建立健全（2000—2011年）

进入21世纪，随着我国社会经济的发展进入新阶段，双语教育也开始加快发展。国家层面的新政策接连出台，各民族地方也对原有的双语教育政策进行修订、完善、细化。总体来看，双语教育逐渐进入体系化、标准化的全面发展阶段。

2002年7月，国务院印发的《关于深化改革加快发展民族教育的决定》（以下简称《决定》）提出：大力推进民族中小学双语教学，逐步在民族中小学形成双语教学的课程体系，使用民族语授课的民族中小学逐步

---

❶ 何俊芳. 中国少数民族双语研究：历史与现实［M］. 北京：中央民族大学出版社，1998：168.

从小学一年级开设汉语课程；双语教材建设列入当地教育发展规划，予以重点保障；把培养双语教师作为重点，教育对口支援工作要帮助西藏、新疆加强双语师资的培养和支教工作。❶《决定》不仅指明双语教育的重点发展方向，而且在总体上进行全面部署。2006 年财政部、教育部印发《少数民族教育和特殊教育中央补助专项资金管理办法》，规定少数民族教育中央补助专项资金的用途为"重点用于支持教育主管部门设置的中西部地区少数民族义务教育阶段中小学骨干师资'双语'培训，兼顾体现民族教育特色的教学仪器设备购置等"。❷ 这在经费上为双语教育提供了相应保障。《国家中长期教育改革和发展规划纲要（2010—2020 年)》提出大力推进双语教学、全面开设汉语文课程，尊重和保障少数民族使用民族语言文字接受教育的权利。❸ 在地方层面，2002 年 5 月发布的《西藏自治区学习、使用和发展藏语文的规定》明确了国家通用语言文字的地位，提出"积极发展藏语文的教育""采取措施培养藏文教师""义务教育阶段，以藏语文和国家通用语言文字作为基本的教育教学用语用字"。❹ 2002 年 9 月 20 日发布的《新疆维吾尔自治区语言文字工作条例》提出：搞好汉语教学，汉语课程从小学三年级起开设，也可以提前开设，使少数民族学生高中毕业时达到民汉语兼通，民族地区用汉语授课的中、小学校，可以适当开设当地通用的民语文课。❺ 2004 年颁布的《云南省国家通用语言文字条例》规定：学校和其他教育机构的教育教学活动应使用汉语文，少数民族学生为

---

❶ 国务院关于深化改革加快发展民族教育的决定［EB/OL］.（2016 - 09 - 23）［2018 - 06 - 10］. https：//www - gov - cn. vpn. muc. edu. cn/zhengce/content/2016 - 09/23/content_5111248. htm.

❷ 财政部、教育部关于印发《少数民族教育和特殊教育中央补助专项资金管理办法》的通知［EB/OL］.（2008 - 05 - 19）［2018 - 06 - 10］. https：//www - mof - gov - cn. vpn. muc. edu. cn/zhengwuxinxi/caizhengwengao/caizhengbuwengao2007/caizhengbuwengao20073/200805/t20080519_26208. html.

❸ 国家中长期教育改革和发展规划纲要（2010—2020 年）［EB/OL］.（2010 - 07 - 29）［2018 - 06 - 10］. https：//old - moe - gov - cn. vpn. muc. edu. cn/publicfiles/business/htmlfiles/moe/info_list/201407/xxgk_171904. html.

❹ 马戎. 西藏社会发展与双语教育［J］. 中国藏学，2011（5)：108 - 139.

❺ 新疆维吾尔自治区语言文字工作条例［J］. 语言与翻译，1994（1)：1 - 4.

主的学校、班级和其他教育机构，可以进行双语教学。❶

总体来看，较上一时期，21 世纪的双语教育政策具有以下几个特点。

（1）授课语言比重的转变。随着各民族地区经济、社会的发展，必须考虑到汉语作为国家通用语言在整个社会经济发展中的作用。由原来的民族自治地方自主决定的民汉教学模式，转变为国家层面的面向全国、整体推进，民族地区的双语教学在保证民族语言教学的基础上，明显地加强了国家通用语言文字教学的力度。2004 年教育部发布的《2004—2010 年西部地区教育事业发展规划》提出："推进双语教学，提高少数民族教育水平""重视少数民族'双语'教师的培养与培训"。❷ 2005 年 5 月发布的《国务院实施〈中华人民共和国民族区域自治法〉若干规定》规定，国家鼓励民族地区逐步推行双语教学，扶持少数民族双语教材的研究、开发、编译和出版，支持建立和健全少数民族文字教材的编译和审查机构，帮助培养民汉兼通的教师。❸《国家中长期教育改革和发展规划纲要（2010—2020年）》进一步提出："大力推进双语教学，全面开设汉语文课程，全面推广国家通用语言文字"，实行"民汉兼通"。❹ 相应地，民族地区的双语教育模式也有了明显转变，由一类模式逐渐向二类模式或三类模式转变。

（2）体制机制不断健全。21 世纪以来的双语教育从学校建设、教师培养、教学管理、教材建设等各个层面均衡推进、协调发展。2001 年，国发办《关于中小学教职工编制意见》规定，在具体核定中小学教职工编制时，有民族班的学校和开设双语教学课程的班级，按照从严从紧的原则适

---

❶ 云南省国家通用语言文字条例［EB/OL］.（2004 – 11 – 26）［2018 – 06 – 10］. https：//www – moe – edu – cn. vpn. muc. edu. cn/s78/A18/yys_left/s3127/s3253/201001/t20100127_78556. html.

❷ 2004—2010 年西部地区教育事业发展规划［EB/OL］.（2004 – 09 – 23）［2018 – 06 – 10］. https：//old – moe – gov – cn. vpn. muc. edu. cn//publicfiles/business/htmlfiles/moe/moe_1892/201001/xxgk_77142. html.

❸ 国务院实施《中华人民共和国民族区域自治法》若干规定［EB/OL］.（2008 – 03 – 28）［2018 – 06 – 10］. https：//www – gov – cn. vpn. muc. edu. cn/xxgk/pub/govpublic/mrlm/200803/t20080328_31650. html.

❹ 国家中长期教育改革和发展规划纲要（2010—2020 年）［EB/OL］.（2010 – 07 – 29）［2018 – 06 – 10］. https：//old – moe – gov – cn. vpn. muc. edu. cn/publicfiles/business/htmlfiles/moe/info_list/201407/xxgk_171904. html.

当增加编制。2011 年,《扶持人口较少民族发展规划（2011—2015 年）》提出大力推进双语教育,开发少数民族语言教学资源,加强双语师资队伍建设。2011 年,教育部发布的《教育部办公厅关于做好少数民族双语教师培训工作的意见》从"规划编制和机制建设""有效模式""培训经费的使用管理"等方面对双语教师的培训工作提出具体要求。

（3）建立客观的评价体系。2003 年,教育部正式在内蒙古、新疆、青海、甘肃、四川、西藏、吉林、辽宁、黑龙江等省、自治区实行"中国少数民族汉语水平等级考试",作为招生、招工、人员任用,以汉语授课的教师任职资格评审和评价汉语教学机构汉语教学效果的参考依据。《扶持人口较少民族发展规划（2011—2015 年）》提出要"加强双语教学质量监测"。各民族地区建立并实施了符合当地教育实际的科学有效的双语教育质量检测评价体系。同时,也加强了对双语教师任职、培训考核机制,将汉语水平测试（HSK）和面向少数民族的汉语水平测试（MSK）引入双语教师的招录、考评机制。

（4）开拓信息化背景下新发展路径。信息时代为双语教育的发展提供了新的载体和更大的发展平台。国家和地方都从配备双语现代远程教学设备,改善教育信息化条件等方面出台了政策。2004 年发布的《国家西部地区"两基"攻坚计划（2004—2007 年）》提出:"大力开发适应西部地区经济社会文化特点的远程教育资源,支持开发适应少数民族特点和双语教学的远程教育资源。"❶

三、新节点全面加快双语教育发展步伐（2012—2016 年）

2012 年 11 月 8 日,党的十八大召开,宣布我国"进入全面建成小康社会决定性阶段",这一判断对整个国家的发展进程影响深远,是推进中

---

❶ 国务院办公厅关于转发教育部等部门《国家西部地区"两基"攻坚计划（2004—2007 年）》的通知 [EB/OL]. （2004 - 02 - 06）[2018 - 06 - 10]. https://old - moe - gov - cn. vpn. muc. edu. cn//publicfiles/business/htmlfiles/moe/moe_5/200501/5429. html.

国特色社会主义事业发展的一个关键节点。与强调改革促发展的前一阶段相比，党的十八大以来的双语教育发展更注重与国家整体发展水平和社会的安定团结相适应，也更突出服务于全面建设小康社会的需要。2014 年 4 月，习近平同志在党的十八大之后首次赴新疆考察，他特别强调："少数民族孩子的双语教育要抓好，学好汉语将来找工作会方便些，更重要的是能为促进民族团结多作贡献。"在 2014 年 9 月召开的中央民族工作会议上，习近平同志提出"要积极做好双语教育、信教群众工作和少数民族代表人士和知识分子工作"，进一步强调双语教育的重要性。2015 年，国务院正式出台《国务院关于加快发展民族教育的决定》，❶ 对双语教育进行科学全面的规划，提出"科学稳妥推行双语教育"：依据法律，遵循规律，结合实际，以民汉双语兼通为基本目标，坚定不移地推行国家通用语言文字教育，在国家通用语言文字教育基础薄弱地区，师资队伍、教学资源满足双语教育需要，建立健全从学前到中小学各阶段有效衔接的双语教学体系，同时不断提高民语文教学水平。对于双语教育学生的升学、考试和双语教师培养培训、教学研究、教材开发，国家都提供政策支持。完善双语教师任职资格评价标准，建立双语教育督导评估和质量监测机制。同时，在双语教育信息化方面提出："制订民族地区教育资源建设方案，开发、引进、编译双语教学、教师培训和民族文化等数字资源"，这些方针政策极大地推动了双语教育的发展。

党的十八大以来，我国的双语教育取得了显著成就。2015 年新疆学前和中小学阶段接受双语教育和民考汉的少数民族学生达 224.93 万人，占少数民族在校生数的 77.38%，双语教育幼小衔接率达 88.8%，小初衔接率达 91.86%。❷ 2015 年西藏超过 99% 的学校实行双语教育，超过 97% 的学

❶ 国务院关于加快发展民族教育的决定［EB/OL］.（2017 - 07 - 17）［2018 - 06 - 10］. https：//www - moe - gov - cn. vpn. muc. edu. cn/jyb_xwfb/xw_zt/moe_357/jyzt_2016nztzl/ztzl_xyncs/zt-zl_xy_zcfg/201701/t20170117_295044. html.

❷ 新疆中小学双语教育覆盖面提高到 70%［EB/OL］.（2016 - 06 - 20）［2018 - 06 - 10］. https：//xj - people - com - cn. vpn. muc. edu. cn/n2/2016/0620/c188514 - 28535011. html.

生接受双语教育，基本建立起从学前到大学阶段的藏汉双语教育体系。❶
2015 年，广西实施壮汉双语教育教学的县（市、区）共有 35 个，壮汉双
语学校 158 所，在校生 92 547 人。❷ 截至 2016 年，云南省已编译审定 14
个民族 18 个语种的一至六年级小学语文、一至四年级小学语文教辅、一年
级小学数学等 633 本教材，以及 14 个民族 18 个文种的小学语文词语民汉
对译手册，14 个民族 18 个文种字母教学挂图等。❸

四、新时代的双语教育发展与前瞻（2017 年至今）

　　2017 年 10 月召开的党的十九大宣布，我国进入了全面建设小康社会
和全面建设社会主义现代化国家的新时代。新时代的少数民族双语教育需
要紧跟时代步伐，以习近平新时代中国特色社会主义思想为导向，用先进
的现代教育理念引领民族教育现代化建设，推动少数民族和民族地区双语
教育高水平高质量发展，以双语教育的发展推动少数民族和民族地区教育
事业的加快发展。

　　在双语教育的发展目标上，国家一直有着明确的规划。2015 年，《国
务院关于加快发展民族教育的决定》提出 2020 年的双语教育发展目标是：
"国家通用语言文字教育基础薄弱地区学前教育阶段基本普及两年双语教
育，义务教育阶段全面普及双语教育。" 2017 年的《国家教育事业发展
"十三五"规划》进一步规定："确保少数民族学生基本掌握和使用国家通
用语言文字"；"建立健全双语教育督导评估和监测机制"；"支持双语教师
培养培训、教学研究、教材开发和出版，加强对少数民族文字教材的指导

　　❶　西藏自治区超 99% 的学校实行双语教育 ［EB/OL］.（2004 – 02 – 06）［2015 – 07 – 12］.
https：//www – chinatibetnews – com. vpn. muc. edu. cn/xw/kjww/201507/t20150712_691806. html.
　　❷　2020 年壮汉双语学校达 300 所、在校生达 15 万人 广西出台壮汉双语教育发展规划
（2016—2020 年）［EB/OL］.（2016 – 04 – 26）［2018 – 06 – 10］. https：//www – gxedu – gov –
cn. vpn. muc. edu. cn/Item/13024. aspx.
　　❸　云南民族教育花正开 ［EB/OL］.（2017 – 07 – 06）［2018 – 06 – 10］. https：//www – yn –
xinhuanet – com. vpn. muc. edu. cn/edu/2017 – 07/06/c_136422801. htm.

监管";"研究完善双语教师任职条件和评价标准"。❶ 2018 年发布的《教育部民族教育司 2018 年工作要点》❷ 将"加大指导管理力度""提高双语教育水平""深化课程和教学改革""加大双语教育信息化建设"作为双语教育近期工作重点，在具体工作内容方面主要有：印发《少数民族双语教育指导意见》《中小学少数民族文字教材编写审定管理办法》《民族中小学汉语课程标准（普通高中）》；召开全国民族文字教材编译、审定、出版管理研讨会；推进已开发双语教学数字资源的深入普及应用，召开双语教育信息化推进会；开展国家级高中汉语骨干教师培训；指导修订颁布《中国少数民族汉语水平等级考试大纲》（三级、四级）工作；开展双语教师队伍建设情况调研；帮助边远民族地区学校利用"同步课堂"、在线开放课堂等信息化手段提高教学质量。由此可见，今后的双语教育发展主要有以下几个方面的趋势。

（1）中央政策与地方政策相结合，优惠政策与特殊政策相结合，完善中国特色双语教育政策体系。加大双语教育宏观管理力度，聚焦脱贫攻坚，整体推进，因地制宜，分类指导。加快普及学前双语教育，做好幼小、小初衔接，加强国家通用语言文字教育。制定和完善双语教师培养规划、政策和机制。制定少数民族文字教材开发、出版和指导监管的相关办法。

（2）教育教学改革与质量保障体系完善相结合，全面提升双语教育质量。深化民族地区学校双语教育教学改革，优化课程结构体系。大力提升县级以下各类教育机构的双语教育水平，实施民族地区中小学理科教学质量提升计划，提升办学质量和教学水平。完善民族教育质量保障体系，建立双语教育质量标准和质量评价标准，健全双语教育质量监测和督导评估

❶ 国务院关于印发国家教育事业发展"十三五"规划的通知［EB/OL］.（2017-01-19）［2018-06-10］. https：//www-gov-cn.vpn.muc.edu.cn/zhengce/content/2017-01/19/content_5161341.htm.

❷ 关于印发《教育部民族教育司 2018 年工作要点》的通知［EB/OL］.（2018-03-21）［2018-06-10］. https：//www-moe-gov-cn.vpn.muc.edu.cn/s78/A09/A09_gggs/A09_sjhj/201803/t20180321_330793.html.

机制，完善双语教育考试和招生制度，培养民汉兼通的高素质人才。

（3）培养与培训相结合，培养一支热爱民族教育事业、具有强烈责任感和较高教育教学水平的双语教师队伍。通过特岗计划、定向培养、建立内地高校培养基地等措施加强双语师资队伍建设，引导优秀的高校毕业生担任双语教师。加大双语教师培训力度。建立双语教师培训长效机制，完善双语教师任职条件和评价标准。建立一批较高质量的双语教师培养培训基地，保证双语教育教师队伍稳定而高水平地发展。

（4）探索与创新相结合，促进信息化语境下的双语教育转型。支持双语教育资源建设、教育信息化管理平台和数字化智慧校园建设。实行多形式多渠道的"互联网＋"新教育模式，提高双语教育教学质量，支持少数民族优秀传统文化双语课程进入"爱课程""爱学堂"等教育平台。通过开发、制作、译制、引进以及资源共享等多种途径，建立民族地区各级各类学校优质双语教育资源库，并通过教育信息化、数字化平台实现有效共享。探索校级校际双语教育资源共享、新型立体课堂转型等创新途径。

（5）实践与理论相结合，为双语教育的长足发展提供科学的理论支撑。重视双语教育科研、教研工作，积极借鉴新的双语教育研究成果，完善双语教育政策体系。对双语教育理论研究工作加大支持力度、完善支持机制，建立健全教科研协作创新机制，构建新时代中国特色双语教育理论体系，为双语教育的长足发展提供科学的理论支撑。

五、结　语

改革开放 40 年来，随着中国特色社会主义民族教育的长足发展和改革开放的不断深入，国家和各民族地区地方政府制定了各项政策法规，为双语教育的顺利推行提供了法律和政策上的保障，形成了中国特色社会主义双语教育体系，取得显著的成就。从侧重民语文教学到强调国家通用语言文字推行，从启蒙扫盲到信息化教育教学的全面开展，我国的双语教育政策一直在根据国家社会经济发展的需要和民族语言的使用情况及演变特点进行新的战略定位。进入新时代，面对教育现代化发展的新趋势，我国的双语教育也会面临新的问题与挑战。在双语教育政策的制定和调整上，无论是国家层面还是地方层面，都必须立足当下、放眼未来，才能真正让我国的双语教育得到稳步长足的发展。

第六章　我国少数民族双语
教育研究的进展和主要问题[*]

——基于 CSSCI 数据库的分析（1998—2015 年）

　　中文社会科学索引（Chinese Social Sciences Citation Index，CSSCI），是南京大学中国社会科学研究评估中心开发研制的有关中文社会科学论文收录和文献被引用情况的检索系统。该系统收录的期刊，被国内学术界公认为是层次较高、影响较大、编辑出版较为规范标准的。因此，对一个学科或者研究领域发表在 CSSCI 上的论文数量和质量进行分析，基本上可以反映出国内某学科或者研究领域的发展水平。

　　广义的双语教育是指"在学校教育教学中使用两种语言进行非语言学科的教学"。在学校的部分或者全部课程中，凡是使用两种语言作为教学媒介来教授非语言类学科课程的教学方式，均可归入双语教育之列。狭义的双语教育是指"在一个多民族国家的学校教育中针对语言少数民族群体使用主流语言和少数民族语言作为其教学语言的教育系统或教育体制"。❶大多数多民族国家的双语教育已经成为维护国家统一和民族团结的一项基本国策。我国少数民族在发展的过程中不仅要学会本民族的语言，还要掌握国家通用语言，一方面是传承本民族传统文化的需要，另一方面是为了适应现代社会的发展。

　　本章以"双语教育"为关键词，在 CSSCI 数据库中进行检索，截至

---

　　* 本章主要内容曾刊发于《民族高等教育研究》2018 年第 5 期，执笔人：仲丹丹。

　　❶ 哈经雄，滕星. 民族教育学通论［M］. 北京：教育科学出版社，2001：4.

2016 年 12 月，共检索到 238 篇文献记录，研究对象为 1998—2015 年在 CSSCI 上收录的与双语教育相关的学术期刊论文。

一、少数民族双语教育载文的基本情况

本节主要从研究年份、研究民族、主要期刊三个方面的载文数量收集数据并描述分析，通过选取一些重点论文，就与之相对应的主题进行系统的分析。

（一）研究年份及载文数量

CSSCI 数据库中收录双语教育的文章数量，从 1998 年的 4 篇逐渐上升到 2003 年的 19 篇，又减少到 2007 年的 7 篇再增加到 2014 年的 30 篇；2004—2015 年，数量增长与减少不够稳定。从总体上看，1998—2015 年的 CSSCI 双语教育研究论文虽然呈现增长趋势，但是也有篇章减少的情况，如图 6 - 1 所示。

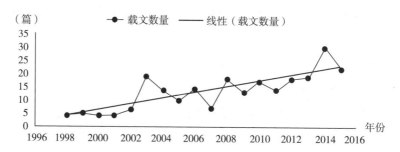

图 6 - 1 不同年份 CSSCI 中双语教育研究论文的载文数量（1998—2015 年）

（二）研究民族及载文数量

从 CSSCI 双语教育研究论文涉及的民族来看，研究藏族、维吾尔族的双语教育论文数量居前两位。其中，维吾尔族双语教育研究的论文有 27 篇，藏族双语教育研究的论文有 16 篇；此外，蒙古族、壮族、朝鲜族、达

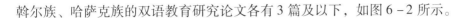

斡尔族、哈萨克族的双语教育研究论文各有 3 篇及以下，如图 6 - 2 所示。

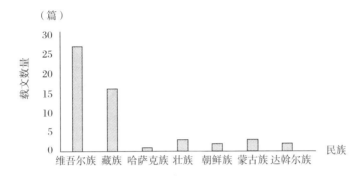

图 6 - 2　CSSCI 不同民族双语教育研究论文的载文数量（1998—2015 年）

（三）主要期刊及载文数量

在刊载双语教育研究论文的期刊中，《民族教育研究》载文数量最多，有 22 篇。收录双语教育研究论文的其他主要期刊是教育类和民族类的刊物，其中教育类的期刊载文涉及了国外的少数民族双语教育，例如，《教育发展研究》载文 19 篇、《比较教育研究》载文 12 篇。学前教育阶段的少数民族双语教育研究论文重点刊发在《学前教育研究》，计 7 篇。新疆地区的双语教育研究论文主要刊发在《新疆社会科学》《新疆大学学报（哲学·人文社会科学版）》《新疆师范大学学报（哲学社会科学版）》。《中南民族大学学报（人文社会科学版）》《广西民族研究》《全球教育展望》刊发的双语教育研究论文也不在少数，如图 6 - 3 所示。

以下主要对 CSSCI 数据库中有关双语教育的文献进行宏观和微观两个层面的探讨，利用 238 篇文献中下载率和引用率较高的文献，对某一主题进行系统分析，以此总结我国少数民族双语教育的研究主题及进展。

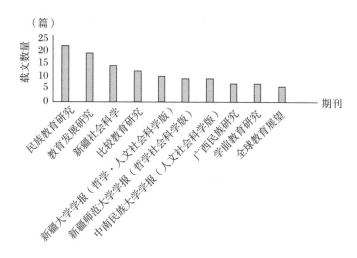

图 6-3　主要期刊关于 CSSCI 双语教育论文的载文数量（1998—2015 年）

二、宏观层面的双语教育

以下主要从双语教育的现状和发展趋势、双语教育与语言规划、双语教育与文化传承、双语教育与边疆发展、双语教育的国外经验诸方面对相关研究文献分类述评。

（一）双语教育的现状和发展趋势

戴庆厦、关辛秋的《中国少数民族双语教育的现状及发展趋势》是CSSCI 数据库中最早的一篇少数民族双语教育研究成果，主要对我国少数民族双语教育的现状特点及其发展趋势进行较为深入的探讨，梳理从中华人民共和国成立到 1998 年双语教育的情况及特点，使人们对双语教育的必要性和适用性有了较为客观明确的认识，双语教育向法制化迈进，双语教育的实验与理论研究在诸多少数民族中蓬勃展开。该文认为，我国双语教

育将持续发展，双语教育作为新兴学科将呈现出更美好的前景。❶

（二）双语教育与语言规划

滕星、海路的《语言规划与双语教育》从"语言规划取向"的视角（语言作为问题，语言作为权利，语言作为资源）审视了中国少数民族双语教育，发现在对待民汉双语教育的认识上存在"忽视母语"和"忽视国家通用语"的两种片面认识；在开发利用民族母语资源时，部分地区存在"急功近利"现象。促进双语教育的健康发展，需要继续坚持"民汉兼通"的目标，树立"多元文化整合教育"的语言教育观。❷ 苏德在《以多语教育促进和谐社会与文化建设——兼论少数民族双语教育研究范式》一文中认为，在方法论层面，双语教育研究应该建立一种综合运用语言学、教育学、文化人类学、心理学、社会学等多学科理论与方法的研究范式；多语教育可以促进和谐社会和文化建设，少数民族双语教育的研究范式可以为发展语言和文化的多样化、建构和谐社会、促进文化建设等提供理论依据与政策基础。❸

（三）双语教育与文化传承

滕星在《民族文化传承与双语教育发展》一文的访谈中认为，双语教育是少数民族年青一代更好地融入现代化进程、传承民族文化、提升国家软实力和保护人类文化多样性的必由之路。新时期的双语教育，凸显出来的主要问题是缺少合格的双语师资和双语教材。因此，必须制定科学的、系统的双语教育持续发展规划，注重语言环境对改善双语学习的重要性；完善教师培训机构、教材编写机构的功能；在现有的评估体系中引入有效

---

❶ 戴庆厦，关辛秋. 中国少数民族双语教育的现状及发展趋势［J］. 黑龙江民族丛刊，1998（1）：112-115.

❷ 滕星，海路. 语言规划与双语教育［J］. 新疆师范大学学报（哲学社会科学版），2013（3）：32-36.

❸ 苏德. 以多语教育促进和谐社会与文化建设——兼论少数民族双语教育研究范式［J］. 民族教育研究，2013（3）：26-30.

的鼓励政策，确保双语教育的持续性推进，并最终形成具有多元文化整合性质的国民教育。双语教育的任务，一是促进少数民族年青一代融入主流社会和现代化社会，二是让少数民族年青一代能够传承本民族优秀传统文化。❶

（四）双语教育与边疆发展

"少数民族和民族地区教育事业发展事关祖国统一、民族团结、国家安全"。❷ 我国少数民族人口大多居住在边疆地区，双语教育与边疆发展关系十分密切。CSSCI 数据库双语教育载文最多的民族地区是新疆和西藏。马戎在《新疆民族教育的发展与双语教育的实践》❸《从社会学的视角思考双语教育》❹《西藏社会发展与双语教育》❺ 等论文中，从社会学的角度重点分析了新疆、西藏等地区存在的教育问题，从而提出双语教育实施的必要性和应该注意的几点原则。陈世明的《新疆民汉双语教育的由来和发展》运用大量翔实的史料，比较系统地论述了秦汉至民国时期新疆民汉双语教育的发展过程，分析了新疆民汉双语教育产生、存在和发展的可能性，客观地反映了中央王朝与新疆地方政权以及汉族与其他民族之间的友好关系。❻

（五）双语教育的国外经验

顾华详在其《美国双语教育发展的教育及警示》一文中总结了美国双

❶ 白英，问. 滕星，答. 民族文化传承与双语教育发展 [J]. 思想战线，2015（2）：58 - 63.

❷ 李萨如拉. 内蒙古双语教育与民族文化传承初探——以呼和浩特民族学院为例 [J]. 赤峰学院学报（哲学社会科学版），2016（9）：204 - 206.

❸ 马戎. 新疆民族教育的发展与双语教育的实践 [J]. 北京大学教育评论，2008（2）：2 - 41.

❹ 马戎. 从社会学的视角思考双语教育 [J]. 云南民族大学学报（哲学社会科学版），2007（6）：11 - 17.

❺ 马戎. 西藏社会发展与双语教育 [J]. 中国藏学，2011（2）：108 - 139.

❻ 陈世明. 新疆民汉双语教育的由来和发展 [J]. 西北民族研究，2008（3）：102 - 109.

语教育发展所经历的四个阶段：认可、限制、复苏和排斥。美国双语教育曲折发展的教训，对我国的民族教育有一定的警示作用。我国民族地区必须坚定不移地推进"民汉兼通"的双语教育战略，进一步巩固发展双语教育的政策导向，切实保障资金投入，加快师资队伍建设，开展双语教师资格认定，高度重视教材开发，科学构建教育评估体系。❶ 杨红杰、刘照惠在《美国少数民族双语教育政策对中国的启示》一文中，探讨了美国少数民族双语教育政策的发展阶段以及决定美国少数民族双语教育政策的历史影响因素，并且分析了美国少数民族双语教育政策对中国的启示。❷

《英国威尔士双语教育对新疆双语教育的启示》的作者赵建梅，在赴威尔士双语学校考察、进行家长访谈及分析威尔士双语教育发展历史的基础上认为，威尔士双语教育发展历史对新疆双语教育的启示意义包括"威尔士双语教育的'破坏—重建'路径值得借鉴，新疆双语教育应始终坚持双语双文化人的培养目标；充分认识模式二在社会及家庭语言环境单一地区的价值"；❸ 双语教育是一种成本高昂的教育类型，但是对于国家和民族的长远发展意义重大，值得实施。

三、微观层面的少数民族双语教育

微观层面主要是从少数民族双语教育模式、双语教育政策、双语教育师资、双语教学问题、教学新媒体信息技术等方面梳理探讨双语教育研究的相关文献。以下结合几篇重点文献进行分析。

---

❶ 顾华详. 美国双语教育发展的教训及警示——兼论我国民族地区发展双语教育的对策[J]. 国家教育行政学院学报，2008（1）：86 – 95.

❷ 杨红杰，刘照惠. 美国少数民族双语教育政策对中国的启示［J］. 贵州民族研究，2012（3）：192 – 196.

❸ 赵建梅. 英国威尔士双语教育对新疆双语教育的启示［J］. 新疆社会科学，2014（6）：146 – 151.

（一）双语教育模式

王嘉毅、孙丽华在《我国少数民族学前双语教育模式与路径》一文中认为，少数民族双语教育最好是在学前阶段就开展。当前是发展少数民族地区学前双语教育的大好时期，国家和各级政府在教育发展规划中对学前双语教育的地位、政策和经费都给予了保障。但是学前双语教育在理论上尚存片面认识，在实践中也有不切实际的做法。解决这些问题，首先要明确学前双语教学的目标，分析学前双语教育的主要模式，探索学前双语教育的实现路径。❶

张梅在《新疆少数民族双语教育模式及其语言使用问题》一文中，分析了新疆少数民族语言使用与发展状况和现行双语教育的模式及目标设计，指出了新疆少数民族双语教育中存在模式泛化和语言使用的问题，认为双语教学的模式应该体现双语教育目标，而双语教育的目标应该以少数民族语言的使用和发展为基础，以满足不同民族对双语教育的需求。双语教学中民汉语言的使用应该以教师和学生的汉语能力为依据，以实现双语教育目标为目的，实事求是地实现教学语言的逐渐过渡。❷

史军在《试论四川彝汉双语教育模式》一文中，基于彝汉双语教育的内涵从微观上对其模式进行分类和评析，并且根据各模式类型的实践事实，提出完善彝汉双语教育模式体系的构建及启示。❸

（二）双语教育政策

《人类学视野中的双语教育政策制定——访人类学家纳日碧力戈教授》一文谈到，制定双语教育政策遇到的两个主要问题是少数民族缺乏主体

---

❶ 王嘉毅，孙丽华. 我国少数民族学前双语教育模式与路径［J］. 中国教育学刊，2013（5）：30－33.

❷ 张梅. 新疆少数民族双语教育模式及其语言使用问题［J］. 民族教育研究，2009（4）：96－101.

❸ 史军. 试论四川彝汉双语教育模式［J］. 西南民族大学学报（人文社科版），2009（6）：65－69.

性、研究单位缺乏灵活性。解决这两个问题，建议一是在双语教育政策制定过程中要加强生命体与生命体之间的平等对话；二是在双语教育政策制定过程中要充分运用"'有'而能'超越'"的思想处理生命体之间的平等性和族群之间的差异性；三是在双语教育政策制定过程中要通过领会语言人类学中"符号"和"指号"之间的关系来处理大民族与少数民族之间的关系；四是借鉴解释人类学家格尔茨的"model for"和"model of"的观点，在双语教育政策制定过程中确立少数民族的主体性。❶

（三）双语教育师资

丁月牙在《以教师为主体寻找现象背后的"真实"——凉山彝族一类模式双语教育个案》一文中，以凉山彝族双语教学中"各科利用彝语文课教学，同时开设汉文课"这一模式教学的学生汉语言水平为个案，研究了在自然情景下教学的"当事者"之一的教师群体对这一教学模式学生汉语学习问题的态度和认识，揭示了现象背后教师群体的两难境遇：在非主流民族的弱势语言生存空间日趋缩小的背景下，双语教师是继续执着于非主流民族的传统文化还是顺应现代化。❷

（四）双语教学问题

付东明在《论双语教育的有效课堂教学》一文中，依据有效教学理念和新课程改革对课堂教学的要求，针对提高课堂教学质量提出了双语教育有效课堂教学的理念和标准，并且根据这些理念和标准，分析了新疆双语教育的课堂教学的现状和问题，提出"转变教学理念，确立以学生为本的教学思想，落实新课程的三维目标；精心设计课堂教学，在实战中提高教学设计能力；选择学生喜欢而又有效的课堂教学活动方式，吸引学生参

---

❶　韩雪军，问．纳日碧力戈，答．人类学视野中的双语教育政策制定——访人类学家纳日碧力戈教授［J］．广西民族研究，2013（1）：46－50.
❷　丁月牙．以教师为主体寻找现象背后的"真实"——凉山彝族一类模式双语教育个案［J］．广西民族学院学报（哲学社会科学版），2004（3）：38－41.

与；积极利用课程资源，制作各种形式的教学课件等改进策略，努力实现双语教育有效课堂教学。❶

（五）新媒体信息技术与双语教育研究

从 2015 年开始，研究者注重将双语教育与新媒体信息化教学联系起来。相关论文有赵慧臣、王玥等人的《少数民族双语教育信息化研究现状与展望》❷《少数民族双语教育的信息化教学设计研究》❸。这些论文认为教育信息化是支持教育跨越式发展的重大举措，是实现民族地区教育现代化的重要推动力。研究少数民族双语教育信息化发展的现状、分析少数民族双语教育信息化发展的问题，可以为少数民族教育信息化发展提供借鉴。

四、对双语教育研究存在问题的思考

本研究主要对 1998—2015 年 CSSCI 双语教育研究文献中存在的主要问题进行分析，并对我国少数民族双语教育研究的发展进行一些思考。

（一）研究成果不够深入

研究成果不够深入的表现主要有两个方面：一是综合性的研究成果数量不多，不同的双语教育研究文献分别从教育学、人类学、政治学、经济学、社会学、语言学等诸多视角来研究分析双语教育问题，但是每一种视角的成果都只有几篇甚至一两篇，很少利用多学科的视角对少数民族双语教育进行深入的分析。二是对民族双语教育发展的历程研究不足，无论是

---

❶ 付东明. 论双语教育的有效课堂教学 [J]. 新疆师范大学学报（哲学社会科学版），2014（4）：125 - 132.

❷ 赵慧臣，王玥，等. 少数民族双语教育信息化研究现状与展望 [J]. 现代教育技术，2015（10）.

❸ 王玥，赵慧臣. 少数民族双语教育的信息化教学设计研究 [J]. 现代教育技术，2015（10）.

对学生个人的发展历程（学前、小学、初中、高中），还是对少数民族双语教育自身发展的政策历程、模式演变、教师教学等的深入研究或者高质量的相关研究成果都较少。

（二）双语教育前瞻性不足

相关研究成果对各民族双语教育的研究程度深浅不一，而且研究的民族地域也以新疆、西藏为主。这些研究成果的内容大多数集中在对少数民族双语教育的现状分析和问题描述上，对双语前瞻性的指导和预测比较缺乏。教育是超前于社会发展的，不仅要发挥历史作为镜子给我们的教育启示意义作用，还要发挥教育思想提前于人的行动这一作用。教育超前于社会的发展，就要认识双语教育在各民族发展的重要性，深入研究双语教育，以富有前瞻性的思路和建议为民族地区教育事业的发展作出贡献。

（三）主客位视角的结合不足

当地人看待少数民族双语教育的视角和研究者的观念是有差异的，本民族人的研究和其他民族研究者对该地区双语教育的研究视角也是不一样的。在 CSSCI 数据库中，从当地少数民族学生和老师的角度看待少数民族双语教育的研究不多，反映的问题也不是很全面。少数民族学生自身如何看待双语教育，双语教育对他们的身心发展起到什么作用，回答这类问题的研究少之又少，很多研究也都是"俯视性"的。建议研究者多从被研究者的视角出发，分析研究双语教育问题。此外，部分双语教育文献过于强调双语教育本身的特殊性而忽略了教育教学的普遍性。少数民族双语教育的最终目的也是民族教育的理想目标——培养"民汉兼通"的双语双文化人才。因此，必须高度重视对接受双语教育对象（学生）的研究。

第七章　我国民族中小学汉语课程建设的历史演进[*]

　　我国少数民族双语教育的目标是实现少数民族语言生活的"两全其美"，既要保障少数民族的母语使用和发展，又要帮助少数民族更好地学习、使用通用语——汉语，保证母语和通用语在现代化进程中分工互补、和谐发展。[1] 少数民族双语教育目标实现的主要途径是有效推进少数民族地区双语教学的课程建设。我国少数民族地区双语教学课程建设包括民族语（文）课程建设和汉语（文）课程建设两大部分。近年来，少数民族地区的汉语课程建设得到了国家的高度重视。2010 年 7 月颁布的《国家中长期教育改革和发展规划纲要（2010—2020 年)》指出："大力推进双语教学。全面开设汉语文课程，全面推广国家通用语言文字。"[2] 2015 年 8 月颁布的《国务院关于加快发展民族教育的决定》进一步指出："依据法律，遵循规律，结合实际，坚定不移推行国家通用语言文字教育，确保少数民族学生基本掌握和使用国家通用语言文字，少数民族高校毕业生能够熟练掌握和使用国家通用语言文字。"[3]

　　2013 年 12 月，教育部印发《民族中小学汉语课程标准（义务教

---

　　[*] 本章主要内容曾刊发于《民族教育研究》2016 年第 4 期，执笔人：海路。

　　[1] 戴庆厦. 两全其美，和谐发展：解决少数民族双语问题的最佳模式［J］. 中央民族大学学报（哲学社会科学版），2011（5）.

　　[2] 国家中长期教育改革和发展规划纲要（2010—2020 年）［N］. 人民日报，2010 - 07 - 30 (001).

　　[3] 国务院. 国务院关于加快发展民族教育的决定［EB/OL］.［2015 - 08 - 17］. https://www - gov - cn. vpn. muc. edu. cn/zhengce/content/2015 - 08/17/content_10097. htm.

育)》，并从 2014 年秋季学期开始在民族地区中小学实施。目前，已有一些文献对民族中小学汉语课程标准的研制过程❶❷和内蒙古、西藏、新疆等省区的民族中小学汉语课程建设问题进行了综述，❸❹❺❻❼❽ 但缺乏针对我国民族中小学汉语课程建设的总体述评。本章主要以内蒙古、吉林、新疆、西藏四省、自治区为例，❾ 结合相关政策文本及研究文献，对新中国民族中小学汉语课程建设的发展历程进行系统梳理和总结，探讨其经验教训。这对推动我国民族中小学汉语课程建设的科学发展具有重要借鉴意义。

20 世纪 50 年代初期至今，我国民族中小学汉语课程建设经历了起步探索、曲折发展、恢复发展和科学发展四个阶段。

一、民族中小学汉语课程建设的起步探索（20 世纪 50 年代初期至 60 年代中期）

20 世纪 50 年代初期，中央政府就有关于在民族中小学实施汉语文教学的规定。

---

❶　徐学文. 从《汉语文大纲》到《课程标准》经历的三个阶段——民族中小学汉语教学大纲及课程标准研制过程［J］. 中国民族教育，2014（9）：28 – 31.

❷　徐学文. 从《汉语文教学大纲》到《课程标准》——民族中小学汉语大纲（课标）研制过程［J］. 内蒙古教育，2014（15）：23 – 27.

❸　课程教材研究所. 民族中小学汉语教学论稿［M］. 北京：人民教育出版社，2008.

❹　哈琴. 蒙古族学校汉语课程与教学研究综述［J］. 民族教育研究，2014（6）：92 – 96.

❺　林秀艳. 西藏汉语教学的历史回顾与现状分析［J］. 民族教育研究，2012（3）：46 – 50.

❻　王洋，刘春艳. 论新疆双语教育中的汉语课程建设［J］. 双语教育研究，2014（1）：56 – 60.

❼　王洋. 对维吾尔族汉语教学的研究［D］. 上海：华东师范大学，2009.

❽　罗芳. 西藏农牧区小学汉语教学研究［D］. 武汉：华中师范大学，2011.

❾　我国民族中小学汉语教学类型因民族、语言、地区等差异而有较大区别。北方有传统民族文字少数民族的汉语教学，主要在中小学使用本民族语言文字教学的同时加授《汉语》课，实施少数民族汉语水平等级考试（MHK）；南方无传统民族文字或通用文字的少数民族，主要在中小学使用汉语文教学，《语文》课的开设及教材使用与汉族学校基本相同。这里的"汉语课程建设"，主要针对的是北方有传统民族文字的少数民族，特别是蒙古族、维吾尔族、藏族和朝鲜族。故研究样本选择了内蒙古、新疆、西藏和吉林四省、自治区。

1950 年 8 月，教育部在《中学暂行教学计划（草案）》中首次规定：
"在兄弟民族的学校，初中语文教学以 4 小时授国语文，3 小时授本族语
文；高中全授国语文。"❶

1956 年 6 月，时任教育部副部长林砺儒在第二次全国民族教育会议上
的报告强调："有通用文字的民族，普通教育和师范教育（包括高师）学
校的各种课程，必须用本民族语文进行教学。"民族学校"在小学以学习
民族语言为重点，从五年级起，增设汉语课；在初中则民族文学和汉语齐
头并进；到了高中，则民族文学和汉文文学齐头并进"❷。可见，20 世纪
50 年代初、中期，我国民族中小学双语教学中虽然也有汉语文教学的规
定，但重点是实施民族语文教学，汉语文课一般在高小和中学阶段开设。
这一阶段各有关省、自治区自行开设汉语文课，展开了民族中小学汉语课
程建设的初步探索。

（一）初步开设汉语文课程

1950 年 2 月，内蒙古自治区人民政府颁布《内蒙古自治区小学教育暂
行实施办法（草案）》，规定蒙古语授课小学的汉语文课从三年级起开设，
每周 4 节，四、五年级每周 3 节。❸ 1956 年起规定从小学五年级开设汉语
文课，1959 年改为从小学三年级开设。1962 年规定，农村小学的蒙语授课
班一般从三年级开设汉语（文）课；牧区小学可从三年级或五年级开设。❹

1949 年 9 月，吉林省延边地区制定的中学教学计划中安排每周 3 课时
的"中国语课"。1951 年吉林省文教厅将"中国语"改为"汉语"，同年
延边专署教育科决定汉语课由初一年级改为小学五年级开设，每周 4 课时。

---

❶　高等教育部办公厅. 教育文献法令汇编（1949—1952 年）［C］. 北京：高等教育部办公
厅，1958：171.

❷　教育部副部长林砺儒在第二次全国民族教育会议上的报告（1956 年 6 月 4 日）［A］//何
东昌. 中华人民共和国重要教育文献（1949—1997 年）. 海口：海南出版社，1998：636.

❸　哈达. 内蒙古自治区蒙古语授课中小学教育研究（1947—1966 年）［D］. 呼和浩特：内
蒙古大学，2013.

❹　中国少数民族教育史编委会，韩达. 中国少数民族教育史（第二卷）［M］. 昆明：云南
教育出版社；南宁：广西教育出版社；广州：广东教育出版社，1998：119.

1956—1957 学年度将汉语课提前至小学三年级开设。1958 年改为从小学一年级下学期开设汉语文课；1963 年将汉语课调整为小学二年级开设。❶

1950 年 5 月，新疆省人民政府发布《关于目前新疆教育改革的指示》，规定"所有中学班均加授外族语选修课，维（吾尔）族班选修国文或俄文"。❷ 1956 年召开的自治区第二届中等教育会议规定，民族初中每周授 4 ~ 6 节汉语课；1959 年 6 月召开的自治区教育行政会议要求，民族小学从四年级增设汉语课。❸

1951 年，西藏昌都小学将汉语文作为选学课程。1956 年，拉萨小学在三年级以上开设汉语文课；拉萨中学一至三年级及初中预备班均开设汉语文课。1963 年，自治区筹委在转发教育部《全日制中小学教学计划（草案）》时规定：基础好的全日制公办小学从三年级开设汉语课。1964 年，自治区筹委文教处规定在全区初中和高中都开设汉语文课。❹

（二）尝试编写汉语文教材

民族中小学初期大多降格使用内地语文教材，即在民族地区高小用内地初小的教材，初中用内地高小的教材，高中用内地初中的教材。1952 年以后，部分省、自治区教育行政部门开始组织人员编译或编写民族中小学汉语教材。

吉林省延边教育出版社于 1952 年出版了朝鲜族学校第一套中小学《汉语》教材，在教材"编辑大意"中指出："朝鲜族是祖国大家庭的一个成员，朝鲜族学生学习汉语是学习祖国各民族之间的共通语。"1956—

---

❶ 姜永德. 延边的汉语文教学［A］//金恒星，姜永德. 朝鲜族中小学汉语文教学四十年经验论文集. 延吉：东北朝鲜民族教育出版社，1992：1.
❷ 李儒忠，曹春梅. 新疆少数民族"双语"教育千年大事年表（之二）［J］. 新疆教育学院学报，2009（3）：10 – 20.
❸ 新疆维吾尔自治区民族语言文字工作委员会，《新疆通志·语言文字志》编委会. 新疆通志·语言文字志［Z］. 乌鲁木齐：新疆人民出版社，2000：640.
❹ 张廷芳. 西藏少数民族汉语教学概况与研究［M］. 北京：中国藏学出版社，2007：3.

1957 年、1960 年和 1963 年，延边教育出版社分别新编了三套汉语教材。❶

1957—1958 年，内蒙古人民出版社教科书编辑室编辑出版了第一套蒙古族中小学汉语教材。1959—1960 年编辑出版了第二套汉语文教材。1962—1964 年新编了第三套汉语文教材，该套教材根据授课语言特点和学生的汉语水平分为甲、乙两类，其中甲类适用于城镇和农村有一定汉语基础的中小学，乙类适用于牧区、半牧区汉语基础较差的中小学。❷

1958 年，新疆教育出版社出版了维、哈、蒙 3 种文字的中学汉语教材（1～3 册），1960 年重新编写了该套教材。❸

西藏和平解放初期，各中小学的教材（含汉语文教材）主要由教师参照内地教材并结合西藏实际，自己编译、刻印。到 1958 年，各中小学先后自编了小学和初中的汉语文教材。1960 年 7 月，自治区筹委会成立小学教材编译组（1964 年改为编译室），下设小学汉语文编写组。❹ 1963 年出版了一套民办小学和公办小学的汉语文教材。❺

（三）探索制定汉语文教学大纲

1957 年，吉林省延边朝鲜族自治州（以下简称延边州）成立"朝鲜族中小学汉语教学大纲起草委员会"，1958 年制定了中华人民共和国第一个地方性的民族中小学汉语教学大纲。❻

1958 年，内蒙古人民出版社出版了《蒙古高级小学汉语文甲类课本教学大纲（草案）》和《蒙古高级小学汉语文乙类课本教学大纲（草案）》。

❶　姜永德. 延边的汉语文教学［A］//金恒星，姜永德. 朝鲜族中小学汉语文教学四十年经验论文集. 延吉：东北朝鲜民族教育出版社，1992：2.
❷　吴艳梅. 义务教育阶段蒙古族学校汉语教科书研究［D］. 北京：中央民族大学，2015.
❸　武金峰，托呼塔别克，张兴. 新疆民族中小学双语教育的历史及其发展趋势［J］. 伊犁师范学院学报，2003（3）：65－70.
❹　西藏自治区地方志编纂委员会. 西藏自治区志·教育志［Z］. 北京：中国藏学出版社，2005：16.
❺　林秀艳. 西藏汉语教学的历史回顾与现状分析［J］. 民族教育研究，2012（3）：46－50.
❻　姜永德. 延边的汉语文教学［A］//金恒星，姜永德. 朝鲜族中小学汉语文教学四十年经验论文集. 延吉：东北朝鲜民族教育出版社，1992：4.

1962年9月，内蒙古教育厅下发《蒙族中小学蒙汉语文新教材、大纲试验方案（初稿）》，拟定了甲、乙两类蒙汉语文教学大纲（草案）。❶

1963年，新疆维吾尔自治区教育厅组织编写了民族中学汉语教学大纲。❷

从中华人民共和国成立至"文化大革命"前的17年间，我国的民族中小学汉语课程建设经历了从无到有、从起步到初步发展的探索过程。各有关省、自治区教育行政部门大都依据本省区的实际情况初步开设汉语文课程，尝试编写汉语文教材，探索制定本地区的汉语文教学大纲，取得了一些重要经验，为我国民族中小学汉语课程建设奠定了基础。

这一阶段汉语课程建设的成绩和经验可概括为以下几点。

（1）初步形成民族中小学汉语文教学体系。内蒙古、吉林、新疆、西藏等省区在小学三年级以上大都开设了汉语文课，初步编写了汉语文教材，吉林、内蒙古、新疆还分别制定了针对本省、自治区民族中小学的汉语文教学大纲。

（2）初步提出少数民族学生"民汉兼通"的培养目标。这一阶段各有关省、自治区教育行政部门都希望通过开设汉语文课程，编译或编写汉语文教材，促进本地区少数民族学生学习和掌握国家通用语言文字，其中内蒙古、吉林还提出了民族语授课学生逐步实现"民汉语兼通"的人才培养目标。❸

（3）初步积累了民族中小学汉语文教材编写和教学方法的一些宝贵经

---

❶ 吴艳梅. 义务教育阶段蒙古族学校汉语教科书研究［D］. 北京：中央民族大学，2015.

❷ 武金峰，托呼塔别克，张兴. 新疆民族中小学双语教育的历史及其发展趋势［J］. 伊犁师范学院学报，2003（3）：65 – 70.

❸ 1962年1月内蒙古自治区民族语文暨民族教育会议拟定的文件中明确规定："蒙古族中小学一定要坚持学好蒙语，并为逐步达到蒙汉兼通打下基础。"见马戎，郭志刚. 中国西部地区少数民族教育的发展［M］. 北京：民族出版社，2009：210. 在1963年7月召开的延边州中小学汉语教学研究会上，中共延边州委书记处书记金文宝提出："（朝鲜族学校）高中毕业生……在初中基础上，继续丰富词汇和语法修辞知识，逐步达到朝汉语兼通。"见金恒星，姜永德. 朝鲜族中小学汉语文教学四十年经验论文集［M］. 延吉：东北朝鲜民族教育出版社，1992：123.

验。如内蒙古将汉语文教材分为甲、乙两类，在汉语文教材篇目选择上确立了统一篇目和自选篇目相结合的原则，教学方法注意结合少数民族学生的语言特点，从听、读、说、写的基本训练入手。

同时，这一阶段汉语课程建设也存在一些不足和教训，主要有以下几点。

（1）民族中小学汉语文课程开设不规范，缺乏统一规划。汉语文课均由各省、自治区独立开设，缺乏全国统筹规划和跨省区交流，在汉语文课的开设目的、教学目标、教学原则、起始学段等方面都没有统一要求，教学方法、教材编写等方面也很不规范。

（2）民族中小学汉语文教学等同于"降低标准"的汉族中小学语文教学。这一阶段，人们对民族中小学汉语文教学性质的认识基本等同于汉族学生的母语文教学，只是教学要求、教材难度有所降低而已。

（3）民族中小学汉语课程发展受政治因素影响较大。如 1958—1960 年"大跃进"期间，吉林、内蒙古不但将汉语课从小学高年级提前至小学一、二年级开设，过多增加课时，而且突出了汉语教材的政治色彩，一些教学方法（如直接教授汉语）严重违背少数民族学生认知规律，导致汉语课教学质量下滑。

二、民族中小学汉语课程建设的曲折发展（20 世纪 60 年代中期至 70 年代末）

"文化大革命"前期（1966—1969 年），在民汉双语教学中忽视少数民族学生特点，"直接向汉语过渡"的做法十分普遍。民族中小学的民族语文课程基本中断，汉语文课程虽时断时续地开展，但受政治因素干扰十分严重，主要体现在以下几点。

（1）汉语文课开设不正常。虽然一些民族中小学还开设有汉语文课，但由于受政治运动的冲击，根本无法保证正常上课。

（2）在教学过程中违背客观教学规律。部分地区的民族中小学照搬汉族学校的教学模式，如延边地区将汉语课提前到小学一年级开设；有的地区甚至实行"先学汉语，再学民族语"这一明显违背少数民族汉语教学规律的做法。

（3）教材内容政治化。民族中小学普遍以毛主席著作和语录替代汉语教材，如吉林省教育厅 1966 年发出《关于停止使用朝鲜族中小学汉语教材的通知》，提出"以毛主席著作为教材"，高中学《毛泽东选集》甲种本，初中学《毛泽东选集》乙种本，小学学《毛主席语录》。❶

"文化大革命"后期（1970—1976 年），内蒙古、吉林等省、自治区逐渐恢复了民族学校汉语教材的编写和出版，但选文仍大都是"毛主席语录"和报刊政论性文章。

受"左"的政治路线干扰和"民族融合风"的影响，"文化大革命"期间民族中小学的汉语文教学在开课起始年级、教学时间、教学方法、教材编写等方面都未能从少数民族学生汉语学习的特殊性出发，教学过程中的"一刀切"和"政治化"现象十分普遍，从而导致汉语文教学质量严重下滑。这一阶段，民族中小学的汉语课程建设不但未能继承和发扬前一阶段各省、自治区自主探索符合本地区少数民族学生实际的汉语教学特色的宝贵经验，反而出现了停滞甚至倒退。这一历史教训值得反思并引以为戒。

三、民族中小学汉语课程建设的恢复发展（20 世纪 70 年代末至 90 年代）

1978 年党的十一届三中全会后，党和政府提出在民族地区恢复和发展民汉双语教育。1981 年 8 月，教育部、国家民委报送中共中央、国务院的《关于进一步加强民族教育工作的报告》强调："少数民族学生在小学和中

---

❶ 姜永德. 延边的汉语文教学［A］//金恒星，姜永德. 朝鲜族中小学汉语文教学四十年经验论文集. 延吉：东北朝鲜民族教育出版社，1992：9.

学阶段首先学好本民族语文，同时逐步学好汉语汉文。"❶ 20 世纪 80 年代以来，我国以经济建设为中心，大力实施改革开放政策，各民族之间的交往也不断增多，汉语文作为各民族通用语言文字的重要性日益突出，民族中小学的汉语文教学受到普遍重视。这一阶段民族中小学汉语课程建设不但在课程开设、教材编写方面得到恢复，而且在教学大纲制定、教学实验开展、汉语水平考试实施等方面也有了创新和发展。

（一）制定统一的汉语文教学大纲

1982 年 3 月，教育部颁布了第一个面向全国民族地区中小学的《全日制学校民族中小学汉语文教学大纲（试行草案）》（〔82〕教民字 002 号）。这标志着我国民族中小学的汉语课程建设从各民族省区分散的、局部的"自行实施"，进入了中央政府自上而下"统筹规划"的新阶段。《大纲（试行草案）》指出："在使用本民族语言和文字进行教学的民族中小学中，学生首先应学好本民族的语文，有条件的也应当学好汉语文。至于汉语文课的开设和学习年限，可以根据实际条件，加以灵活安排。"1987 年 12 月和 1992 年 8 月，教育部两次颁布修订后的《汉语文教学大纲》，对我国民族中小学汉语文教学实践起到了重要的指导和规范作用。

（二）系统开设汉语文课程

这一阶段我国民族中小学比较系统、全面地开设了汉语文课程。

从 1979 年起，吉林省延边州将朝鲜族学校汉语文课的起始年级恢复为小学二年级，1995 年后将汉语文课改为从小学一年级起开设。

1980 年，内蒙古自治区教育局发布的《全日制蒙古族小学教学计划（试行草案）》规定，蒙语授课班的汉语文课"一般从小学三年级开设，到

---

❶ 中华人民共和国国家教育委员会民族地区教育司. 少数民族教育工作文件选编［C］. 呼和浩特：内蒙古教育出版社，1991：107.

高中毕业，共学八学年"。❶ 1978 年 6 月，新疆维吾尔自治区教育局下发
《关于加强民族学校汉语教学的意见》，提出："尽快地从小学三年级起就
开设汉语课。"❷ 1981 年 8 月颁布的《自治区全日制民族中小学教学计划
（试行草案）》规定：汉语课"从小学四年级起开设到高中毕业"。❸ 1988
年 5 月通过的《新疆维吾尔自治区义务教育实施办法》第 33 条规定："少
数民族小学从三年级开设汉语课。有条件的可以提前开设汉语课。"❹

　　1979 年 12 月，西藏自治区教育局规定：小学学制暂定为 6 年，藏语
授课班从四年级起开汉语文课。1982 年 3 月，自治区教育厅在《西藏自治
区全日制公办中小学教学计划（试行草案）》中提出，藏语授课班从小学
四年级起开设汉语文课。1987 年 7 月，自治区人民政府颁布的《西藏自治
区学习、使用和发展藏语文的若干规定（试行）》指出："藏族小学生全部
使用藏语文教学。在不影响藏语文教学的前提下，从高年级开始增设汉语
文课。"❺

（三）编写、修订汉语教材

　　这一阶段，各有关省、自治区根据教育部颁布的《全日制学校民族中
小学汉语文教学大纲（试行草案）》（1982 年）、《九年义务教育全日制小
学、初级中学课程计划（试行）》（1992 年）、《全日制普通高中课程计划
（试验）》（1996 年）等政策文件，自主编写或修订汉语文教材。

　　延边教育出版社于 1978 年（1980 年修订）、1984 年（1989—1990 年

---

❶ 郭福昌. 省市自治区少数民族教育工作文件选编（1977—1990）[C]. 成都：四川民族
出版社，1995：528.

❷ 李儒忠，曹春梅. 新疆少数民族"双语"教育千年大事年表（之二）[J]. 新疆教育学
院学报，2009（3）：13.

❸ 郭福昌. 省市自治区少数民族教育工作文件选编（1977—1990）[C]. 成都：四川民族
出版社，1995：132.

❹ 郭福昌. 省市自治区少数民族教育工作文件选编（1977—1990）[C]. 成都：四川民族
出版社，1995：480.

❺ 西藏自治区地方志编纂委员会. 西藏自治区志·教育志 [Z]. 北京：中国藏学出版社，
2005：16.

修订)、1993 年(1999 年修订)分别出版了三套朝鲜族中小学汉语教材。内蒙古教育出版社于 1977 年(1979—1980 年修订)、1982 年(1986—1987 年修订)、1993 年(1997 年修订)分别出版了三套蒙古族中小学汉语教材。1986 年 5 月和 10 月,国家教委分别批复成立"全国朝鲜文教材审查委员会"和"全国蒙古文教材审查委员会",下设汉语文学科教材审查组,负责朝鲜族、蒙古族中小学汉语教科书的审定工作。这两个机构的成立,标志着民族中小学汉语教材的编写开始实施编审分开的新制度。

1980 年,新疆维吾尔自治区教育厅组织编写了汉语教学大纲和民族小学到初中的汉语教材(1~7 册)。1982 年 3 月,自治区教育厅召开中小学汉语教学座谈会,重新修订汉语教学大纲。1985—1987 年和 1998—1999 年,自治区教育厅分别组织编写了两套民族中小学汉语教科书。❶

1980 年,西藏自治区以人民教育出版社十年制统编教材为蓝本,编写了小学"三对照"汉语文课本、初中一年级汉语文句型课本各一套。1988 年,拉萨市教体委编写了中学预备班汉语文教材。❷ 从 1992 年开始,自治区教材编译局自编了一套中小学汉语文教材。❸

(四)实施汉语教学实验

开展科学的教学改革实验是提高民族中小学汉语教学质量的重要途径。这一阶段各民族地区中小学均普遍开展了汉语教学改革实验。

1988 年,吉林省延边民族教育改革办公室在州内选择不同类型的 15 所学校、70 多个班级开展"朝鲜族学校双语教育改革实验与研究",从 1988 年秋季起到 1994 年完成了第一阶段实验任务。根据实验研究成果,教育行政部门从 1995 年起将汉语课开设时间从小学二年级调整为一年级,

---

❶ 李儒忠,曹春梅. 新疆少数民族"双语"教育千年大事年表(之二)[J]. 新疆教育学院学报,2009(3):10-20.
❷ 张廷芳. 西藏少数民族汉语教学概况与研究 [M]. 北京:中国藏学出版社,2007:44.
❸ 西藏自治区地方志编纂委员会. 西藏自治区志·教育志 [Z]. 北京:中国藏学出版社,2005:233.

小学低年级的汉语教学也由"先文后语"改为"先语后文"。❶

从 1992 年起，内蒙古自治区在 7 所学校的 8 个蒙语授课中学实验班开展了"蒙—汉—外"三语教学改革实验，取得了良好的教学效果。

从 1987 年起，新疆维吾尔自治区教育科学研究所选择全区 5 所民族中学进行汉语教学改革实验，部分理科课程使用汉语授课。1992 年后扩大了双语教学实验规模。❷ 截至 2000 年，15 个地、州（市）的 28 所学校共开设了 91 个双语授课实验班，在校生数达 3 867 名。❸

1988 年 3 月至 1991 年 3 月，西藏自治区拉萨市教体委在拉萨市一小和市实验小学的藏族班进行汉语教学改革实验，汉语文课的开设时间为小学一年级第二学期，采用的是人民教育出版社的统编教材，其他课程与普通班要求一致，1991 年实验取得成功后继续实施。❹ 1989 年，西藏自治区教科委在拉萨、山南、日喀则各办了一个中学藏文授课试点班，试点班的汉语文课用五省区协作教材。❺

（五）试行汉语水平考试

实施汉语水平考试制度是推进民族中小学汉语课程建设和保障汉语教学质量的重要创新举措。1997 年 7 月，国家教委颁布《关于在少数民族学校推行中国汉语水平考试试点的通知》，决定从 1998 年起在内蒙古、新疆、西藏等省、自治区进行两年"汉语水平考试"试点。1998—1999 年，"汉语水平考试"（HSK）的试点工作在新疆、吉林延边、青海等地进行。❻

❶ 新疆维吾尔自治区地方志编纂委员会，《新疆通志·民族志》编纂委员会. 新疆通志·民族志［Z］. 乌鲁木齐：新疆人民出版社，2005.
❷ 李儒忠，曹春梅. 新疆少数民族"双语"教育千年大事年表（之二）［J］. 新疆教育学院学报，2009（3）：10－20.
❸ 新疆维吾尔自治区地方志编纂委员会，《新疆通志·民族志》编纂委员会. 新疆通志·民族志［Z］. 乌鲁木齐：新疆人民出版社，2005：1028.
❹ 张廷芳. 西藏少数民族汉语教学概况与研究［M］. 北京：中国藏学出版社，2007：38.
❺ 张廷芳. 西藏少数民族汉语教学概况与研究［M］. 北京：中国藏学出版社，2007：44.
❻ 《中国教育年鉴》编辑部. 中国教育年鉴（2000）［Z］. 北京：人民教育出版社，2000：245.

"汉语水平考试"试点的实施，为科学地测试、评估少数民族学生的汉语水平，全面提高少数民族学生的汉语应用能力提供了重要依据。

20 世纪 70 年代末至 90 年代，民族中小学的汉语课程建设经历了一个从恢复到快速发展的历程。这一阶段，汉语课程建设的主要成就是汉语课程建设的逐步规范化和科学化，以及人们对汉语文作为第二语言课程性质的初步认识，主要体现在以下几点。

（1）第一部国家法定文件《全日制民族中小学汉语文教学大纲》的颁布和修订，为民族中小学汉语教学、教科书编写、考试命题等提供了重要指导和基本规范。

（2）民族中小学汉语课程普遍得到系统开设，并成为民族地区学校课程设置的核心科目。

（3）在民族中小学汉语教学的性质和理念上，人们开始初步认识到少数民族汉语课程的特殊性，即少数民族汉语文教学是第二语言学习，不同于少数民族学生的民族语文学习和汉族学生的汉语学习。

（4）在汉语课程的教学方法和教材编写等方面注意将"一般"（的语文教学方法）与"特殊"（的少数民族学生特点）、"统编"（篇目）与"自编"（选文）相结合。

（5）汉语教学改革实验和汉语水平考试的实施，为民族中小学的汉语课程建设提供了科学依据。

这一阶段的民族中小学的汉语课程建设也存在不少问题，如教学大纲的科学性不足，在教学过程中没有将第二语言教学的原则和方法真正引入汉语教学，教学中重"文"轻"语"、重"教"轻"学"的现象比较严重，教学活动的实践性和应用性偏弱。因此，民族中小学汉语课程建设的改革势在必行。

四、民族中小学汉语课程建设的科学发展（2000 年至今）

2001 年 6 月，教育部颁布《基础教育课程改革纲要（试行）》，启动了我国第八次基础教育课程改革。从 2001 年开始，我国中小学各科课程都制定了《课程标准》以取代以往一直沿用的《教学大纲》。民族中小学汉语课程建设以此为契机，进入一个新的历史发展阶段。

（一）制定汉语课程标准

1999 年 3 月，教育部颁布《中国少数民族中小学汉语课程标准（试行草案）》。2002 年 4 月，新修订的《全日制民族中小学汉语教学大纲（试行）》（以下简称《大纲（试行）》）由教育部发布试行。《大纲（试行）》在"教学目的"中明确指出："民族中小学的汉语教学属于第二语言教学。"《大纲（试行）》的名称由原来的"汉语文"改为"汉语"，这就充分体现了民族中小学汉语教学的基本性质是第二语言教学，从而与内地学校的普通语文教学明确区别开来。

2006 年 10 月，教育部印发《全日制民族中小学汉语课程标准（试行）》（以下简称《课程标准（试行）》）。其第一部分"课程性质与地位"强调："汉语是母语非汉语的少数民族学生的第二语言课程"，"汉语课程的首要性质是工具性，同时兼顾人文性"。《课程标准（试行）》从课程目标、教科书编写、课程资源开发利用、教学与评价等方面对民族中小学汉语课程的实施提出了具体的指导和建议。2013 年 12 月，教育部正式颁布《民族中小学汉语课程标准（义务教育）》，突出了汉语作为国家通用语言的地位，强调汉语课程"具有工具性和人文性双重性质"，"主要任务是培养学生的汉语应用能力"，坚持汉语课程是民族中小学第二语言课程的原则，并在教学、评价、教科书编写和资源开发等各个环节提出了更加具体和可操作的实施建议。❶

（二）规范开设汉语课程

随着政府部门对民族地区汉语课程建设的日益重视，这一阶段各省、

---

❶　徐学文. 从《汉语文大纲》到《课程标准》经历的三个阶段——民族中小学汉语教学大纲及课程标准研制过程 [J]. 中国民族教育，2014（9）：28 – 31.

自治区民族中小学汉语课的开设时间大都提前至小学三年级以前。

从 1995 年起，吉林省延边州朝鲜族学校就将汉语课的起始学段由小学二年级调整为一年级。

2002 年 7 月，内蒙古自治区教委印发了《关于全区蒙语授课"五·四"学制小学、初中和普通高中课程教学计划的调整意见（试行）》，规定"汉语课程由原来的小学三年级开设调整到二年级开设"，初中适当增加课程总量。2003 年以后，有条件的地区和学校允许开设汉语口语课。❶

2001 年 12 月，新疆维吾尔自治区颁布《自治区党委、自治区人民政府关于基础教育改革与发展的决定》指出："有条件的县（市）城镇少数民族小学，要从一年级开设汉语课。"2003 年 5 月印发的《自治区人民政府贯彻〈国务院关于深化改革加快发展民族教育决定〉的意见》指出："全区普遍从小学三年级起开设汉语课。到 2010 年全区所有少数民族小学从一年级起开设汉语课。"2011 年，自治区教育厅印发《义务教育阶段双语教育课程设置方案》和《普通高中双语教育课程设置方案》，规定除民族语文课程外，其他大部分课程用汉语授课。

1999 年 2 月，西藏自治区规定：小学藏族班的汉语课程"最迟应从小学三年级开始，有条件的地方学校，应从小学一年级开始"。❷ 2001 年，自治区教育厅印发了《关于调整全日制小学、初级中学课程计划的通知》，要求全区小学从一年级起开设汉语课。

（三）科学编写汉语教材

随着《全日制民族中小学汉语文教学大纲（试行）》（2002 年）和《全日制民族中小学汉语课程标准（试行）》（2006 年）等文件的颁布，各有关省、自治区组织重新编写或修订民族中小学汉语教材，重点突出汉语教材作为第二语言教材的特色。

---

❶ 课程教材研究所. 民族中小学汉语教学论稿［M］. 北京：人民教育出版社，2008：154.
❷ 张廷芳. 西藏少数民族汉语教学概况与研究［M］. 北京：中国藏学出版社，2007：151.

从 2003 年起，延边教育出版社组织编写了《义务教育朝鲜族学校教科书·汉语》，配套教辅资源有《教师教学用书》《汉语自学读本》《书写本》《同步练习册》《生字卡片》及《汉语朗读录音带》等。❶

内蒙古教育出版社于 2001 年 9 月出版《蒙古族高级中学汉语教科书·汉语（试用本）》，2003 年 11 月出版《义务教育蒙古族学校教科书·汉语（试用本）》，还编写了与教科书相配套的《写字》《阅读》教材和《同步训练》以及《教师教学用书》。从 2008 年起编写出版了《义务教育蒙古族学校课程标准实验教科书·汉语》（二年级至九年级）。❷

新疆民族中小学《汉语》新编教材的编写工作自 1998 年开始，到 2004 年分别为普通班和"双语"教学班出版了两套小学至高中的汉语教材，并且组织了教材教法培训。2008 年 6 月出版了专门供哈萨克族初中双语教学班学生使用的汉语教材。

从 2001 年起，西藏小学使用的汉语教材版本既有全国统编教材（在城市小学尤其是重点、试验班级使用），也有自治区区编教材（主要在农区小学和个别城镇藏族普通班使用），还有人民教育出版社专门为牧区小学编写和出版的九年义务教育藏区《汉语》教材。西藏各中学藏族班大多使用区编教材，也有一些中学使用统编教材和人民教育出版社的新编教材。❸

（四）深入开展教学实验

这一阶段各有关省、自治区结合国家基础教育课程改革，继续深入开展汉语教学实验，其特点是在非母语课程中将汉语作为授课语言及实施"民—汉—英"三语教学。

从 2001 年开始，内蒙古自治区从全区民族初中一年级起开设外语课，

❶　高萍. 朝鲜族小学汉语教科书的教育人类学研究［D］. 北京：中央民族大学，2012.

❷　吴艳梅. 义务教育阶段蒙古族学校汉语教科书研究［D］. 北京：中央民族大学，2015.

❸　张廷芳. 西藏少数民族汉语教学概况与研究［M］. 北京：中国藏学出版社，2007：40.

实施"蒙—汉—外"三语教学。大部分地区蒙古语授课小学从二年级开设汉语文课，高年级开设外语（英语）课，部分师资力量较好的小学从三年级开设"三语"课程。

2001 年，西藏自治区实施教育改革，切实加强"三语"教学，规定全区各级各类小学从一年级起开设汉语文课，2~3 年内乡以上小学都从三年级起开设英语课。❶

2003 年年初，延边州朝鲜族教育改革工作领导小组办公室出台《延边朝鲜族中小学"双语"教育改革实验方案》，将"部分课程用汉语授课"作为实验内容之一。2005 年 4 月又颁布了《延边州朝鲜族中小学双语教学改革实施意见》，提出推进"部分课程用汉语授课教学研究"，变单语授课制为双语授课制，将汉语扩展到非汉语学科。❷

2002 年，新疆乌鲁木齐市开办民族语、汉语和英语的"三语"教育实验班，不仅增加了汉语课的辅助教材，还开设了"数理化专业汉语课程"。❸ 2006 年以后，一些地区的"双语"教育实验班已发展到除民族语文课外，其他课程均使用汉语授课。❹

（五）重视培训汉语教师

提高民族中小学汉语教学质量的关键在于拥有一支合格的汉语教师队伍。长期以来，师资力量薄弱一直制约着民族中小学汉语教学事业的快速发展。2000 年以来，我国的经济发展水平有了较大增长，中央财政有更多的经费投入支持民汉双语教育特别是少数民族地区的双语师资培训。这一阶段，教育部和各民族省、自治区组织了一系列针对民族中小学汉语教师的培训活动。

2002 年 7 月和 8 月，教育部民族教育司分别在新疆和青海开办了两期

---

❶ 《中国教育年鉴》编辑部. 中国教育年鉴（2002）[Z]. 北京：人民教育出版社，2002：659.
❷ 姜永德. 朝鲜族双语教育研究 [M]. 延吉：延边教育出版社，2013：220.
❸ 《中国教育年鉴》编辑部. 中国教育年鉴（2003）[Z]. 北京：人民教育出版社，2003：767.
❹ 《中国教育年鉴》编辑部. 中国教育年鉴（2007）[Z]. 北京：人民教育出版社，2007：768.

国家级民族中学汉语骨干教师培训班。❶ 2008 年，教育部民族教育司先后在克什克腾旗、延吉市和西宁市举办了内蒙古片、东北片以及青海、甘肃等 3 个《全日制民族中小学汉语课程标准（试行）》国家级培训班，总计有 300 多名少数民族汉语教研员和骨干教师参加了培训。❷

2009 年 6 月和 8 月，教育部先后在新疆和西藏举办了《全日制民族中小学汉语课程标准（试行）》国家级培训班，总计有 1 200 多名少数民族汉语教研员和骨干教师参加了培训。❸

根据《国务院办公厅转发教育部等部门支援新疆汉语教师工作方案的通知》，2003—2007 年中央财政安排 6 000 万元，新疆配套 1 600 万元，培养培训了 8 800 多名新疆汉语教师。❹ 2009 年，教育部与财政部会商启动第二期《国家支援新疆汉语教师工作方案》，落实专项经费 4 460 万元，拟在内地培养培训新疆汉语教师 3 300 多名。❺

（六）实施汉语水平考试

在 1998—1999 年试点工作的基础上，21 世纪的"汉语水平考试"（HSK）工作基本实现制度化和规范化。

2002 年 10 月，教育部印发《关于在有关省区试行中国少数民族汉语水平等级考试的通知》及《中国少数民族汉语水平等级考试办法》《中国少数民族汉语水平等级考试（MHK）考务管理工作实施细则》等文件，决定从 2003 年起在有关省、自治区进行考试试点。❻ 2009 年 4 月，教育部民族教育司印发《关于中国少数民族汉语水平等级考试有关工作的通知》，明确"民族汉考"的考试实施由教育部考试中心具体负责，民族教育司在政策制定和宏观管理等方面给予指导和协调。自 2009 年开始，教育部考试

❶ 《中国教育年鉴》编辑部. 中国教育年鉴（2003）[Z]. 北京：人民教育出版社，2003：277.
❷ 《中国教育年鉴》编辑部. 中国教育年鉴（2009）[Z]. 北京：人民教育出版社，2009：315.
❸ 《中国教育年鉴》编辑部. 中国教育年鉴（2010）[Z]. 北京：人民教育出版社，2011：403.
❹ 《中国教育年鉴》编辑部. 中国教育年鉴（2009）[Z]. 北京：人民教育出版社，2009：316.
❺❺ 《中国教育年鉴》编辑部. 中国教育年鉴（2010）[Z]. 北京：人民教育出版社，2011：404.
❻ 《中国教育年鉴》编辑部. 中国教育年鉴（2003）[Z]. 北京：人民教育出版社，2003：277.

中心逐步在有关省、自治区对少数民族学校汉语教学质量进行监测。❺

　　总之，21 世纪以来我国的民族中小学汉语课程建设进一步明确了汉语课的第二语言课程性质，在课程开设、教学实验开展、教材编写、师资培训、汉语水平考试实施等方面取得较大进展，基本建成了独具特色的民族地区汉语课程与教学体系，有力地推动了我国民族中小学汉语课程的科学发展。

　　这一阶段取得的主要成绩和经验主要有以下几点。

　　（1）修订和颁布《全日制民族中小学汉语课程标准（义务教育)》，确立了较为完整的汉语课程架构、符合基础教育课程改革的理念和民族地区"民汉兼通"人才培养的根本目标，具有鲜明的时代性。

　　（2）基本形成独立的具有自身鲜明特色的第二语言课程体系，在《课程标准》的制定与实施、教科书编写、教学评价、教师培训等方面都力求体现"汉语课程作为第二语言课程"的原则，从而和内地的语文课程与教学系统区别开来。

　　（3）明确了汉语课程的主要任务是培养学生的汉语应用能力，提出"汉语素养""汉语应用能力""工具性和人文性"等核心概念和基本观点，汉语课程的实践性得到进一步加强。

　　（4）汉语教学由单一的汉语言必修科目向汉语作为其他学科教学语言方向拓展，体现了汉语课程改革的综合性和全面性。

　　这一阶段汉语课程建设值得重视和反思的问题主要包括以下几点。

　　（1）如何将国家通用语言文字教学与少数民族母语学习有机结合;❶

　　（2）如何正确处理汉语课程建设中数量增长与质量提升的关系;

　　（3）汉语教学模式的改革怎样更好地结合不同地区的语言环境、学生语言使用情况，以及当地学校的师资、教材等教学条件;

　　（4）在汉语教学实验和研究中如何有效地遵循少数民族学生的第二语

---

❶　滕星，海路. 语言规划与双语教育［J］. 新疆师范大学学报（哲学社会科学版），2013（3）：32 - 36.

言学习规律。❶

　　总之，民族中小学的汉语课程改革应坚持遵循第二语言教学的原则和规律，在保障师资、教材、教学环境等基本条件的前提下，科学规划、稳步推进，切忌操之过急、揠苗助长，以至于违背教育教学规律，"好心办坏事"。

五、结　　语

　　我国民族中小学汉语课程建设在 60 多年的发展历程中，积累了宝贵的经验，同时也有着深刻的教训，认真总结和审视这些经验教训，对推动民族中小学汉语课程的科学发展具有重要的借鉴意义。

　　这些经验和教训主要包括以下几点。

　　（1）少数民族双语教育不等同于汉语教学，它包括汉语教学和民族语教学两个方面，应始终坚持将"民汉兼通"作为我国民族中小学汉语课程建设和人才培养的核心目标和基本原则，不应将汉语教学与民族语教学二者对立起来。

　　（2）在民汉双语教学中需要正确处理好第一语言和第二语言教学的关系，原则上应在少数民族学生学好第一语言（民族语）的前提下学习第二语言（汉语），因而民族中小学的汉语教学不能操之过急。

　　（3）民族中小学汉语课程是少数民族学生学习运用国家通用语言文字的一门基础性学科，应减少政治因素的干扰，以工具性、人文性为其基本特征。

　　（4）民族中小学汉语课程的性质是少数民族学生的第二语言课程，从根本上不同于内地学校的语文课程（第一语言课程），因而不能简单地模仿或移植内地学校的汉语文教学模式。

---

❶　关辛秋. 当前少数民族双语教育研究中值得重视的几个问题［J］. 民族教育研究，2011（4）：81 –88.

（5）作为第二语言课程，民族中小学汉语教学的主要任务不是传授汉语文的语言文学知识，而是培养学生的汉语实际应用能力和交际能力，即汉语的听、说、读、写能力。

（6）民族中小学汉语课程的实施应严格遵循第二语言教学规律，大力开发符合学生第二语言学习的教学环境、教学材料、课程资源，制定相应的评价标准，培养培训合格的汉语教师，建立科学的第二语言课程与教学系统，以更好地满足少数民族学生的第二语言学习需求。

（7）民族中小学汉语课程的教学对象是母语为非汉语的少数民族学生，汉语教学不能与学生的生活世界相分离。教师应注意了解少数民族学生的认知特点和文化心理，将汉语教学与学生的生活经验、文化认知有机结合。

（8）民族中小学的汉语课程改革不应仅局限于汉语课堂内教学方法、教学材料、教师能力等方面的改变，还应在科目教学语言、学校办学模式等方面实行综合改革，逐步实现将汉语作为其他学科的教学语言。大力提倡民汉合校的办学模式，从而为汉语课程的实施创造更加有利的教学环境。

第八章　蒙古族中小学汉语教科书 60 年变迁及启示[*]

汉语教科书是我国民族中小学汉语课程建设的重要内容，也是民族中小学教师从事汉语教学的基本依据。我国民族小学汉语教科书的编写始于 20 世纪 50 年代，❶ 目前已有一批学者对我国朝鲜族、维吾尔族、藏族、蒙古族等少数民族聚居地区的中小学汉语教科书的编写和使用情况进行了初步研究。有关朝鲜族汉语教科书的研究是以生态学理论及语言学建构主义学习理论为支撑，对朝鲜族小学汉语教科书（一至六年级）进行调查，提出了少数民族汉语教科书的编写必须植根于本民族文化的土壤，始终贯彻"双语双文化"的理念；❷ 有关维吾尔族汉语教科书的研究是从义务教育阶段普通版和双语版维吾尔族汉语教科书的文化构成、教师应用状况、教科书的适应性、教科书使用情况等方面进行分析；❸ 藏族和蒙古族汉语教科书方面的研究也是围绕汉语教科书的适应性、文化类型、汉语教科书的编写和使用情况进行分析。❹❺ 这些研究多基于心理学和教学论层面，集中于对汉语教科书知识的内在逻辑结构与知识组织及其呈现的心理学结构（教科书知识与学生的心理水平发展的适应性）和有效教学

---

* 本章主要内容曾刊发于《民族教育研究》2017 年第 3 期，执笔人：吴艳梅，仲丹丹。

❶ 海路. 我国民族中小学汉语课程建设的历史演进 [J]. 民族教育研究，2016（4）：68–74.

❷ 高萍. 朝鲜族小学汉语教科书的教育人类学研究 [D]. 北京：中央民族大学，2012.

❸ 王洋. 对维汉语教学研究 [D]. 上海：华东师范大学，2009.

❹ 张廷芳. 西藏少数民族汉语教学概况与研究 [M]. 北京：中国藏学出版社，2007.

❺ 哈达. 内蒙古自治区蒙古语授课中小学教育研究（1947—1966 年）[D]. 呼和浩特：内蒙古大学，2013.

等问题上，强调汉语教科书的第二语言性质和关照少数民族学生的文化背景。

蒙古族中小学汉语教科书的发展脉络深刻地镶嵌于新中国政治经济变迁的历史图景中。基于以往对民族汉语教科书研究角度的拓展和研究价值，本章聚焦蒙古族学校汉语教科书的历史纵深，系统梳理中华人民共和国成立以来蒙古族中小学汉语文教科书的发展脉络，以重大历史事件为划分阶段标准，对不同历史时期蒙古族中小学汉语文教科书的产生背景及时代特征进行分析，试图从中揭示出蒙古族中小学汉语文教科书60年变迁背后所蕴含的民族中小学汉语课程与教学理念的发展变革。

一、蒙古族中小学汉语教科书的初步发展（1957—1965 年）

（一）蒙古族中小学汉语教科书的问世（1957—1958 年）

1952 年 5 月 20 日，内蒙古自治区人民政府文教部规定："蒙古小学一律采用内蒙古自治区人民政府编译之蒙文课本。……有条件的地区根据群众需要，可三年级起适当添设汉文课。"根据此规定，1952 年蒙古语授课小学（五年制）从三年级开始单独开设汉语文课，每周 4 节。此为蒙古语授课小学汉语文课程设置的开端。当时内蒙古自治区的汉语文教科书采取了降格使用全国通用语文教科书的办法，即蒙古族高中使用初中的汉语文课本，蒙古族初中使用高小的汉语文课本，蒙古族高小使用初小的汉语文课本。由于全国通用汉文教科书内容远离蒙古族学生的生活实际，教学效果并不理想。因此，由内蒙古自治区自行编写一套适合蒙古族中小学生的汉语教科书势在必行。

1957—1958 年，内蒙古人民出版社教科书编辑室组织有关人员编辑出版了第一套从小学至高中的蒙古族学校汉语文教科书（含教科书 10 种、大纲 3 种、参考书 1 种）。

1957 年出版的第一本《蒙古高级小学课本·汉语文》在"说明"中

指出："（汉语文课本）共上下两册，课本包括家庭、学校、城市、乡村、工农牧业生产、动植物名称、节日、卫生、方位名称、时间名称等方面的常用的词和一些简单的语言，共计用生字900多个。教学重点是会话和识字，通过这样的教学使学生养成一定的阅读技能和写字技能，并受到应有的思想教育。"课文后附有作业题，包括读译、问答、填空、比较语句、抄写生字几项。两册课本后面都附有"教学进度表"和"拼音字母与注音字母、汉字、蒙文字母读音对照表"。

1958年，内蒙古人民出版社将《蒙古高级小学课本·汉语文》以及配套的教学大纲分甲、乙两种出版，另外还出版了《蒙古初级中学课本·汉语文》（1~3册）和《蒙古高级中学课本·汉语文》（1~2册）。其中，甲类课本针对的是城区汉语文水平较好的蒙古族小学学生，乙类课本针对的是农牧区汉语文水平较差的蒙古族小学学生。

1957—1958年编辑出版的第一套蒙古族中小学汉语文教科书有以下几个特点。

（1）从汉语拼音开始学起，过渡到字词学习，循序渐进。

（2）注重会话和识字练习，以学习生活中常见的字词为主，内容比较简单。

（3）有一些简单的翻译或填空练习，有利于学生巩固所学知识。

（4）选文多以生产劳动、歌颂祖国和党为主题，也有少数反映当地生活的篇目。如1957年《蒙古高级小学课本·汉语文·下册》中有《色音朝格图为什么得了病》《赛马》《草原上放了光明》《河套平原上的拖拉机站》等篇目。

（二）"大跃进"时期的蒙古族中小学汉语教科书（1959—1960年）

从1958年年末开始，内蒙古教育厅组织了部分中小学教师对蒙古语文教科书进行了全面检查，根据检查中发现的缺点和问题，新编了中小学蒙文教科书和蒙古族中小学汉语文教科书。[1] 1959 年，由于教科书改革的需要，内蒙古教育厅专门成立了"内蒙古自治区蒙古族中小学汉语文教科书编辑组"，1959—1960 年由内蒙古人民出版社编辑出版了第二套蒙古族中小学汉语文教科书。

这套教科书有以下几个特点。

（1）选文比前一阶段强调时代性和政治标准，收录了许多反映"大跃进"运动的篇目。

（2）过于强调汉语学习的进度，选文长、课文多、识字量大、阅读量大。

（3）不重视少数民族学生的教学规律，照搬汉语学校的语文教学方法，在教科书中存在急躁冒进的倾向，导致教学质量下降。

（三）蒙古族中小学汉语教科书的调整（1961—1965 年）

1961 年以后，中共中央对"左"的错误进行了局部纠正，少数民族地区的民族语言教学工作在这一阶段也有了一定发展。

1960 年 4 月，在内蒙古人民出版社教科书编辑室的基础上成立内蒙古教育出版社，专门负责编译出版蒙汉语文中小学各类教科书。1962—1964 年，内蒙古教育出版社新编了一套蒙古族中小学汉语文教科书（第三套汉语文教科书），其主要有以下特点。

（1）根据学生的授课语言特点和汉语水平将汉语文教科书的编写分为甲、乙两类，其中汉语文课本甲类适用于城镇和农村有汉语基础的中小学，乙类适用于牧区、半牧区汉语基础差的中小学。

（2）注意教科书编排的序列性和能力训练的全面性。注意以听、读、说、写的基本训练为教科书编排的主要线索，小学阶段基本完成识字任务，中学阶段进行全面提高训练。

---

[1] 1958 年以来民族中小学教育工作基本总结（初稿）[R]. 呼和浩特：内蒙古档案馆（302 - 1 - 385）号，1959 - 12 - 01.

（3）应用蒙汉对照的方法编写教科书。汉语文课本采取了蒙汉对照的形式。甲类课本小学阶段采取蒙汉生词对照的形式，中学阶段用汉语注释生字词。乙类小学三、四年级课本的全部课文实行汉蒙对照并加注音。初中课文用蒙文注释生字词，并加汉语注音。❶

（4）编辑出版了一系列教科书配套的参考书和有关资料，如教学大纲、教学参考书、工具书及课外读物。

二、蒙古族中小学汉语教科书的曲折发展（1966—1976 年）

1966 年"文化大革命"开始后，正处于稳步发展阶段的蒙汉文教科书编写出版工作受到严重挫折。1968 年 10 月 1 日，内蒙古自治区仅有的内蒙古人民出版社和内蒙古教育出版社被撤销，直至 1973 年 11 月两社才得以恢复。1969 年 4 月，内蒙古自治区成立了教科书编写组，主要负责内蒙古地区的中小学教科书的编写任务，由内蒙古自治区革命委员会文教局负责领导，1970 年 11 月出版《内蒙古自治区小学试用课本·汉语文（蒙语授课班用）》和《内蒙古自治区中学试用课本·汉语文（蒙语授课班用）》，即第四套蒙古族中小学汉语教科书。这套 1970 年版的教科书以"文化大革命"时的政治宣传为主要内容和教学目的，严重削弱了汉语文基础知识，完全违背了语文学科的性质。如《内蒙古自治区小学试用课本·汉语文第一册（蒙语授课班用）》中，选文主要是"毛主席语录"和有关阶级斗争的内容。此外，这一时期还取消了适合不同蒙古族学生的甲、乙两类汉语教科书分类系统，代之以统一的单一教科书编写模式，对蒙古族地区中小学汉语文教学质量的提高造成不利影响。

1971—1972 年，内蒙古自治区教科书编写组对 1970 年版的蒙语授课中小学教科书做了部分修订。"文化大革命"后期，一些民族语文教科书

---

❶ 内蒙古自治区教育厅（65）教普字第 79 号．关于我区民族教育基本情况和问题的汇报 [R]．呼和浩特：内蒙古档案馆（302－1－428 号），1965－06－30.

的编译和出版工作实现区域合作。1973 年 11 月，重新恢复了内蒙古人民出版社并重新组织人员编译并出版蒙汉语文教科书。

三、蒙古族中小学汉语教科书的改革发展（1977 年至今）

（一）蒙古族中小学汉语教科书建设的恢复（1977—1981 年）

1977 年，内蒙古教育出版社出版了甲、乙两类《内蒙古自治区小学试用课本·汉语文》和《内蒙古自治区中学试用课本·汉语文》。这是第五套蒙古族中小学汉语文教科书。1979—1980 年，内蒙古教育出版社对 1977 年版的汉语文教科书进行修订再版，改为甲、乙类《内蒙古自治区全日制十年制蒙古族学校小学课本·汉语文》《内蒙古自治区全日制十年制蒙古族学校初中课本·汉语文》和《内蒙古自治区全日制十年制蒙古族学校高中课本·汉语文》，并编写出版了相应的《教学参考书》。1977 年版的教科书基本恢复了"文化大革命"前蒙古语授课中小学汉语文教科书编辑的传统，将教科书的编写和使用分为甲（城镇）、乙（农村和牧区）两类，初步清除了"极左"思想的影响，恢复了汉语文教科书自身的特点，小学到初中的教科书按照从汉语拼音开始到识字学习，再到阅读和写作的顺序编排，具有一定的科学性。

（二）蒙古族中小学汉语教科书建设的改革（1982—2001 年）

1982 年，教育部颁布《全日制学校民族中小学汉语文教学大纲（试行草案）》，这是中华人民共和国成立以来第一个针对民族地区中小学汉语教学的全国性汉语教学大纲，标志着我国民族中小学的汉语课程和汉语文教科书建设开始进入国家自上而下统一管理的规范化、制度化的新阶段。

根据《全日制学校民族中小学汉语文教学大纲（试行草案）》的文件精神，1982 年 4 月，内蒙古教育出版社开始着手编写第六套蒙古族中小学汉语文教科书，包括小学 6 种、初中 6 种和高中 4 种，并于当年秋季在内蒙古自治区蒙古语授课学校使用。

这套教科书是颁布《全日制学校民族中小学汉语文教学大纲》之后的第一套蒙古族中小学汉语文教科书，具有以下几个特点。

（1）教科书开始注重从学生的汉语文学习出发，基本上摆脱了教科书选文纯政治化和以"阶级斗争"为中心的倾向，强调了蒙古语授课学生汉语文课程的工具性，在教科书的科学性、趣味性以及培养能力方面，初步体现了大纲的要求和精神，比起旧教科书有很大进步。

（2）新编教科书体系较新颖，既包括人民教育出版社统编语文教科书中的课文，也包括部分自行编写的课文，体现了统一性和多样性的有机结合。

（3）教科书中有一部分内容是乡土篇目，一定程度上体现了蒙古族特色。

1982 年版蒙古族中小学汉语教科书出版后，曾于 1986—1987 年做过简单修订和补充。主要是更换了一些旧的选文，并在封面、插图等形式上做了一些调整，其内容和编写体例基本保持不变，一直沿用至 20 世纪 90 年代初期。

我国九年义务教育课程方案于 1992 年开始颁布实施。1992 年教育部颁布的《全日制民族中小学汉语文教学大纲》明确指出："要充分认识汉语文学科是民族中小学第二语言课的性质，遵循民族学生学习汉语文的规律，努力培养民族学生理解和运用现代汉语文的能力。"❶ 基于此，内蒙古教育出版社于 1993—1995 年编写了第七套蒙古族中小学汉语文教科书，包括《义务教育蒙古族小学教科书（试用本）》《义务教育三年制初级中学教科书（试用本）》和《蒙古族高级中学教科书（试用本）》三个学段的版本。

1993 年版的蒙古语授课中小学汉语文教科书是在九年义务教育课程改

---

❶　徐学文. 从《汉语文大纲》到《课程标准》经历的三个阶段——民族中小学汉语教学大纲及课程标准研制过程［J］. 中国民族教育，2014（9）：28－31.

革的背景下编写的，在教科书的编写体例和内容上都有了较大的进步，主要有以下几个特点。

（1）在体例上与人民教育出版社义务教育《语文》教科书基本保持一致，包括"单元提示""讲读课文""综合练习"（包括听说读写），每册大约有 8 个单元。

（2）教科书编写开始体现不同学段的特点和层次性，其中小学低年级侧重汉语拼音和说话；小学中年级和高年级侧重识字、写作和初步阅读；初中侧重阅读和作文。

（3）在教科书的篇目选择上继续坚持统一篇目和自选篇目相结合的原则，课文体裁丰富多样，内容广泛，短小精悍，文字规范。其内容涉及社会常识、自然常识，其体裁包括现代文的记叙文、说明文、议论文和应用文，其中包括对话、故事、寓言、童话、诗歌、散文、科学小品及小说等。

根据蒙古族学校中小学生对 1993 年版《汉语文》教科书的使用情况，内蒙古教育出版社于 1997 年组织有关人员对该套教科书进行局部修订，一直使用至 2001 年前后。

（三）蒙古族中小学汉语教科书的深入发展（2002 年至今）

国家教委于 1997 年颁发了《关于在部分少数民族学校推行中国汉语水平考试试点的通知》（教民〔1997〕19 号）。内蒙古自治区是实施汉语水平考试（HSK）试点的重点省区。内蒙古教育出版社汉文教科书编辑部于 2001 年 9 月开始出版供全日制蒙古族高级中学使用的《蒙古族高级中学汉语教科书（试用本）·汉语》和《蒙古族高级中学汉语教科书（试用本）·阅读》。该教科书在编写中适当参考了人民教育出版社和北京师范大学出版社编辑出版的中学语文教科书。❶ 此后，内蒙古教育出版社汉文教科书编辑部于 2003 年 11 月出版了一套《义务教育蒙古族学校教科书·汉语（试用

---

❶ 内蒙古教育出版社汉文教科书编辑部. 蒙古族高级中学汉语教科书（试用本）汉语·第 2 册 [M]. 呼和浩特：内蒙古教育出版社，2001：1.

本)》，这是第八套蒙古族中小学汉语教科书。从 2001 年开始，内蒙古教育出版社汉文教科书编辑部将以往用了 40 多年的"汉语文"教科书改为"汉语"教科书，并将汉语文教科书分为《汉语》和《阅读》两个部分，表明其教科书编辑理念的更新和进步。

2006 年，教育部颁布《全日制民族中小学汉语课程标准（试行）》，这是我国民族中小学汉语课程设计、实施、评价和教科书编写的主要参考规范。经过内蒙古教育出版社汉文编辑部两年的实践总结和理论探索，《全日制蒙古族中小学课程标准实验教科书》于 2008 年 9 月正式出版，供实施义务教育阶段蒙古族学校（初中、小学）使用，这是中华人民共和国第九套蒙古族中小学汉语教科书，其编写说明指出：教科书"着重在培养学生语言能力方面做了一些新的探索，增加了听力训练、说话训练和汉语实践活动等内容，适当降低了语法知识的难度"。此外，内蒙古教育出版社还编写了与汉语教科书相配套的供学生使用的汉语文《写字》《阅读》和《同步训练》以及供教师使用的《教师教学用书》。其中《写字》与汉语教科书同步使用，所练习写的字都是课文中的生字。《阅读》与汉语教科书配套编写，供同学们课后自读用。

2008 年编写出版的义务教育蒙古族学校汉语教科书汲取了以往汉语文教科书编写的经验，从汉语作为第二语言教学的性质出发来编写和设计教科书，具有两个鲜明的特征。

（1）重视汉语的学科特点和第二语言特点。这套汉语教科书一方面从汉语的学科特点入手，从大语文的观点出发，重视汉语的工具性和人文性，重视语言的感知、感悟、积累和语感的培养，有目的、有计划、系统地进行读、写、听、说训练，达到《全日制民族中小学汉语课程标准（试行）》对义务教育阶段蒙古族学生汉语能力的要求。另一方面重视第二语言特点。注意借助母语学习汉语，针对蒙古族学生在用汉语表达时出现的用词不当、漏用或错用介词和连词、语序颠倒、用词重复等现象安排了汉语强化训练。同时还兼顾有语言基础和没有语言基础的地区差异，面向大多数学生，增加教科书弹性。

（2）注重汉语口语交际和汉语能力训练。这套汉语教科书借鉴了英语教科书在听说训练、口语交际训练方面的方法，结合蒙古族学生学习汉语的实际情况有所改革、有所创新，形成自己的特色。如七年级、八年级、九年级汉语教科书的编写采用以阅读和表达能力训练为主线的编写体系。教科书内容由阅读、听力和口语交际训练，汉语知识，作文辅导和汉语实践活动等部分组成。汉语能力训练分为三个阶段：七年级着重一般能力的培养，为感知阶段；八年级着重学生感悟汉语能力的培养；九年级为初步整体把握和运用汉语的阶段。三个年级的阅读和训练内容统筹安排，循序渐进。

四、结　语

从 1957 年至今的 60 余年间，我国蒙古族中小学汉语教科书的建设经历了初步发展、曲折发展和改革发展三个历史阶段，一共编写使用了 9 套汉语教科书。从其发展演变可窥见我国民族中小学汉语课程与教学理念的重大变革。

第一，对民族中小学汉语课程性质的定位从第一语言课程转向第二语言课程。从 20 世纪 50 年代至 80 年代，蒙古族中小学汉语文教科书的编写者和使用者基本上是把汉语课作为蒙古族学生的第一语言课程来看待，只是在教学内容和教学评价上比汉族学生要求低一两个层次而已，没有本质的区别。民族中小学的汉语教科书大多是根据全国通用的语文教科书改编，在适当降低难度的前提下大同小异，甚至直接"降格使用"全国通用的汉语文教科书。20 世纪 90 年代以后，特别是 2002 年教育部颁布的《全日制民族中小学汉语教学大纲（试行）》将少数民族学校汉语文课的性质从"第二语文教学"进一步明确为"第二语言教学"，标志着人们对少数民族汉语文教学的性质已经"从'语''文'并重的母语教学模式向强调'语'的第二语言教学模式推进"。❶ 目前，民族中小学汉语课程作为一门

---

❶　王本华. 从"汉语文"到"汉语"，汉语教学理念的更新与发展——浅谈少数民族汉语课程改革［J］. 民族教育研究，2006（6）：90－93.

第二语言课程的理念逐渐深入人心，在汉语教科书编写者、使用者中形成广泛共识和高度认同，人们逐渐认识到少数民族汉语课程与教学的特殊性，即少数民族汉语教学是第二语言教学，它不同于少数民族学生的民族语文教学和汉族学生的汉语文教学。

第二，对少数民族学生的教学重点从教授少数民族学生汉语文知识转向提高少数民族学生的汉语素养。由于 20 世纪 50 年代至 80 年代的民族中小学汉语教学采用的基本上是汉族学生学习汉语文的第一语言教学模式，因此这一时期民族中小学的汉语教学基本上是按照母语教学的规律从听、读、说、写的基本训练入手，不太注重汉语非母语的少数民族学生的语言环境和文化背景的差异性。少数民族学生的汉语学习常常采用的是死记硬背的方法，而汉语考试也以考察学生的汉语文知识多少为重点，学生学习难度大、效率低。教育部于 2006 年颁布的《全日制民族中小学汉语课程标准（试行）》和 2013 年颁布的《民族中小学汉语课程标准（义务教育）》都提出了少数民族学生的"汉语素养"这一概念。"素养"和"素质"是一对近义词。笔者认为，较之"素质"，"素养"能更准确地表达出少数民族学生汉语文学习的知识积累和能力形成的过程。"汉语素养"包括热爱国家通用语言文字的思想感情、正确学习和掌握汉语文的方法，以及相应的汉语文知识、能力，"并能丰富汉语的积累、培养语感，逐步形成汉语思维能力"。❶ 此外，母语为非汉语的少数民族学生的"汉语素养"相对于汉语母语学生的"语文素养"而言，更突出了汉语的交际和应用能力，而不过于注重汉语文知识点的识记。因此，在民族中小学汉语教学中，从"教授学生汉语文知识"到"提高学生汉语素养"的教学重心的转变，既是民族中小学汉语作为第二语言教学的基本要求，也是培养少数民族学生具有良好的应用国家通用语言文字能力的基础和前提。

---

❶　教育部. 教育部关于印发《民族中小学汉语课程标准（义务教育）》的通知［EB/OL］.
［2013 - 12 - 25］. https：//www - moe - edu - cn. vpn. muc. edu. cn/publicfiles/business/htmlfiles/
moe/s7046/201401/162461. html.

政策篇

第九章 关于推进"民汉"双语教育的战略思考[*]

"民汉"双语教育既是我国民族教育的重要内容和形式，也是民族教育不同于一般国民教育的显著特色之一。《国家中长期教育改革和发展规划纲要（2010—2020 年)》（以下简称《纲要》）明确提出："大力推进双语教学。全面开设汉语文课程，全面推广国家通用语言文字。尊重和保障少数民族使用本民族语言文字接受教育的权利。"❶ 根据《纲要》的精神和要求，许多地方特别是民族地区在本地区的《教育改革和发展规划纲要》中，结合本地实际对双语教育工作给予高度重视，提出明确要求。然而，我国幅员辽阔，各地区情况千差万别，双语教育除了跨语言、跨文化等特点外，还有民族性、区域性等较为敏感的特点，这些特点使得双语教育既重要又复杂。加强双语教育工作，提高双语教育的科学性和成效，事关中华民族和谐稳定和国家的长治久安。为此，在新的历史时期如何更有效地推进"民汉"双语教育，需要进行一些战略上的思考。

一、进一步明确政府在双语教育中的责任

完善的管理体制是双语教育政策得以落实的制度保障，它是指导双语教育实践、实现双语教育目标的重要一环。各级教育行政部门应从以下几

---

* 本章主要内容曾刊发于《西北民族研究》2016 年第 2 期，执笔人：陈立鹏。

❶ 国家中长期教育改革和发展规划纲要（2010—2020 年）［N］. 人民日报，2010 – 07 – 30 (001).

个方面切实履行政府在双语教育中的责任。

第一，加强双语教育领导和管理。首先，要健全领导体制和决策机制，建立党政领导班子成员定点联系学校制度，及时研究解决教育改革发展的重大问题和群众关心的热点问题。从各级教育行政部门到各个学校，双语教育工作应由专人负责，有条件的地方应组织成立专门的双语教育管理机构，制定工作规范，形成一个系统的管理体制。其次，要重视领导管理方式的科学化。减少直接运用行政干预的手段管理双语教育的做法，采用政策引导、经费支持、立法保障、信息咨询、检查监督等综合服务措施。最后，党和政府的相关部门要切实履行好各自的职责，加强沟通协调，形成共同扶持双语教育发展的"合力"。各级党委、政府的职能部门要加强协作。组织部门要重视双语教育系统干部队伍建设，选拔政治可靠、业务精良的干部充实实施双语教育学校的领导班子。宣传部门要大力宣传党的双语教育政策和双语教育成就，为双语教育发展营造良好的舆论环境。发改、财政等部门要对双语学校的基本建设、经费投入、师资队伍建设等加大倾斜和扶持力度，促进双语教育事业又好又快地发展。

第二，建立双语教育问责制。《纲要》指出，要"提高政府决策的科学性和管理的有效性。规范决策程序，重大教育政策出台前要公开讨论，充分听取群众意见……加强教育监督检查，完善教育问责机制"。❶ 各地可以探索细化有关双语教育的各项指标，并将其纳入各级政府有关部门和教育行政部门综合评价和绩效考核体系，切实将双语教育问责制落到实处。具体而言可从以下两个方面建立双语教育问责制：一方面，要从保障公众的知情权、参与权的角度，政府部门要主动加强信息公开，探索建立教育基本信息公开制度。如定期向社会主流媒体、同级人民代表大会及其常务委员会和政治协商会议通报双语教育工作情况。重大双语教育决策出台要充分咨询论证，听取群众意见。对于《纲要》提出的有关双语教育改革发

---

❶ 国家中长期教育改革和发展规划纲要（2010—2020 年）［N］. 人民日报，2010 - 07 - 30 (001).

展的重大项目建立项目责任制，明确项目实施主体和监督部门，落实项目责任人，制定具体可操作的项目规划。另一方面，要从保障公众的监督权的角度，不断完善对双语教育工作中的各项权力进行监督的渠道。建立健全双语教育的各种有效监督机制，包括各级人大及其常委会的执法监督、司法机关的司法监督，监察、审计机关的专项监督以及社会各界的公众监督。积极引进第三方专业教育评估与服务机构，有效发挥各级各类社会组织在教育公共管理与服务、监督中的作用。

第三，加强制度和法规建设。政策是发展的基础，制度是发展的保障。各级政府要不断探索建立和完善双语教育政策法规的有效手段，有条件的地方可以研究制定民汉双语教育中长期发展规划，把双语教育工作作为民族地区巩固"两基"成果、提高教学质量、传承和弘扬民族文化的重要举措。同时，要配合国家教育立法进度，根据国家和地方教育法制建设的整体推进程度，适当加快双语教育的立法进程。从国外情况来看，加拿大早在1969年就颁布实施了《官方语言法》，通过法律的形式确定英语和法语同为官方语言。美国在1978年制定了第一个双语教育法案。我国应根据少数民族地区双语教育改革和发展的实际需要，尽快制定《少数民族教育促进法》《民汉双语教育条例》等法律法规。

二、为双语师资队伍建设提供制度保障

目前，实施双语教育的学校普遍存在双语师资数量不足、质量堪忧的问题，如贵州省开展双语教学学校1 300多所，双语教师只有1 300名，几乎一所学校一名双语教师；甘肃省东乡县普及双语教学共需1 600人，目前既会讲东乡语又会讲普通话的教师仅580人；青海省双语教师结构性缺口为6 000多名。究其原因，一方面是因为师范教育培养的人才不能很好地适应双语教育发展的需要，教育需求与人才培养的不对接，这是影响双语师资数量、质量问题的重要因素；另一方面是传统制度的约束框架也制约了双语师资在质量和数量上的发展，教师评价制度没有对双语师资提供

更多的激励，教师人事管理制度又没有提供一定的弹性发展空间。此外，义务教育阶段的双语师资也应注意均衡化的问题。为此，要从以下三个方面为师资队伍建设提供良好的制度环境。

第一，建立双语教师评价机制，鼓励教师从单语型教师向双语型教师转变。目前，双语教学普遍没有统一的课程标准和具体的教学要求，缺乏对从事双语教育教师的评价机制，教师教学积极性普遍不高。对此，一方面要探索建立针对不同的双语教育模式的科学完善的双语教学评价体系，对现有双语教师的工作给予考核，并根据考核结果给予奖惩激励；另一方面要探索对教师双语能力进行考核的一套科学办法，鼓励教师积极参与考核，考核通过者可以申请双语型教学岗，实现由单语型教师向双语型教师的转变。为了鼓励教师参与其中，应设立双语教学岗专项补贴。同等条件下，评定教师职称时对双语型教师给予优先考虑。

第二，对于双语型教师比例较高的学校，可允许其灵活增加教师编制。民族地区实施双语教育学校的教师编制不足，一直是制约民汉双语教育发展的瓶颈问题。针对这一问题，中央编办、教育部、财政部2009年下发了《关于进一步落实〈国务院办公厅转发中央编办、教育部、财政部关于制定中小学教职工编制标准意见的通知〉有关问题的通知》（中央编办发〔2009〕6号），强调各地要从满足教育教学基本需要出发，对开设双语教学课程的班级，按照从严从紧的原则适当增加编制。各地方可在此原则下，根据本地区的具体情况来灵活确定本地的师生比，对于双语型教师比例较高的学校，应允许其灵活增加教师编制，以满足学校实施双语教育的需要。

第三，在推进双语教师队伍建设的过程中，注重师资的均衡配置。民汉双语教育主要在义务教育阶段实施，义务教育的公共产品属性决定了世界上任何一个国家的义务教育都应该以均衡而非效率为首要目标。民汉双语教育所涉及的地区和学校虽不如普通的义务教育涉及的面宽泛，但是作为义务教育的重要内容和重要形式，必须注重其在发展过程中的均衡性，吸取以前发展中的经验教训，不能等到严重的不均衡威胁社会公平和人们对教育的信任度时才去采取措施努力达到均衡。双语教育作为民族教育重要的教育形式，其发展水平与各地、各校的原有教育发展水平紧密相连。这就需要教育行政部门注意到这一问题的严重性，防止因双语教育而出现新的不均衡，甚至加重原有的不均衡。

三、全面加强学前双语教育

学前阶段是学习语言的最佳阶段，因此要充分利用幼儿时期这一最佳语言学习时机，加强学前汉语和民族语文教学。在具体的学前双语教学实践中，要注意以下几个问题。

第一，明确学前双语教育的价值目标。学前双语教育应该具有两个目标，一是在开展学前双语教育教学活动时，应将语言学习与教学活动的整合作为基本模式，不能单纯为了学习双语而教双语；二是在对幼儿实施启蒙双语教育时，既要进行语言学习的启蒙，也要进行生活方式的启蒙。因此，学前双语教育的根本出发点是促进少数民族学前儿童的全面发展，主要任务是培养少数民族学前儿童具有初步的汉语应用能力。这就需要学前双语教师遵循儿童的身心发展规律和语言学习规律，寓双语教育于各项幼儿教育活动之中。❶

第二，探索适宜的学前双语教育办学模式。理论和实践证明，幼儿时期进行民汉分校只会加强民汉学生之间的隔阂，不利于中小学双语教育的进一步展开，更不利于民族共同发展和繁荣。要积极推行民汉合园、民汉幼儿混合编班以及其他能够充分利用幼儿的年龄优势为双语教学打下良好基础的办学模式。

第三，探索有效的学前双语教学方法。进化发展心理学理论认为，人具有"生物初级能力"和"生物二级能力"。生物初级能力主要通过自然

---

❶ 孙钰华，冯江英. 新疆学前民汉双语教育的推进与思考［J］. 学前教育研究，2008（10）：9－10.

选择或性别选择进化而来，如语言和简单的计算能力；生物二级能力是由生物初级能力支撑并发展而形成的，如阅读和高等数学。婴幼儿的语言学习基于生物初级能力，是其生物二级能力发展的基础。❶ 游戏是学前儿童的最佳学习途径之一。学前双语教学不能用强迫手段逼着学龄前的幼儿去记忆语言，不应只看重幼儿识记了多少汉字或民族文字，而要着力于用游戏等多种手段营造良好的语言学习氛围，将语言学习和文化学习结合起来，使幼儿在游戏中受到语言潜移默化的影响。

第四，注意形成学前和中小学相互衔接、师资和教学资源相互配套的双语教育体系。我国目前中小学阶段的双语教育模式主要有三类，学前双语教育模式则比较多样化，也有部分地区，学前双语教育只是形式。许多地区的实践表明，在学前阶段接受了双语教育的学生在小学阶段就比较容易取得好的学习成就。然而，中小学布局结构调整后，中小学布局变得相对集中，而学前教育的布点依然比较分散，这就导致进入同一所小学的学生，双语基础差别也可能很大。因此即使是在学前双语教育实施较好的地区，也要注意语言的衔接问题。为此，各地要根据实际做好衔接工作，不搞一刀切。

第五，保证一支双语教学能力过硬的师资队伍。少数民族学前儿童学好双语的前提之一是其入门阶段启蒙老师的语音应尽量地道、纯正。如果双语教师的语音语调不达标，就会导致其所教授的幼儿在上小学后因发音不准确而错过了纠正语音的"黄金时期"，结果甚至还不如未参加过双语学习的学前幼儿好教，这就会给儿童以后的语言学习造成难以弥补的"后遗症"。因此，保证一支适应幼儿双语教学需要的过硬的师资队伍至关重要。加拿大政府明确规定，在双语教育中将法语作为一门教学语言时，双语教师的母语必须为法语或具有相当于母语的法语水平。❷ 这一规定适用于各个教育阶段，不仅是学前教育。

---

❶　杨宁. 对儿童早期学习的某些初步认识 [J]. 学前教育研究, 2006 (6): 7.
❷　薛群颖. 国外双语教育的启示 [J]. 上海教育科研, 2006 (8): 77.

四、明确双语教育经费投入方向

各级政府有关部门应在年度财政预算中拨出一定的专项经费支出，用于保障民汉双语教育业务工作的顺利开展。主要应做好以下几点。

第一，保障教师培养培训经费。《纲要》指出，要"完善教师培训制度，将教师培训列入政府预算，对教师实行每五年一周期的全员培训"，同时，更要"加大对民族地区双语教师培养培训力度"，"加强对民族地区中小学和幼儿园双语教师培养培训"。❶ 开展双语教育的关键在教师。为了培养双语教师，在民族双语地区，财政预算除了要保障普通的教师培训外，还需要在预算中对双语教师培训工作格外重视，同时要将教师培养和培训结合起来，加强中小学与高校在双语教师培养与培训上的联系，要利用重点师范大学或综合性大学的知识和资源优势，通过定向招生、定向培养、免交学费并提供一定生活补助等方式，努力培养能"下得去、留得住"的双语教学人才，❷ 同时在语言环境、教学质量较好的大中城市的中小学、幼儿园建立双语教学实习实践基地。此外，各地区还可根据本地实际探索提高教师双语教学能力和积极性的多种改革，比如，双语教师特培计划等。总之，师资培养培训是一项需要投入的活动，离不开经费的保障和支持，但这绝对是一项投资有限、受益无穷的支出。

第二，设立教学科研保障基金。一方面，要设立一定基金用于双语教育科学研究。鼓励中小学教师进行与教学相结合的科研探索，鼓励高校加强双语教育重大理论与实践问题的研究；另一方面，对双语教材开发给予支持。目前，民族文字教材的编写和发行跟不上形势发展的需要，民族文字出版物品种少，教学辅助资料匮乏，给教学造成一定的困难。对于双语教育所需的教材，一线的双语教师有着更大的发言权。对此可以设立专项

---

❶ 国家中长期教育改革和发展规划纲要（2010—2020 年）［N］. 人民日报，2010 – 07 – 30（001）.

❷ 陈立鹏，刘燕青. 我国现行双语教学政策分析［J］. 贵州民族研究，2009（2）：106 – 110.

基金用于激发教师进行教学科研的积极性，对于有著作或教材出版或发表科研论文的教师，给予一定奖励。

第三，支持双语教材教辅资料出版。党和政府十分重视少数民族双语教学，而教材是教学活动的必备用品。近年来，国家加大了资金支持力度并出台了关于民文教材出版发行亏损补贴政策。据统计，"十一五"以来，国家先后投入5 200万元支持少数民族双语教学资源开发。这些政策措施基本保证了大多数民族中小学双语教学所需教材纳入免费供书范围，大多数省区解决了免费供书问题。但仍有个别地方的民文教材没有纳入国家"两免一补"政策范围。条件成熟时，应尽快将实施双语教育地区所需的双语教材纳入"两免一补"范围，对学生免费发放。同时，加大对双语教育教辅资料和学生读物的出版资助。

五、建立完善适宜于各民族地区的不同双语教育模式

少数民族要发展本民族的经济文化，必须学习国家通用语言文字，即汉语文，接受主流文化教育，这样才能使得本民族的文化被更为广泛地传播。但是，这一点并非能被所有的少数民族同胞认识到，因此在具体实施手段上，不能采用强迫和压制的手段逼迫少数民族学习汉语，更不能对少数民族语言进行歧视，否则必将遭到抵制。如清代光绪末年，官府在新疆各地开设汉语学堂，对入学的维吾尔族儿童只教汉语文和儒家思想，引起维吾尔族群众的普遍反感。[1]

我国幅员辽阔，实施双语教育的各地区由于历史的不同起点差异很大，而且各地都面临不同的自然和社会文化环境、不同民族的不同教育对象。因此，要根据不同地区实际情况，依法有力、有序推进双语教育改革。要遵循教育教学规律、语言学习规律和学生成长规律，充分听取并尊

---

[1] 戴庆厦，董艳. 中国少数民族双语教育的历史沿革（上）［J］. 民族教育研究，1996（4）：57.

重学生和家长的意见建议，条件成熟的顺势推进。具体来说要注意以下问题。

第一，要努力探索不同的双语教育模式，采用不同的教学方法。国外学者将双语教育分为浸没式、过渡式、部分课程实验、辅助和延伸式等几类教学模式。我国双语教育模式一般有一类模式（民族语授课为主，加授汉语文）、二类模式（汉语授课为主，加授民族语文）、三类模式（部分课程用汉语授课、部分课程用民族语授课）、四类模式（以汉语授课为主，民族语作为课堂辅助教学语言）等，民族地区使用哪种双语教育模式，要从本地区实际出发，提高双语教育成效。但无论是哪种模式，都必须大力推广国家通用语言文字教学，推广普通话和规范汉字。这样才能达到少数民族学生学习和融入主流社会的目的。此外，仍要注意的是，无论采用哪种教学模式，都需要结合当地的语言环境和师资等因素进行综合考虑，确实需要采用新的教学模式的，要提供配套的教材教辅资料，以及对教师进行与教材教辅相结合的实效培训。最后，在不同的双语教育模式下要尝试多种有益的教学方法，教师既可以借鉴和吸收传统语文教学中的"视听教学法""自然教学法""情景教学法""功能教学法"等基本方法教授第二语言，也可采用符合双语教学特点的"翻译教学法"和"对比教学法"。与此同时，在理论指导下可尝试进行"程序教学法"和"启示教学法"等新的双语教学方法试验。

第二，要探索形式多样、内容丰富的双语教育途径。双语教育的重点是培养少数民族学生的双语应用能力。双语教师应鼓励学生接触尽可能多的语言材料，为他们创设丰富多彩的双语学习氛围。因此，双语教育重在实践和应用，不能仅仅将双语教育停留于课堂内，要采取多种途径和方式，拓宽学校内的双语学习和交流渠道，让少数民族学生在富有多元文化特色的双语环境中学习和生活。如在校园建筑中使用双语标识、设计双语板报和宣传栏、开播双语节目、举办汉语文和少数民族语文的读写比赛和知识竞赛等。

第三，鼓励民族中小学与普通中小学资源整合利用。要鼓励和倡导民汉合校、民汉学生混合编班，改变教学环境，优化培养模式，使各民族学生在加强交流交往中相互学习、共同提高。不具备民汉合校、民汉混合编班的地区，可以开展一些新的改革，比如，对于民族地区的中学生，可以适当安排汉族班的学生和少数民族班的学生共同上某些公共课，让他们在相互交往和互动中提高双语水平。对于民族地区的小学生，可以在条件具备的情况下，将他们适当集中安排到汉语学习环境相对较好的乡镇中心小学就读，更有利于他们的双语学习。

六、探索建立有利于人才培养的招生就业制度

2010 年 5 月，我国首次举行少数民族语言水平考试——壮语文水平考试。该考试由广西壮族自治区少数民族语言文字工作委员会与中央民族大学民语系共同举办，它的实施折射出中国不断推进民族语言文字走向标准化、规范化的发展改革趋向，和我国高考中的"民考民"政策一样体现了国家保护少数民族使用本民族语言文字的权利，以及国家对少数民族文化的重视和发展。但从总体来看，在少数民族招生就业制度的改革上，还有很多工作要做。

第一，完善现有的"民考民"和"民考汉"政策。目前高考中的"民考民""民考汉"等政策既体现了国家对少数民族语言文字的尊重，也体现了国家全面推广国家通用语言文字的努力。但是，"民考民"的学生在专业和学校，以及毕业后的就业问题上的选择范围往往很窄，他们虽然到了内地学习，但是没有成为真正的双语人才，没有充分发挥对民汉文化共荣和发展的促进作用。"民考汉"的学生虽然不存在以上问题，但是一些"民考汉"学生其实根本就不会民族语言，有的是因为家庭的语言氛围，有的则是因为从小就就读于内地，因此对本民族的文化、语言文字都不甚了解。这类学生也不能被称为双语人才。因此，应该在"民考民""民考汉"外探索一种补充的方式，以有利于真正的双语人才脱颖而出。比如，开发某一民族统一的少数民族语言水平考试，并将考试成绩作为高

考录取加分的参照依据等。在高考录取时，参加统一的民族语言水平测试的少数民族考生，除了可享受其基于民族身份的现行加分政策外，还可以将语言测试成绩乘以一定的权重得到一个分数，然后将这个分数加入高考原得分，以新的高考得分作为他能否被录取的参照标准。

第二，改革对少数民族学生的优惠招生政策。目前对少数民族学生实施的高考优惠招生政策主要有"加分制"和"配额制"两种，但是这两种加分方式都是基于民族身份而给予的优惠。"加分制"并没有在少数民族学生内部做进一步区分，"配额制"则更是遭到了汉族学生提出的"逆向歧视"的质疑，甚至在操作中变成少数民族群体内部的权钱交易。这两种制度虽然从整体上扩大了少数民族学生接受高等教育的机会，但是，并不能使得那些真正的少数民族人才脱颖而出。为此，需要进一步改革招生标准。日本学者主张依个案具体地加以测验、考量，而即使是个案考察也必须要有考察所参照的合理标准。参照美国的审查标准，以及我国学者林来梵教授结合各国宪法实践所归纳的具体类型，❶ 温辉博士认为，❷ "合理依据"应该主要是：（1）卢梭所说的"自然或生理上的不平等"，即由年龄、健康、体力以及智慧或心灵的性质的不同而产生的不平等；（2）对基于历史原因所产生的不利地位团体的照顾。正如美国联邦法院在 Plyer V. Doe ［457 U. S. 202（1982）］案判决中表达的那样："某一群体在历史上就处于政治无权地位，进而，他们需要特殊的保护以防止多数人的侵害。"❸ "合理程度"可借鉴美国宽松审查的"实现合法目标的合理手段"予以认定。无论哪种审查，其民族因素仍是其被录取的有利因素，但不是决定因素。❹

第三，完善少数民族学生就业制度。少数民族学生到内地求学的比例不断增加，但是在内地工作的人数增速不明显。回到民族地区就业的少数

---

❶ 林来梵. 从宪法规范到规范宪法：规范宪法学的一种前言［M］. 北京：法律出版社，2001：116.

❷ 温辉. 从平等权视角看女性的法律地位［J］. 国家检察官学院学报，2014（6）：77.

❸ 温辉. 从平等权视角看女性的法律地位［J］. 国家检察官学院学报，2014（6）：78.

❹ 秦惠民. 平等的受教育机会：解读一个重要的教育法原则［J］. 中国教育法制评论，2004（3）：23 - 27.

民族学生数量增加虽然迅速，但是他们的就业难问题日渐凸显。因此，一方面，民族地区应大力发展经济，不断增加少数民族大学生的就业机会。同时，有关高校的专业设置也要进行及时调整，加快培养民族地区急需的应用型人才。另一方面，政府职能部门还应采取一些扶持少数民族大学生就业的特殊措施。如对某些企业、社会团体和服务机构制定少数民族大学生就业财政补贴、税收减免等政策，鼓励、动员有关社会力量，通过各种有效途径，直接、间接地为少数民族大学生创造就业岗位。❶ 此外，在就业政策和法律的保障方面，不仅要有综合性、原则性要求，还应有专门的就业促进立法，明确规定国家、民族地区相关部门及岗位应招收一定比例的少数民族大学生特别是民汉兼通人才，这样有助于杜绝用人单位不公正、不规范的用工现象，避免对少数民族群体的就业歧视。

《儿童权利公约》第 29 条第 1 款第 3 项规定，缔约国一致认为教育儿童的目的应是："培养对儿童的父母、儿童自身文化的认同、语言和价值观、儿童所居住国家的民族价值观、其原籍国以及不同于其本国文明的尊重"。❷ 我国的双语教育既是我国国内政策环境的选择，也契合了国际上对儿童教育目的的共识，因此在教育实践中应将双语教育这一教育模式广泛推广，不断建立有利于推进双语教育、实施素质教育、培养创新人才的招生就业制度，将双语教育真正落到实处。

---

❶ 赵晓芳. 少数民族大学生就业问题的特殊性及对策建议 [J]. 西北民族研究，2009（3）：216 – 219.

❷ 全国妇联国际部编. 联合国妇女儿童重要文件汇编 [C]. 北京：中国妇女出版社，2008：194 – 195.

第十章　民汉双语教育与
国家安全的战略思考[*]

语言是人类特有的文化资源，也是一个国家、一个民族发展的重要的政治资源和经济资源，对国家战略的发展至关重要。❶ 习近平总书记于2014 年 4 月 15 日就曾在中央国家安全委员会第一次会议上明确指出："当前我国国家安全内涵和外延比历史上任何时候都要丰富，时空领域比历史上任何时候都要宽广，内外因素比历史上任何时候都要复杂。"❷ 语言是国家安全事务中不可忽视的重要力量，它既可以成为维护国家安全的有效工具，也可能是造成国家安全受到威胁的不利因素。如果一个国家语言矛盾调解不当、语言政策推行不利、语言地位定位不准、缺乏语言安全意识和政治敏感性等，都会在一定程度上导致严重的语言安全问题，从而对国家安全产生极为不利的影响。❸ 尤其是一些民族分裂势力近年来利用民族语言文字问题频频挑起事端，进行民族分裂活动，直接威胁到国家安全和社会的稳定。❹

我国是一个多民族、多语言的国家，56 个民族涵盖了 100 余种内容丰富而瑰丽多彩的民族语言。双语教育是我国的一项基本民族政策、语言政

　＊ 本章主要内容拟刊发于《贵州民族研究》2019 年第 12 期，执笔人：李芳兰，海路。

　❶ 王晨. 进一步贯彻实施好《国家通用语言文字法》［J］. 中国人大杂志，2019（19）：8－10.

　❷ 习近平主持召开中央国家安全委员会第一次会议［J］. 新华月报，2014（9）：120.

　❸ 陈章太. 语言资源与语言问题［J］. 云南师范大学学报（哲学社会科学版），2009（4）：1－7.

　❹ 戴庆厦. 语言关系与国家安全［J］. 云南师范大学学报（哲学社会科学版），2010（2）：1－6.

策和教育政策。《中华人民共和国宪法》第 4 条第 4 款明确规定："各民族都有使用和发展自己的语言文字的自由，都有保持或者改革自己风俗习惯的自由。"2015 年 8 月国务院颁布的《关于加快发展民族教育的决定》更明确指出："科学稳妥推行双语教育。依据法律，遵循规律，结合实际，坚定不移推行国家通用语言文字教育，确保少数民族学生基本掌握和使用国家通用语言文字……尊重和保障少数民族使用本民族语言文字接受教育的权利，不断提高少数民族语言文字教学水平。"

坚持依法推进少数民族双语教育是新时代民族教育的一项重要内容。[1]目前，民汉双语教育由于其民族性、区域性和敏感性等特点，其实施不仅直接关系到国家统一和民族团结，也与对外交往、社会稳定、公共服务、文化保护、信息管控等国家安全的重要问题密切相关。本章从国家安全的视角探讨民汉双语教育的意义和功能，并提出改进双语教育的政策建议，既丰富了语言与国家安全的研究内容，又拓宽了双语教育的研究视角。

一、相关文献述评

在国外对语言与国家安全的关系研究方面，现有的研究成果大多从语言政策与教育教学、国家形势与语言规划、语言与国家认同、民族身份认同的关系等角度切入。库柏（Cooper）曾在 1989 年就明确剖析过语言和政治的密切联系，他指出人类运用语言就是为了有效地渗透其政治、经济和军事权力，达到其非语言的目的。[2]伴随着语言研究的不断探寻和深入，学者们越来越意识到语言对于国家和民族的战略地位，认为语言学习、使用和发展的推动力并非完全来自于法律或制度，而更多地在于语言文化中隐含的意识形态及民族认同，并逐渐在语言和国家安全方面的关系达成共

---

[1] 王鉴. 坚持依法推进我国少数民族双语教育的政策和模式 [J]. 民族教育研究，2019（1）：5 – 11.

[2] Cooper, R. L. Language Planning and Social Change [M]. Cambridge University Press，1989.

识。❶ 詹姆斯·克拉夫德（Crawford James）批判美国限制少数民族语言权利的使用，并提倡实行双语教育，保护少数民族语言权利和语言人权。❷ 阿格（Ager）从身份、意识形态、形象、不安、不平等、融合、工具等七大动机方面对语言的动机进行深入阐释，认为语言是一个涉及政治、经济、社会、心理等诸多因素的多维结构，应从国家政治的高度对语言进行规划。❸

　　国内学者过去对语言和语言教育政策的研究多集中在语言政策的本体规划、推广和实施效果的评价上，较少将其与国家安全联系在一起进行研究。近年来，随着我国对国家安全的重视，语言与国家安全的研究也在逐渐丰富和完善。周殿生明确指出语言教育的目的已不再是简单的语言交流，更多是为了保障国家的政治、经济和文化利益不受侵犯。一个国家的语言文化教育教学水平是衡量其综合国力的重要指标之一。❹ 潘一禾则指出语言作为文化和政治斗争的有力手段，一直以来就是共同维护和不断发展国家—民族共同文化的重要内容。❺ 王远新❻和李红兵❼提出应从维护国家文化安全的需要出发，加快少数民族语言文字立法工作，并特别强调跨境民族语言文字在边境贸易、防毒缉毒等工作中的重要作用。刘跃进详细论述了语言文字与国家安全的复杂交叉关系，认为应从国家安全战略、国家发展战略和国家统一战略等方面认识语言的重要价值。❽

---

❶　Schiffman, Harold F. Linguistic Culture and Language Policy [M]. London and New York：Routledge, 1996.

❷　Crawford, James. Bilingual Education：History, Politics, Theory and Practice [M]. Los Angeles：Bilingual Education Service, 1995.

❸　Ager, D. E. Motivation in language planning and language policy [M]. Multilingual Matters Ltd., 2001.

❹　周殿生. 我国的语言教育与国家利益 [J]. 新疆大学学报（哲学社会科学版），2004（2）：1 - 5.

❺　潘一禾. 文化安全 [M]. 杭州：浙江大学出版社，2007：18.

❻　王远新. 我国少数民族语言文字立法的必要性 [J]. 民族翻译，2008（1）：85 - 88.

❼　李红兵. 国家文化安全视域下的新疆少数民族双语教学 [J]. 高等函授学报（哲学社会科学版），2010（4）：5 - 7.

❽　刘跃进. 国家安全体系中的语言文字问题 [J]. 语言教学与研究，2011（6）：38 - 43.

　　虽然国内外有关语言与国家安全的研究日益丰富，但直接就民汉双语教育与国家安全联系在一起的研究还很鲜见。为此，深入探讨民汉双语教育与国家安全的关系，不仅可以更好地认识双语教育在国家发展大局中的重要作用，促进更加完善的双语教育政策的制定与实施，更能增进国家认同、促进民族团结、保护文化安全，为国家安全与社会稳定作出重要贡献。

二、民汉双语教育之于国家安全的意义

（一）民汉双语教育是增进国家认同的需要

　　通过实施双语教育，推广国家通用语言文字，保证各民族之间的信息畅通，可以有效促进各民族之间的交流、交往、交融，增进国家认同，是国家长治久安、繁荣发展之必需，也是国家安全之必需。

　　中华各民族有着各自民族起源、形成和发展的历史，各民族的发展相互依存、相互补充，有着千丝万缕的内在联系。各民族的国家认同总体上体现为基于中华民族共同体意识的国家利益、共有的精神家园以及对中华民族文化的认同。各民族群体的国家认同构成了国家的社会心理基础，影响着国家的统一与稳定。我国不少边疆民族地区都把实施民汉双语教育作为实现教育对象对国家认同、中华文化认同的重要途径，依据双语教育政策的指导方针和当地民族教育的实际情况，坚持不懈地开展双语教育，提升双语教育质量，巩固和维护民族团结，促进民族地区文化教育的发展，提升民族整体的基本素质。对国家通用语言文字的学习以及对少数民族语言特殊性与特色性的尊重与包容的双语教育，不仅能实质性地提升民族地区少数民族学生的双语水平，尊重和保护少数民族的优秀文化，使他们享受到平等的教育机会，更重要的是通过学习掌握国家通用语言文字，能促进少数民族学生对国家政策法律的理解和掌握以及对中华民族文化的认识和理解，由此增强他们的国家意识和公民意识，促进他们更深层次的、全

面性的国家认同，进而自觉地维护国家统一和政治稳定。事实上，在我国民汉双语教育政策实施的过程中，各民族平等、团结、互助、和谐的政治理念早已深植其中，为我国少数民族学生不断深入认识、了解并认同中华民族传统文化和自身少数民族文化打下了坚实的语言基础，有利于更好地实现国家认同的教育目标。

（二）民汉双语教育是促进民族团结的需要

我国各民族语言中包含着丰富的民族文化，饱含着浓厚的民族情感。在共同发展的历史长河中，各民族之间在接触和交往中自古以来就存在双语和多语现象，开展双语教育有利于促进各民族之间的交往交流交融，增进民族团结。

我国各民族地区多元文化的存在和发展是历史和环境使然，"中华民族多元一体格局体现的文化关系，诚然是在悠久的中国文明史进程中发展起来的，有着特定的历史限定和地理空间限定。"❶ 我国一直以来就提倡多元文化的和谐发展，倡导民族与民族之间、文化与文化之间"和而不同"的关系，认同各民族语言文字都有其重要的精神标识和文化印记价值，记载着族群的历史事件和民俗传统，皆在中华民族不断的发展和壮大中起到不可磨灭的推进作用。而汉语言文字作为重要的桥梁和纽带，则在促进各民族之间的交往、交流、交融中的历史和现实中发挥着至关重要的作用。习近平总书记于 2014 年在新疆民间访谈时曾指出："少数民族孩子的双语教育要抓好，学好汉语将来找工作会方便些，更重要的是能为促进民族团结多作贡献。"❷ 在有效保障少数民族使用本民族语言文字接受教育的同时，形成全国各族人民万众一心全面推动和普及国家通用语言文字的局面，在每一位中华民族儿女心中播种下国家认同和中华民族认同的种子，

---

❶　费孝通. 21 世纪人类学面临的新挑战 [J]. 广西民族学院学报（哲学社会科学版），2000（5）：8 – 12.

❷　新华网. 习近平新疆考察：让群众有事干、有钱挣、有盼头 [EB/OL].（2019 – 3 – 13）[2014 – 04 – 28]. http：//news. xinhuanet. com/photo/2014 – 04/28/c_126443762. htm.

坚决反对一切分裂祖国、破坏民族团结和社会和谐稳定的行为，充分发挥语言文字在加强国家安全法治保障，提高防范和抵御安全风险能力的战略防御作用，❶ 进而保障国家统一、民族团结和社会稳定。因此，在语言教育中促进国家通用语言与民族语言的和谐共生，是维系国家安全的重要保障。不同民族语言之间的互相理解与尊重、互相学习借鉴和融会贯通，是语言和谐共处、民族关系良好发展以及民族团结巩固强化的坚实基础。

（三）民汉双语教育是维护边境安全的需要

在我国 2.2 万公里的陆地边境线中，有 1.9 万公里分布在民族地区，有蒙古族、朝鲜族、哈萨克族等 33 个民族的约 50 种跨境语言。开展双语教育对于维护边境安全发挥着特殊的重要作用。

边境民族置身于两个甚至两个以上的国家间，受制于与主流社会互动所产生的语言关系。"边界民族与国境线紧密相连，而国境线又与国防建设和国家安全息息相关，为此，边境民族问题往往与地区机制相关。有鉴于此，边境民族和边境民族问题便成为当代国际政治中一种相当敏感的因素。"❷ 对边境民族而言，他们所处的社会语言环境以及所接受的语言教育类型直接决定着他们大至国家认同、民族认同，小至自我认同的基本内容。鉴于此，边境地区民族的双语教育作为实施民族教育政策的重要内容之一，已不仅仅是一个教育问题，更上升为一个政治问题，密切影响着爱国教育、领土主权意识维系以及边境国防安全等重大事件，是维护国家边境安全工作中的重要一环。为此，在边境地区大力推广国家通用语言文字，有效开展边境民族的双语教育，形成边境民族平衡和谐的国家认同和民族认同，将每个个体与国家的命运紧紧地连接在一起，是和边睦邻的关键，也是为国境铺设的一条新的安全线。

---

❶ 南杰·隆英强. 国家安全与语言资源——从国家通用语言文字与藏汉双语及区域性方言对民族团结教育和国家事业发展方面的重要性谈起 [J]. 中国图书评论，2019（1）：49 – 61.

❷ 葛公尚. 当代国际政治与跨界民族研究 [M]. 北京：民族出版社，2006：2.

（四）民汉双语教育是保护文化安全的需要

当前，随着市场经济的发展和社会一体化的冲击，我国各民族普遍面临着优秀文化资源流失、民族文化自信心不足的问题。"多元一体"的中华民族文化源自各民族的优秀文化，不同民族的文化都为中华民族文化的形成和发展作出了独特贡献。语言文字作为每一个民族不可或缺的特征识别标记，从始至终都具有极强的民族号召力和凝聚力，充分地展现了不同民族的不同特色，并作为载体精心保存且不断传承着本民族瑰丽多彩的历史文化。开展双语教育不仅体现了对少数民族语言文字的重视和保护，更是传承和发展优秀民族文化、减少优秀民族文化资源流失的重要手段，是保护国家文化安全的需要。

具体来说，实施双语教育能够从以下几个方面实现对国家文化安全的保护。首先，双语教育为民族文化的传承提供了适宜的语言条件。少数民族语言的学习与传承可以确保民族文化的民族原真性和文化生态环境，充分体现使用这一语言群体的文化特征，从而确保民族文化不因为语言方面的原因而流失甚至消亡。尤其是传统音乐、民间文学、民族曲艺等以语言为外在表现形式的民族文化，更能彰显出鲜明的民族文化特征，具有珍贵的文化保护价值。其次，双语教育为民族文化的保护提供了全方位的环境。民族文化的保护是一项繁杂而浩大的工程，在整理、鉴定、传播及发展等方面都需要应用双语教育，单纯使用汉语或民族语言都达不到应有的效果。只有通过双语教育使教育语言的选择纳入学校教育体制和社会结构中，才能为民族文化的保护提供坚实的基础。最后，双语教育为民族文化的发展提供了强有力的后盾。一方面可以通过民族语言与民族文化的一体性，真实全面地对民族文化在原汁原味的基础上进行创造性发展，如哈萨克族通过借用汉语中有关现代化科技和社会文化生活的词汇丰富和扩大本民族语言，为哈萨克语言注入新的活力；另一方面可以通过以汉语方式呈现的现代化手段和技术将民族文化的发展系统化、规范化和数字化，不仅能使更多民汉兼通的双语教育人才参与到民族文化的保护、创新与发展中来，而且能通过传统和现代相结合的方式为民族文化筑起一道文化安全的保护屏障。

（五）民汉双语教育是提供社会安全服务的需要

在社会安全方面，开展民汉双语教育不仅能为少数民族流动人口融入内地城市提供必要的社会服务，而且在西部地区应急救援、社会纠纷解决、反恐防暴等社会公共安全方面发挥着十分重要的作用。

一方面，我国东部、中部地区需要一批民汉兼通的双语人才为城市安全和社会公共服务提供坚实保障。随着我国城市少数民族流动人口的增加，在东部和中部地区聚集了大量的少数民族流动人口，需要城市公安、执法、工商、医疗、教育等各部门进行相应的管理并提供必要的服务。一是需要在少数民族流动人口较多的内地城市培养或录用一批民汉兼通的政府部门工作人员。这样，有关部门工作人员在与少数民族流动人口接触和沟通时，才能便于和他们进行交流并了解他们的困难和需求，为他们提供必需的双语服务，保障他们在内地城市务工、生活、教育等方面的权利，提高他们在内地工作、生活及受教育的满意度。二是可以依托掌握民族语言的有关高校师生和民族部门工作人员对少数民族流动人口进行双语教育培训，帮助少数民族流动人口更好地学习和掌握国家通用语言。这样不仅有利于他们减少语言沟通障碍，在内地更方便地工作和生活，也有利于他们更容易与当地居民交流、交往，进而更好地融入内地城市。

另一方面，西部地区的社会治理和公共服务更需要大量的双语人才。一是民族地区由于所处的地理位置较为特殊，历年来自然灾害和紧急状况频发，需要社会应急、救援等部门录用和培训民汉双语人才，准确了解当地居民的真实需求，及时提供各种社会安全服务，有效减少由于灾害带来的各种损失。二是民汉双语人才在防范、规避、预警及保障社会安全方面也具有独特作用。例如，历年来在处理藏区等边疆民族地区的各种地方性矛盾和纠纷案件时，大都是由民汉双语兼通的人士协同当地有声望且地位崇高的部落族老、部落头人的直系后裔以及宗教界的权威人士等进行主持、调节和最终审理，同时结合了政府和民族的力量来共同处理和解决的，这样更符合民族心理和当地的实际情况，更容易为少数民族所接受，因而能有效地防范和规避更多民族地区矛盾与纠纷的产生。三是在反恐防暴等社会安全问题上，更需要培训和录用大量接受过民汉双语教育的人员。国家安全、公安、检察、司法等部门需要在反恐防暴等方面积极有效开展工作，维护国家安全和社会稳定，必然离不开一大批双语教育人才的参与。

（六）民汉双语教育是加强信息安全的需要

信息安全也是国家安全的一个重要领域。当前信息化、网络化、数据化的普及与应用更是把语言推到了国家信息安全领域的风口浪尖。一些少数民族群众由于不了解国家通用语言，不仅无法从主要媒体上获取国家政策和主流舆论的信息，而且容易被敌对势力利用民族语言传播的非法信息所误导。因此，加强信息领域的双语教育和人才培养异常重要。

目前，我国各种信息媒体的传播绝大部分使用的是国家通用语言。如果少数民族群众不掌握国家通用语言，就无法直接从国家主要媒体上获取国家和社会的主流舆论信息，从而对国家当前的重要方针政策缺乏了解。随着不同民族语言文字的各种处理软件和自动翻译软件的增加，使用民族语言进行的网络信息发布、搜索与过滤手段的运用不断广泛，少数民族民众获取民族语言信息的渠道越来越丰富。然而，网络上充斥着的大量良莠不齐的信息使得少数民族成员难以对其进行甄别和筛选，由此产生对国家民族政策理解片面甚至误解的现象，从而给民族团结和国家安全带来隐患。同时，境外一些非法和敌对势力特意利用民族语言文字开展"信息战"，故意传播虚假报道或破坏我国民族团结、国家安全的信息，对我国少数民族特别是跨境少数民族进行渗透。鉴于此，加强信息安全领域的治理，使各民族在使用信息资源和信息载体时不受威胁、侵害与误导，已成为民汉双语教育规划的一个重要目标。

三、国家安全视角下民汉双语教育的功能

（一）民汉双语教育的政治安全功能

政治安全功能是国家安全的主要内容和核心问题。民汉双语教育的政治安全功能指的是通过实施双语教育，保障我国在国际社会中作为独立政治实体的存在与发展不受各种威胁，避免因语言问题引发对国家政治安全利益的伤害，从而保障国家政治安全不受侵袭和威胁的功能。在语言教育领域，一个国家务必要处理好主流文化语言与少数民族语言之间的关系，使民族利益与国家利益和谐共存、共同发展，否则语言问题将不断产生，并上升到影响国家政治安全的层面。

民汉双语教育具有重要的国家政治安全功能。一方面，开展双语教育保障了少数民族学习、使用和发展本民族语言的权利，这是党和政府尊重少数民族、实现民族平等的重要体现，有利于促进各民族对国家的认同，这是国家政治安全的前提；另一方面，开展双语教育的重点是大力推广国家通用语言文字，学习国家通用语言有利于各民族科学文化的交流以及少数民族学习现代科学知识，有利于促进少数民族的长远发展，最终提高各民族人民的生活水平和生活质量，实现各民族共同发展和繁荣进步，这是国家政治安全的目标。双语教育通过国家通用语言和少数民族语言的双向学习，保障了在语言教育领域内国家利益与民族利益的协调一致，有利于避免民族矛盾和民族冲突，促进民族团结和国家安定，从而实现国家政治安全的宗旨。

（二）民汉双语教育的国防安全功能

民汉双语教育的国防安全功能指的是通过双语教育的实施，培养掌握国家通用语言和少数民族语言的双语人才，一方面可以提高民族地区特别是边境地区少数民族对国家的认同感和归属感，另一方面可以通过研究、

利用少数民族语言材料为我国的国家统一和领土完整提供有力证据，从而使我国在国防领域能够更好地维护国家安全和领土完整的功能。

首先，开展双语教育特别是国家通用语言教育，能有效抵御国外非法势力利用民族语言对我国民族地区进行的意识形态渗透。民族语言文字工作领域的渗透与反渗透、分裂与反分裂斗争必须引起我们的高度重视。近年来，一些境外非法势力利用民族语言不断对我国西部少数民族地区的政治经济文化进行各种渗透和扰乱。少数民族学习掌握好了国家通用语言，各级政府职能部门就能更加便捷地通过各种渠道向他们进行国家利益、国际关系以及揭露国外敌对势力真正意图的正向宣传和疏导，从而有效抵御非法势力的渗透，保障我国的国防安全。其次，开展双语教育有利于维护我国边境国门学校的教育安全。我国的一些边境邻国在其边境地区学校通过开展双语教育、提供优惠条件等方式，试图吸引我国境内的使用相同语言的少数民族学生跨境就读国外学校，对我国边疆地区国门学校的教育安全造成威胁。通过在边境地区积极开展双语教育，提高少数民族学生的教育质量，能够有效地维护我国边境国门学校的安全。最后，双语教育人才能起到维护我国国防安全、领土完整的重要作用。我国一些边境地区还存在与某些国家的领土、领海争端问题，少数民族语言及其文献是维护国家安全、领土完整的重要工具之一。通过聘用和培养民汉双语优秀人才，正确研究、利用少数民族语言和相关文献、史料，能够为我国的国家统一和领土完整提供有力证据，可以更好地维护我国的国防安全。

（三）民汉双语教育的社会安全功能

民汉双语教育的社会安全功能是指通过双语教育人才的培养和培训，为少数民族和民族地区在城市适应、社会治理、公共事务、应急救援、反恐防暴等方面提供安全服务的功能。

首先，双语教育可以为少数民族流动人口减少因语言文化障碍或语言不通带来的问题和摩擦，使他们更好地在内地工作和生活，更快地融入内地城市。这不仅能使他们在寻找工作、结交朋友、学习娱乐等方面更加游刃有余，更容易享受到城市带来的高质量生活，而且能使他们从内心更加认同内地城市，从而更好地为城市建设发展服务。其次，通过双语教育为民族地区培养和培训更多的双语人才，可以在解决应急安全、民族矛盾、社会纠纷等方面发挥重要作用。尤其是在国家通用语言文字尚未完全普及的少数民族聚居区，双语人才对当地语言、风俗习惯、宗教信仰、道德评判标准的熟悉与理解，成为他们与当地少数民族沟通和交流的重要资本，也成为当地人认同和信服他们的重要条件。最后，双语教育通过为国家安全、公安、检察、司法等重要的安全职能部门培养和培训民汉兼通人才，可以有效抵御甚至避免与民族语言有关的恐怖事件、暴力事件等重大安全风险。

（四）民汉双语教育的文化安全功能

语言是文化最重要的载体，也是文化的重要组成部分。民汉双语教育的文化安全功能指的是通过双语教育的实施，有效继承和弘扬中华民族优秀传统文化、科学保护和开发少数民族语言文字资源，从而培养和提升学习者的文化自信、保护文化多样性的功能。

一方面，通过双语教育的实施，可以更好地学习、理解和借鉴我国不同时期、不同地区、不同民族的丰富多彩的优秀传统文化，拓宽文化视野，增强对中华民族优秀文化认同的自觉，培养和提升学习者的中国特色社会主义文化自信，从而更好地继承和弘扬中华民族优秀传统文化，增强我国的文化软实力，抵御和反对文化上的虚无主义。另一方面，通过实施双语教育，特别是开展学校双语教育和社会双语培训，可以有效保护和开发少数民族语言及其蕴含的优秀民族文化资源，减少民族文化多样性的流失，为少数民族语言和优秀传统文化的保护提供有力保障。

（五）民汉双语教育的信息安全功能

民汉双语教育的信息安全功能指的是通过国家通用语言文字及民族语言文字传播主流正确舆论，同时面对境内外非法民族语言不良信息的传播时能够进行反击及管理以保障国家信息安全的功能。

首先，双语教育有利于在民族地区普及国家通用语言文字主流舆论和正确信息的传播，抵御境内外敌对势力利用民族语言传播非法信息及其对我国民族地区的渗透。通过实施双语教育可以有效提高少数民族成员的信息筛选和辨识能力，有利于防范和抵御信息安全风险，维护民族地区的信息安全。其次，双语教育有利于培养双语人才，建立和丰富符合少数民族地区需要，以少数民族语言和汉语为载体的民汉双语信息传播系统。在我国西部部分偏远少数民族农牧区，由于尚未完全普及推广国家通用语言，少数民族群众很难及时有效地获取到国家在民族政策、医疗保障、社会救助等重大惠民政策，造成信息接收的真空状态，无法了解和享受到国家的优惠政策和及时救助。通过双语教育建立一整套以少数民族语言和汉语为载体的民汉双语信息传播系统，使国家的相关政策能够及时有效地向少数民族群众传播，促进他们掌握更多的国家政策、法律和法规及其他各种有益的信息，从而增强国家意识，促进国家认同。❶ 最后，通过双语人才建立民汉双语信息传播安全检查机制，对相关信息进行筛选、分类和处理，更好地维护国家安全。

四、国家安全视角下民汉双语教育的政策建议

从国家安全的战略视角出发，将民汉双语教育规划与国家利益紧密联系起来，政府应做好顶层设计工作，科学制定民汉双语教育规划，在认识观念、人才培养、课程教学、语言服务、信息管理等方面采取相应措施，为实现民汉双语教育在国家政治安全、国防安全、社会安全、文化安全、信息安全等领域的战略目标提供必要条件。

---

❶　谷亚华，吴霓，古文凤. 论"一带一路"背景下云南跨境民族文化安全与双语教育［J］.民族教育研究，2017（5）：73 - 76.

（一）更新认识观念，丰富民汉双语教育概念的内涵

从国家安全的战略视角出发，"民汉双语教育"在概念内涵上应更加丰富和广泛。因此，需要更新认识观念，从理论上对"民汉双语教育"作出新的界定。

在国家安全视角下，我们认为"民汉双语教育"是一个大教育系统。在学段和教育类型上，双语教育既包括学校各阶段的双语教育（从学前教育、基础教育到研究生教育阶段），也包括职业教育和社会培训中的双语教育，不同类别双语教育类型之间的有效衔接使民汉双语教育贯穿于整个国民教育始终；在空间上，双语教育既包括我国西部少数民族地区的双语教育，也包括中、东部城市的双语教育（如双语教育培训），形成一个完全开放和沟通的空间，突破了西部和中部、东部的空间界线和固化边界；在教育对象上，双语教育既包括少数民族成员，也包括汉族成员。

总之，在概念认识层面，民汉双语教育不应只是一种封闭的、单一的以及仅仅针对少数民族学生的学校教学活动，而应是一个开放的、融合的以及面向不同民族和社会大众的大教育系统。汉族、少数民族可以在这个教育系统中共同学习、相互交流和发展进步，各民族在这个教育系统中能够实现"各美其美"，进而达到"美美与共"，这对促进民族团结、维护国家安全意义重大。

（二）注重人才储备，培养不同层次、不同领域的双语教育人才

从国家安全的战略视角出发，将民汉双语教育规划与国家利益紧密联系，各级部门应注重民汉双语人才的储备，科学制定培养不同层次、不同领域的双语教育人才的政策措施。

一方面，对于培养不同学段的双语教育人才而言，应构建起有效衔接的各级各类双语教育的学校支持系统。不同的学校系统有不同的双语教育人才培养任务和目标，从培养具有最基础的双语对话能力的学前双语幼儿，到精通双语教育的相关理论和实践研究，能独立撰写有一定见

地和深度的学术著作，对双语教育的发展作出重要贡献的博士研究生，都应包含在各级各类学校的培养目标之中，从而为双语教育培养充足的后备人才。

另一方面，针对不同领域的双语教育人才培养而言，可大力加强国家安全特需的双语教育资源人才队伍建设。如为了更好地应对当前国防安全、社会服务、信息技术等方面的民汉双语人才需求，应通过重点培养、精准培训等方式，建立一支能快速适应信息化和网络化背景的复合型高层次双语人才队伍，做好民汉双语高级人才的战略储备工作。

（三）实施课程改革，开设双语教育的校本课程、地方课程和社会培训课程

在民汉双语教育课程建设方面，建议实施"一体两翼"的双语教育课程改革，在学校教育和社会教育中同时开设民汉双语教育相关课程。

一是在民族地区各类学校中有针对性地开设双语教育的校本课程和地方课程，编写适应不同地区、不同学段学生的双语教育读本，培养从学前教育、基础教育、职业教育到高等教育等学校教育领域的双语人才，这不仅可以让学生更好地认识和传承本民族、本地区的优秀文化，而且能更好地促进其学习和掌握国家通用语言。

二是在有关地区（包括民族地区和内地城市）开设社会培训课程，加强成人双语教育。通过开展不同形式的民汉双语教育社会培训课程，既能够快速、高效地培养国家安全领域所需要的各类双语人才，为安全工作保驾护航；又能够鼓励各民族干部群众相互学习语言，从而加强各民族之间的交往交流，促进民族关系和谐发展，更好地维护民族团结和国家统一。

（四）加强语言服务，更好地满足各族人民社会服务的需求

一方面，需要大力提高民族地区的双语服务水平。就国家通用语言文

字而言，虽然全国普通话普及率已达 70% 以上，但民族地区只有 40% 左右。❶ 因此，要大力培养培训民族地区社会各领域的民汉双语人才，为民族地区社会服务领域提供更多更好的国家通用语言和民族语言的翻译、咨询和应用人才，为少数民族群众提供符合他们需求的各类双语服务，保障各民族的交往交流和社会安全。

另一方面，需要为内地少数流动人口提供有针对性的双语服务。近年来，越来越多的少数民族流动人口进入内地城市工作和生活。当地政府部门一是应有针对地对少数民族进城务工人口开展国家通用语言培训活动，提高他们的语言适应能力，使其更好地融入内地城市；二是重视培养和录用内地服务行业和政府服务部门的双语人才，为少数民族流动人口提供必需和必要的双语服务，使其在内地更好地工作和生活。

（五）注重科学管理，建立多语言舆情监控中心，利用大数据管控信息安全风险

首先，建立多语言信息安全舆情监控中心。利用大数据对民族地区各类语言传播信息进行甄别和监测，关注非法信息给我国民族地区安全带来的潜在风险，并建立起相关的语言监测与预警机制、语言风险应急处置机制和语言救援保障机制。

其次，建立民族语言网络舆情监控数据库。重点关注以民族语言为载体的各类信息在网络和大众媒体中的传播，防止敌对和非法势力利用民族语言对我国进行渗透和破坏，形成正确的民族语言舆论导向，有效维护国家和民族地区的安全。

---

❶ 王锋. 为我国各民族交往交流交融搭建语言之桥［N］. 中国社会科学报，2018－11－06（003）.

第十一章　民汉双语教育：
从顶层设计至基层管理*

我国作为一个统一的多民族国家，民汉双语教育的发展不仅关系到国家整体的教育发展水平与质量，而且对政治稳定、经济提升、文化传承都具有重要意义。近年来，为促进民汉双语教育科学稳步发展，党和政府相继出台一系列相关政策措施。2010 年，《国家中长期教育改革和发展规划纲要（2010—2020 年）》明确提出："大力推进双语教学。全面开设汉语文课程，全面推广国家通用语言文字。"❶ 2013 年，教育部印发《民族中小学汉语课程标准（义务教育）》，并于 2014 年秋季学期开始在民族地区中小学实施，旨在培养学生的汉语应用能力。2015 年，《国务院关于加快发展民族教育的决定》指出，要"科学稳妥推行双语教育"。❷

为了进一步贯彻落实国家政策的相关精神，各民族地区结合本地的双语教育实际，积极制定民汉双语教育相关政策。《新疆维吾尔自治区少数民族学前和中小学双语教育（十年）发展规划（2010—2020》《延边朝鲜族中小学"双语"教育改革实验方案》《延边朝鲜族自治州朝鲜族教育条例》《内蒙古自治区蒙古语言文字工作条例》《云南省通用语言文字条例》《广西壮族自治区人民政府办公厅转发自治区教育厅等部门关于进一步加强壮汉双语教育工作意见的通知》等政策法规的出台，都不同程度地促进

　＊　本章主要内容曾刊发于《民族教育研究》2016 年第 4 期，执笔人：陈立鹏，李海峰。

　❶　国家中长期教育改革和发展规划纲要（2010—2020 年）［N］．人民日报，2010 - 07 - 30（001）．

　❷　国务院．国务院关于加快发展民族教育的决定［EB/OL］．［2015 - 08 - 11］．https：//www - gov - cn. vpn. muc. edu. cn/zhengce/content/2015 - 08/17/content_10097. htm.

了各民族地区双语教育事业的发展。

但由于某些主客观原因，我国民汉双语教育在取得巨大成绩的同时，也存在不少亟待解决的问题，尤其是在主观认识、领导管理、师资队伍、监督评估等方面均不同程度地存在一些不足，加快发展民汉双语教育的任务仍十分艰巨。基于此，本章对民汉双语教育的规划和管理工作进行探索，希望对推进国家、省区、州县、学校等各方统筹规划、同步接轨，为民汉双语教育工作的顺利开展尽绵薄之力。

一、国家层面的顶层设计

（一）在双语教育的目标上应注重"民汉兼通"人才的培养

我国民汉双语教育在推行过程中，一定程度上存在"双语教育单语化"的认识误区，有的民族地区对国家通用语言的掌握重视不够，有的民族地区弱化民族语言的功能，片面强调汉语学习，极不利于我国双语教育工作的健康有序推进。为此，首先，国家应立足于"民汉兼通"人才的培养目标，防止只重汉语的"语言融合主义"和片面追求民族语言的"语言民族主义"两种倾向；❶ 其次，应立足于各民族地区特殊情况，加强"民汉兼通"目标的阶段化、层次化，即对国家通用语言基础比较薄弱、民族语言文字比较薄弱的民族地区，实行层级化、区别化管理，以最终达到"民汉兼通"的目的。

（二）在双语教育的原则上应力求科学稳妥

所谓"科学"，即指民汉双语教育工作的开展要尊重规律、实事求是。具体来讲，双语教育的发展必须立足于我国社会主义初级阶段的实际，从

---

❶ 滕星，海路. 语言规划与双语教育 [J]. 新疆师范大学学报（哲学社会科学版），2013（3）：32－36.

多数人所处的语言环境和实际需求出发，着眼于少数民族学生的认知发展规律和语言学习规律，并以此为基础选择合适的双语教学模式，尤其要处理好不同学段间教学模式的转换和衔接问题，力求双语教育工作的渐进式开展。所谓"稳妥"，即指双语教育工作的推进要因地制宜，充分考虑本地区的实际情况，特别是本地区的文化传统、语言环境、学校教师的双语教学能力、学生的语言状况、双语教育资源情况等。因此，国家应在充分考虑各地区特殊性的基础上，制定多元化的双语教学政策，指导帮助不同地区、不同民族、不同学校根据自身需求选择合适的双语教学模式。❶

（三）在双语师资队伍的建设上应资格标准与培养培训并重

首先，我国应推动建立规范的双语教师资格标准和准入机制。2015年，国务院印发的《关于加快发展民族教育的决定》指出："研究完善双语教师任职资格评价标准，建立双语教育督导评估和质量监测机制。"❷ 我国应严把双语教师的入口关，加强对少数民族语言和国家通用语言的掌握程度、少数民族文化的熟悉程度、双语教育教学能力、相关专业和学科知识等的考核。其次，还应加大双语教师的培养培训力度。《国家中长期教育改革和发展规划纲要（2010—2020 年）》指出："加大对民族地区师资培养培训力度，提高教师的政治素质和业务素质。"❸ 在培养培训的方式上，国家应采取免费培训、定向就业等途径，鼓励和吸引双语教师积极参与；在培养培训的内容上，国家应进一步细化和调整，尤其要加强对民族文化和国家通用语言、学科知识、计算机应用能力的培训，以帮助实现培训内容与实际教学需求的真正接轨；在培养培训的执行上，针对目前我国

---

❶　曲木铁西. 对少数民族地区中小学实施双语教学必要性的再认识［J］. 中央民族大学学报（哲学社会科学版），2012（5）：124－128.

❷　国务院. 国务院关于加快发展民族教育的决定［EB/OL］.［2015－08－11］. https：//www－gov－cn. vpn. muc. edu. cn/zhengce/content/2015－08/17/content_10097. htm.

❸　国家中长期教育改革和发展规划纲要（2010—2020 年）［N］. 人民日报，2010－07－30（001）.

双语教师培养培训力度普遍较低、相关法规尚未健全的现状，国家可着力加强双语教师培养培训的立法，以保障民族地区双语教师培养培训工作的落实。❶

（四）在双语教育的监测评估上应着力完善双语教育质量监测和督导评估制度

首先，完善双语教育教学的质量监测制度。虽然目前我国在教育质量监测方面已经有一定实践，但是在监测内容、监测目标、监测方法、监测范围方面仍存在不足。因此，我国要立足于民族地区的实际情况，建立更为规范的双语教育质量监测制度，帮助完善双语教育质量监测机构，丰富质量监测内容，优化质量监测机制，扩大质量监测范围，建立覆盖全国的双语教育质量监控体系。其次，规范双语教育的督导评估制度。细化双语教育督导评估标准，优化双语教育督导评估与管理机构，成立国家层面的双语教育督导评估小组，统筹双语教育的督导和评估工作，以保证省区、州县、学校等对双语教育教学质量监测制度的顺利落实。

（五）在双语教育的领导上应建立问责制，督促领导加强管理

《国家中长期教育改革和发展规划纲要（2010—2020 年）》指出，应"提高政府决策的科学性和管理的有效性。规范决策程序……加强教育监督检查，完善教育问责机制"。❷ 为此，首先，国家应加大对双语教育相关理论及重要性的宣传力度，提高党政一把手对双语教育的思想认识和领导意识，确保我国双语教育工作的稳步推进。其次，建立双语教育问责制度，强化党政一把手的风险意识与责任意识。在问责制度的建立阶段，要坚持权责统一、实事求是的原则，准确定位问责范围，严格规范问责程

---

❶ 海路. 壮汉双语教育的现状、问题及对策——以广西壮族自治区武鸣县三所壮文实验学校为个案 [J]. 广西民族研究，2015（4）：106 – 112.

❷ 国家中长期教育改革和发展规划纲要（2010—2020 年）[N]. 人民日报，2010 – 07 – 30（001）.

序，形成上下贯通、层次分明的权责关系；在问责制度的执行阶段，要体现敢于问责、公开问责的原则，加强党政一把手在双语教育方面"履责"的考核；在问责制度的考究阶段，要坚持有错必究、错责一致、奖惩结合的原则，对执行双语教育决策不力、落实双语教育政策不到位的党政一把手酌情通报，直至追究问责。

（六）在双语教育的科研上应加大力度，推动规划落实

2014 年教育部办公厅颁布的《全国民族教育科研规划（2014—2020年)》明确指出：我国的民族教育研究工作应"以推进双语教育和职业教育为重点，大力提升民族教育科研服务国家战略决策能力"。[1] 该规划的出台为我国民族教育科研（包括双语教育科研）指明了方向。为确保这一科研规划的真正落实，一方面，我国应建立和完善国家层面的双语教育研究机构，加强双语教育课题的规划，正确引导双语教育研究的方向；另一方面，出台政策制度以鼓励、引导相关领域的专家学者加大对双语教育的研究，尤其是要帮助学者将研究的重点从构建理论框架向解决双语教育实际问题转变，促进双语教育理论回归实践、指导实践。

二、省区层面的中层管理

（一）制定适合本省区的民汉双语教育发展规划和配套措施

首先，在实事求是的基础上对本省区的双语教育发展进行规划。由于各民族地区在办学水平、经济状况、语言状况、师资教学水平和学生学习水平方面存在较大差异，实行整齐划一的双语教学模式不太现实。为此，各省区应根据自身的实际情况，制定合理规范、切实可行的民汉双语教育

---

[1]　教育部办公厅. 全国民族教育科研规划（2014—2020 年）［EB/OL］.［2014 - 11 - 02］. https：//jykjs - seac - gov - cn. vpn. muc. edu. cn/art/2014/11/27/art_3367_220059. html.

规划。尤其要注意在正式的双语教育规划出台之前，着力对不同地区、民族、学校进行充分、全面的社会调查，以提高规划的实效性。其次，根据国家政策的精神要求，结合本省区的实际，做好相应的解读与调研工作。有关教育和科研部门既要做好国家双语教育政策的解读和分析工作，明晰国家对双语教育的指导方向，又要在政策制度实施之前对部分地区进行必要的调研与信息收集，以提高相关政策在本省区的普适性。

（二）抓住教师队伍建设这个关键环节

首先，进一步落实教师队伍培养培训政策。各省区不仅应丰富培训内容，融入适合本省区的新的教学理念，提高培训知识的适用性，而且还应丰富培训方式，建立梯级化培训网络，对不同能力、水平、学段、学科的老师进行分层培训，调整培训教材与方法，保证培养培训的针对性。其次，建立专门的教师培训机制。一是建立高校师资培训机制。鼓励高校建立双语教师培训基地，不仅设置相关双语专业，为本地区直接培养双语双能人才，而且吸引在职教师入校进修，以弥补其在现代技术应用、教育教学科研方面的不足。二是建立教师培训保障机制。通过建立激励和责任机制，将培训成果与职称评定、工资评定、评奖评优等挂钩，提高相关部门的培训意识，激发培训教师的培训热情与主动性。通过建立教师培训网络的运行机制，完善双语教师培训的实名认证系统，及时跟进受训教师的后续发展，以便培养出"下得去、用得上、留得住"的双语双能教师。❶

（三）加强双语教育教学资源建设

首先，创新已有教学资源，加强双语教材的时效化和现代化建设。其一，各省区应定期组织专家和教师进行教材编译研讨，尤其要把先进的教育理念和前沿的教育内容作为会议的基础与核心，为双语教材的编译提供方向性指导。其二，加强对先进教育理念的研究，扩充并严格审查相关教

---

❶ 陈立鹏，刘燕青. 我国现行双语教学政策分析 ［J］. 贵州民族研究，2009（2）：106 – 110.

材编译人员的资质，可召集双语教育相关的专家、双语教育研究者、省区文化工作者、双语教育基层教师、教育机构工作人员等，组建多元化、专业化的教材编写及审定队伍。其次，丰富现有教学资源，加强双语教材的特色化和多样化建设。根据本省区的地方特色、语言特点和学生的知识水平，丰富教学资源，在双语教材的编写过程中增加与本地区民族相关的历史、地理、生活等文化元素，加强开发具有本省区特色的乡土教材和辅助读物。此外，各省区也可积极探索、开发双语教育的多媒体及网络教学资源，以帮助教材知识的准确、高效传授。

（四）建立自治区（省）、地州、县分工合作、协同创新的教研工作体系与机制

加快双语教育教研工作，不仅需要国家出台相应的政策法规，而且需依托自治区（省）、地州、县各级的配合，并发挥其主体作用。首先，各地方应形成"自治区（省）→地州→县"三级教研网络，并明确职责、细化分工：自治区（省）教研室（教科所）负责全区（省）教研工作的整体规划、宏观指导与监督评估，同时重点开展高中阶段的教研；各地州设立州级教研室，负责教研工作的上传下达，指导、推动本地州的教研，同时重点开展初中阶段的教研；各县建立县级教研室，负责本县教研人员的调配和教研工作的实施，同时重点开展小学阶段的教研。其次，健全双语教育教研制度，对教学备课制度、教研管理与督促制度、教研质量评估与监测制度、教研人员培养培训制度、教研成果评选奖励制度进行优化与规范，保证教研工作的顺利开展。最后，完善双语教育教研体系。不仅要完善教研队伍体系，建立教研机构和基层教研组织，加强教研室建设，而且应健全教研组织管理体系，强化组织责任、重视过程管理、坚持监督考评三管齐下。

（五）加强对双语教育质量的评估、监测

首先，建立多元的双语教育质量评估体系。在评估主体上，既要包括各双语教育的利益相关者，如双语教育的实施者、管理者、接受者，又要

包括双语教育的利益无关者，如引进公众、媒体等社会力量的评估。在评估内容上，既要从教学成果、目标达成等角度进行结果性评估，又要进行过程性评估。其次，建立科学的双语教育质量监测机制。各省区的双语教育质量监测机制应包括内部监测机制和外部监测机制。所谓内部监测机制，就是由各省区在教育系统内部建立质量监测系统，负责对本省区的双语教育施行效果、施行过程中领导的管理、教师的教学、学生双语能力的提升等进行监测，监测内容较为具体；所谓外部监测机制，则指由社会、媒体、家长、普通群众等构成监测主体，对双语教育的质量和效果进行监测，监测内容相对宽泛。

三、州县层面的基层管理

（一）领导要提高认识

首先，领导要提高对双语教育重要性的认识，加大推动力度。要想真正推动双语教育的长远发展，党政一把手不应把双语教育当作一种"政绩工程"，而应从民族团结、社会稳定的高度认识双语教育事业，将民汉双语教育的发展视为促进民族文化弘扬与国家富强的关键环节。其次，领导要提高对双语教育的理论认识，尊重规律。目前，部分民族地区的党政一把手对双语教育的基本理论理解不深，对地方具体的现实状况认识不够，对双语教育的顶层设计参悟不透，进而导致了双语教学模式的选择盲目、双语教育追求"跨越式"发展等一系列问题。为此，州县领导应加强对双语教育相关概念、特点等理论的学习，积极掌握双语教育施行的规律、少数民族学生语言学习的规律及基础教育阶段学生的认识发展规律，立足本地区的语言基础与环境、教材体系、师资水平等实际情况，选取合适的双语教育教学模式，落实科学稳妥的双语教育规划，以促进"民汉兼通"双语教育目标的最终实现。

（二）抓住教师队伍建设这个"牛鼻子"

首先，加强双语师资培训。一是重视顶岗培训，通过一对一帮扶、以老带新的方式，帮助"实战"经验不足、理论知识丰富的年轻教师将理论外化于实践，促使其较快地进入课堂。二是加强现代信息技术应用能力培训，通过创建教师交流平台、开设信息技术培训课等方式，帮助更新双语教师的教学理念，提高其信息技术的操作和应用能力。三是开展学科培训，即加强对双语教师的普通文化知识、学科专业知识和作为双语教师所需具备的教育学、教育心理学等相关知识的培训。四是进行语言能力培训，尤其是对双语教师的双语表达能力和双语授课能力进行集中和针对性的培训。五是实施校本培训。各州县应鼓励学校根据自身的现实需要，通过专家专题讲座、优秀案例分析、前沿课题研讨等形式，定期对本校双语教师进行培训。其次，建立完善相关机制。一是建立双语教育激励机制。州县的党和政府应在奖金发放、工资提升、职称评定等方面向双语教师倾斜，以帮助扩充双语师资队伍。二是建立双语教育流动机制。各州县应通过逐步打破教师学校所有制、教师编制动态化管理等方式，缓解双语教师总体超编、结构性缺编，特别是边远农村双语教师严重不足的问题。三是建立双语教师退出机制。对部分由于年龄、语言基础等原因不能适应双语教育教学要求的教师，在对其教学成绩、突出贡献进行充分尊重和肯定的基础上，通过合理调配岗位、提前安排退休、提高福利待遇等方式，优化双语师资队伍。

（三）强化教研工作

首先，在地方各级建立和完善双语教育教研机构，明确各级教研室职责范围，强化领导责任意识，同时鼓励县级教研室"下基层"，加强各州县教研室与基层学校教研室之间的联系。其次，加大教研人员配备，提高教研人员的素质与水平。各州县要积极吸收从事双语教育、民族教育等相关领域科研的专家及一线双语教育工作者，以壮大双语教育教研队伍。最后，优化教研方向，丰富教研途径。双语教育教学研究的成果能够在一定程度上帮助上级了解、审查本地区的双语教育教学现状与规律，完善相关双语教育政策的制定。因此，州县领导需着力探究双语教育教研的方式方法，加强对双语教育教研方向的引导，尤其要加大对双语教育实际教研工作的指导，帮助解决双语教育教研中出现的新情况。

（四）充分运用现代教学手段，提高双语教育质量

州县政府应充分利用信息技术快捷、高速、渗透力强、时空限制低等优势，积极鼓励双语教师运用现代教学手段，提高双语教育教学质量。首先，加大信息化、网络化设备的投入与支持力度，通过设置专项资金，完成对收音机、计算机、投影仪等必要教学工具的购置。其次，建立高覆盖率的远程网络，促成地域间双语教育教学资源的共享，帮助实现远程化双语教育教学。最后，加大现代化双语教学方法的宣传力度，鼓励双语教师更新教学理念，将网络技术、现代远程通信技术、多媒体技术等运用到双语教育教学工作中，这不仅可以帮助创设良好的语言学习和教学环境，为学生提供更高的语言试听体验，更有利于弥补部分民族地区双语教师在质量和数量方面的不足。

四、学校层面的高效落实

（一）学校要抓校本教研，坚持"以研促教"

首先，加强教研组建设，细化研究内容。各学校校长应把上级校本教研的相关理念与精神落实到具体行动中，组建以校为本的高质量教研组，同时细化各小组的研究内容，不仅包括对教学计划方案、教学实施策略、教学资源选择、评价工具选取等整体双语教学方案的研究，而且还应加强对教学备课、课程把握等实际教学过程的关注。其次，建立物质保障机制和教师评价机制，充分调动校本教研工作人员的积极性。如加强专门的教研室建设，提供良好的教研工作环境；奖励、表彰优秀教研成果，并使教研成果与评奖、评先等挂钩，加大校本教研成果在教师综合评价中的作

用，以帮助培养典型，以点带面。最后，丰富校本教研活动。例如，定期外聘专家、学者、优秀教师开展专题讲座，进行相关理论的学习与辅导，以促进教师教育教学观念的更新；组织校内专家、学者、教师骨干开展学术沙龙活动，走进课堂进行具体的教学现场指导，以帮助教师教育教学行为的改进。

（二）校长要加强对教师的教学常规管理

首先，组建以校长为首的涵盖管理层与教育层的多元教学管理团队，帮助实施日常的双语教育教学管理，规范双语教师教学工作。同时，校长要加强"元管理"，即亲自贴近教师群体，对教学常规管理团队工作的成效性、客观性、真实性进行考察，以帮助达到管理应有的效果。其次，建立、完善相关管理制度。其一，建立不定期巡课制度和定期值班制度。所谓定期值班制度，即在教学常规管理团队内部建立校领导、系主任、教师的层级化、交叉化值班表，明确责任，定期对各双语教师的课上、课下工作进行检查，量化打分，翔实记录；所谓不定期巡课制度，即在每天的不同时段检查双语教师的教学情况，帮助对教师整体教学质量进行评估。其二，建立一站式督察制度。为了从根本上提高双语教学质量，教学常规管理团队需要从教师备课、课堂授课、作业布置、作业批改、教学辅导等各个方面作出客观评价，给出指导意见。其三，建立常规教学评比制度。即根据某学段的教学目标，在年级内部统一双语教学计划、统一作业布置、统一评比检查，对表现优异、达标显著的双语教师给予一定鼓励，对评比效果较差的双语教师进行严厉惩处，进而从整体上提高本校双语教师的教学水平。

（三）加强对双语教师的教学评估

首先，坚持短期性评估与长期性评估相结合。所谓短期性评估，即学校对双语教师教学成果的阶段性评价，主要通过教师现阶段的教学态度、学生现阶段的考试成绩等方面进行考评；所谓长期性评估，即学校对学生的双语能力、双语教师的教学教研能力的提高进行审查，注重的是长期的双语教学成效及教师教学水平的总体发展态势。其次，坚持过程性评估与结果性评估相结合。结果性评估方面，可以注重教师最终教学成果（学生成绩与能力）的考察；过程性评估方面，可以对教师的教学方法、课程实施方面进行评价。最后，动态性评估与静态性评估相结合。一方面，学校要确立统一的考评范围和指标，帮助双语教师对自身的教学实践进行调整与优化，从而实现对双语教师群体的静态性评估；另一方面，由于每个双语教师的教龄、双语水平、知识经验不一致，因此各学校要在综合考察教师个体的基础上，设计一定的评估权重，既要看教师整体的教学状况和教学水平基数，又要考虑其教学水平提高的程度与速度，以便实现对双语教师群体的动态化考察，最大限度地保证教学评估结果的公平性与实效性。

（四）提高双语教师的物质待遇，畅通双语教师专业成长的渠道

首先，提高双语教师的物质待遇。双语教师在备课难度、工作时数、课外辅导、教学条件等方面与普通教师相比存在较大差距，因此学校应积极贯彻国家、省区、州县的有关规定，提高双语教师的物质待遇，包括上调双语教师工资标准、发放教师特殊津贴（培训补贴、食宿补贴、交通补贴、住房补贴）等，使双语教师的重要性在物质方面得到一定的保障。其次，畅通双语教师专业成长渠道，加大评优、评先、职称评定等方面的倾斜力度。针对双语教师工作的特殊性，学校不仅应该在物质层面给予一定的补偿，而且应该本着重视双语教育、尊重双语人才的思想和观念，关心双语教师的专业发展，尤其在双语教师的评优、评先、职称评审方面，需建立专门的考核制度，对双语教师的晋升与考评实施弹性化管理。对于部分整体素质高、教学技能过硬、双语教学能力强的双语教师给予优先提升；对于部分条件不足，但双语教育理论扎实、教学潜力大、责任心强，且热衷于双语教育教学工作的年轻教师，给予破格提升，以帮助吸引和留住优秀的双语教育人才，稳定双语师资队伍。

　　总之，双语教育工作是一个集复杂性、多样性、长期性于一体的社会系统工程。双语教育事业的顺利开展不仅需要国家层面加强顶层设计，出台宏观的政策规划加以引导、规范，而且需要有关省区出台适宜本地区的政策文件及实施方案给予保障，更需要州县、学校做好基层管理工作，从而建立起相应的管理体系和健全的实施机制。只有从中央到省区、地县、学校等各个层面形成合力，相互协调，才能最终实现双语教育更快更好地发展。

第十二章　中国促进语言
教育平等法规的研究*

——基于民族教育条例的文本分析

　　近年来，民族地区语言教育问题和现象在政策制定、学术讨论以及教育实践层面都成为争论的焦点。争论内容涵盖了从语言教育理念到实践规划、从政策制度设计到学校语言教育模式选择、从语言教育管理评价机制到保障支持体系建构等方面，这些争论涉及如何定位语言教育地位规范、语言教育行为规范和语言教育保障规范等法律意义的语言问题。然而，当前相关研究较少关注本土语言教育法规，这与国家坚持依法治教、大力发展民族教育的主张不符，无助于解决当前语言教育问题，也未能充分反映中国推进语言教育平等的成就与经验。

　　中国作为多民族多语言的国家，其语言教育❶问题主要在于平衡公共教育中国家通用语言和少数民族语言的关系，它受限于人们对语言教育平等❷及其与语言平等❸关系的认识。中华人民共和国成立之后，中国政府先后通过《宪法》和《民族区域自治法》，以法律形式确定了各民族语言及语言教育的地位与行为规范的基本准则。自20世纪80年代以来，民族自治地方根据《宪法》《民族区域自治法》和相关法律相继颁布了民族自治

---

　　*　本章主要内容曾刊发于《民族教育研究》2018年第5期，执笔人：敖俊梅，祁进玉。
　　❶　语言教育是指公共教育中语言的教育和教育的语言。前者指语言文字的学习，后者指语言文字作为教学媒介语的使用。
　　❷　语言教育平等是指各民族语言文字都有在公共教育领域平等使用、学习和发展的地位和权利。
　　❸　语言平等是指各民族都有使用和发展自己的语言文字的自由。

条例和民族教育条例，民族教育条例是直接指导地方语言教育实践的法规，它是了解中国语言教育法规最直接、可靠的依据。因此，本章基于6个省区、9个自治州和8个自治县（旗）制定的、已起草的23个民族教育条例，就语言教育模式选择与开展、语言教育评价管理、语言教育师资培养和语言教育投入保障等方面进行文本分析，梳理与总结中国政府促进语言教育平等的立法经验，揭示语言教育法规发展变化中蕴含的丰富内涵和内在逻辑；并结合语言教育实践中存在的问题，探讨如何认识语言教育平等和进一步完善语言教育法规。

截至2017年，6个省区已制定民族教育条例，9个自治州、8个自治县（旗）制定或已起草民族教育条例；8个自治州和2个自治县已制定义务教育条例。❶ 中国促进语言教育平等的法规建设经历了语言平等立法（1949—1983年）、语言教育立法（1984—1999年）、语言教育法规修订（2000—2009年）和语言教育立法进一步完善（2010年至今）四个阶段（见表12 –1）。

表12 –1　地方民族教育条例法规制定、修订情况一览

时间（年）	新制定条例的地区	修订（修正、修改）条例的地区
1986—1999	黑龙江省、吉林省、广西壮族自治区、楚雄彝族自治州、海南藏族自治州、红河哈尼族彝族自治州、临夏回族自治州、延边朝鲜族自治州、西双版纳傣族自治州、甘南藏族自治州*、果洛藏族自治州*、恩施土家族苗族自治州*、海北藏族自治州*、黄南藏族自治州*、玉树藏族自治州*、大厂回族自治县、东乡族自治县、喀喇沁左翼蒙古族自治县、大通回族土族自治县*	

---

❶　义务教育条例是为贯彻国家《义务教育法》而制定的地方教育条例。

时间（年）	新制定条例的地区	修订（修正、修改）条例的地区
2000—2009	宁夏回族自治区、黔西南布依族苗族自治州、鄂伦春自治旗、鄂温克族自治旗、达斡尔族自治旗、阜新蒙古族自治县、循化撒拉族自治县*、果洛藏族自治州*	延边朝鲜族自治州
2010—2016	云南省、内蒙古自治区、阿坝藏族羌族自治州、德宏傣族景颇族自治州（草案）、前郭尔罗斯蒙古族自治县、甘孜藏族自治州*	黑龙江省、海南藏族自治州、楚雄彝族自治州、临夏回族自治州、内蒙古鄂伦春自治旗、鄂温克族自治旗、达斡尔族自治旗、大通回族土族自治县*、甘南藏族自治州*、海北藏族自治州*、黄南藏族自治州*、玉树藏族自治州*

注：带"＊"标志的为义务教育条例。

一、民族平等与语言立法（1949—1983 年）

中国政府在马克思主义民族理论指导下确定民族平等为中国的基本国策，以《宪法》这一根本大法的形式保障民族平等和语言平等。它为国家和地方制定语言教育法规奠定了坚实基础和支持体系。中国政府不仅从法律意义上确认和保障各民族在各个领域行使本民族语言的权利与自由，还制定一系列政策措施落实在公共教育中开展民族语言教育。

首先是立法保障。早在 1949 年 9 月，《中国人民政治协商会议共同纲领》已确认"各少数民族均有发展其语言、文字，保持或改革其风俗习惯及宗教信仰的自由"。1954 年的《宪法》通过对国家公务机关、司法等部门开展事务管理、提供服务等方面的语言规定来确保各民族平等使用语言的权利和自由。1975 年、1978 年、1982 年修订的《宪法》都强调各民族使用自己的语言文字的自由。1982 年修订的《宪法》增加了一条新的内容："国家推广全国通用的普通话。"1986 年颁布的《义务教育法》第 6

条规定："学校应当推广使用全国通用的普通话。招收少数民族学生为主的学校，可以用少数民族通用的语言文字教学。"

其次是政策推进。一是推动民族语言发展，如设立民族语文工作机构、开展民族语言大调查和民族语言文字创新与推行。国家先是设立少数民族语言文字研究指导委员会，后相继在民族事务委员会、省区设立民族语文工作机构。1950—1959 年国家分阶段组织少数民族语言专家对各地少数民族语言进行初步调查。1951 年政务院在《中央人民政府政务院关于民族事务的几项规定》中规定："帮助尚无文字的民族创造文字，帮助文字不完备的民族逐步充实其文字。"1956 年 3 月 10 日国务院下发《关于各少数民族创立和改革文字方案和批准程序和实验推行分工的通知》，明确教育部和文化部分别负责推进少数民族语言文字在学校和社会文化事业及编译出版方面的试验推行工作。二是强调民族学校要开展民族语言教育。1951 年 11 月 23 日时任教育部部长马叙伦在《关于第一次全国民族教育会议的报告》中明确指出："关于少数民族教育中的语文问题，会议规定凡有现行通用文字的民族，如蒙古族、朝鲜族、藏族、维吾尔族、哈萨克族等，小学和中学的各科课程必须用本民族语文教学。有独立语言而尚无文字或文字不完全的民族，一面着手创立文字和改革文字；一面得按自愿原则，采用汉族语文或本民族所习用的语文进行教学。"

可见，中国政府力图通过语言和国家公共体制的融合，切实保障少数民族当家做主的意愿和权利。语言平等"对各种权利的享有和实现起着至关重要的作用，它为所有权利发言"。❶ 语言是否被官方认可或被禁止使用，影响使用这些语言的群体平等地参与管理国家和社会事务等。在此语言平等有两个层面的意涵：一是个人或集体在私人或公共场合使用语言的权利，二是在国家公共事务管理、公共服务、立法、司法和教育等领域中行使不同民族语言的权利与自由。

然而，在 1958—1976 年，由于受"左"倾思想和政策的错误影响，

---

❶　郭友旭. 语言权利的法理［M］. 昆明：云南大学出版社，2010：1.

在民族工作领域产生了"民族文字无用论""直接过渡"等错误认识，导致新创民族文字停止试行、原有民族文字使用范围受到限制与民族语文工作机构被撤销。学校民族语言教育受到极大冲击，如内蒙古地区学校全改用汉语教学。❶

二、民族区域自治与语言教育立法（1984—1999 年）

经过对"文化大革命"时期民族工作错误的拨乱反正，这一时期进入语言教育立法阶段。中国政府于 1984 年颁布《民族区域自治法》，确定在少数民族聚居地方实行区域自治、设立自治机关、行使自治权的制度。

第一，它保障民族自治地方使用和发展民族语言文字的权利，如规定公务机关执行公务、司法诉讼使用民族语言文字，要求和鼓励公务机关人员相互学习语言文字等。如《民族区域自治法》（1984 年版）第 10 条、第 21 条、第 47 条、第 49 条。第二，它赋予民族自治地方因地制宜发展教育和开展民族语言教育的自治权利，确定在公共教育中民族语言与通用语平等地使用、学习的权利。如《民族区域自治法》（1984 年版）第 36 条、第 37 条。教育法规也作出相应的规定，如 1986 年颁布的《义务教育法》第 6 条、1995 年颁布的《教育法》第 12 条。第三，它为民族自治地方制定语言教育法规提供了法律根据。《民族区域自治法》赋予民族自治地方的自治权利包括立法权、国家有关法律的变通执行权利、使用本民族语言文字的权利、自主发展文化教育权利等。

这一时期有 3 个省区、6 个自治州、4 个自治县（旗）先后制定了民族教育条例。整体而言，语言教育法规内容主要涵盖以下方面（见表 12 - 2）：（1）语言教育模式选择原则，即基于民族语言使用情况和当地少数民族意愿；（2）双语授课学校学制与班额弹性管理；（3）推广使用国家通用语；

---

❶ 戴庆厦，滕星，关辛秋，等. 中国少数民族双语教育概论［M］. 沈阳：辽宁民族出版社，1997：56.

表 12 - 2　1984—1999 年地方民族教育条例中语言教育规定统计❶

语言教育模式	双语教育形式与管理			双语教师培养	双语研究	投入与保障		
	办学形式	通用语	招生用语			教学用具	教学用书	组织保障
1　双语教育、民族语言辅助教学	学制可延长，班额可放宽	推广使用通用语	本民族语	民族预科班，对等交换招生	重视和加强	优先安排，予以保证	亏损补贴	
2　双语教育	可以适当延长学制	推广使用通用语	本民族语，降分录取	定向、民族师范学校全省招生，对等交换招生	教研机构		亏损比例补贴	领导、教师配置
3　可用民族语言文字和汉语言文字教学		推广使用通用语	民族语言					
4　根据"通晓"情况选择语言教学		推广使用通用语			机构或专职		做好民族文字教材的编译、出版、发行	
5　小学以藏语教学为主，中学双语教育		学好汉语		定向、民族师范学校培养双语教师	教研室			

❶ "1"为黑龙江省，"2"为吉林省，"3"为广西壮族自治区，"4"为楚雄彝族自治州，"5"为海南藏族自治州，"6"为红河哈尼族彝族自治州，"7"为延边朝鲜族自治州，"8"为西双版纳傣族景颇族自治州，"9"为东乡族自治县，"10"为喀喇沁左翼蒙古族自治县。

续表

	语言教育模式	双语教育形式与管理			双语教师培养	双语研究	投入与保障		
		办学形式	通用语	招生用语			教学用具	教学用书	组织保障
6	学前班学习汉语、民族语言辅助教学				州内师范学校，应增加招生名额、定向				
7	基础教育民族语授课、中学可双语授课		兼通"双语"		教师兼通"双语"		保障教材的质量、按时供应		
8	小学可用民语教学或用民语辅助教学	中学可开设傣文选修课	推广使用通用语		州师范学校开设傣、汉双文师资班		奖励傣文、汉文双文合格使用民族语言辅助教学提高汉文教学质量者		
9	可用东乡族语言辅助教学		推广和使用通用语						
10	蒙语教育为主，汉语授课主要加授蒙语文	班额放宽		蒙语成绩按比计入总分					教职工编制

（4）招生考试用语可为民族语言；（5）师范学校为培养双语教师的主要基地；（6）多种培养双语教师模式，如设置预科民族班、师资班、定向和对等交换；（7）双语教育研究机构建设和人员配置；（8）双语教育所需教学资源投入与保障，如省财政补贴。但是，由于各地民族特点、语言文字使用情况等不同，不同地方语言教育法规的具体内容也有所不同。一是语言教育模式和开设第二语言教育的阶段以及强调程度有一定差异；二是对开展民族语言教育的投入和保障力度不同；三是招生对用民族语言答卷计分和录用方式有所不同；四是对语言教育研究的重视程度不同；五是对开展双语教育的投入与保障程度不同。

　　语言教育法规的合法性源于民族区域自治权利，即民族自治地方依据《宪法》和《民族区域自治法》保障各少数民族管理本民族内部事务权利的精神与规定；语言教育法规的合理性在于它是适合当地民族实际情况，即它是根据当地民族特点如民族聚居分布、教育发展水平和语言文字使用等特殊性制定的法规。国家以立法的形式承认和确定了民族语言及其教育的地位，极大地改善了民族语言的传承条件和方式。它赋予语言教育法规的内涵为：一是民族自治地方公共教育承担推广国家通用语的职责；二是赋予少数民族语言通过公共教育进行传承和发展的自由与权利；三是因地制宜以少数民族语言为公共教育教学用语，确保使用母语的少数民族学生平等、有效的受教育机会。可见，语言教育法规的确立对促进少数民族语言与文化传承发展、实现语言平等权利和教育平等具有深远意义。

三、推广国家通用语与语言教育法规调整（2000—2009 年）

　　这一时期进入建设性语言调整与规划阶段，目的是推广国家通用语和推动少数民族语言信息化以应对社会发展的需要。随着信息技术普及、交通发达和市场经济深入发展以及人口流动频繁，需要推广保证有效沟通的通用语。2000 年颁布《国家通用语言文字法》，以立法形式来推动国家通用语言的规范化、标准化和发展，明确规定国家通用语言在公共教育中的使用与推广。语言教育法规内容也随之进行修订。同时，全球化和现代化促使英语被纳入民族地区学校课程体系，并作为学业考核和招生选拔的重要依据。

与此相适应，2001 年修订的《民族区域自治法》、2005 年颁布的《国务院实施〈中华人民共和国民族区域自治法〉若干规定》调整了关于语言教育的规定，主要为：一是强调国家通用语在公共教育机构中的学习、使用和推广，开设汉语文课程时间由"小学高年级或者中学"提前到"小学低年级或者高年级"、授课语言由"民族单一语言教学"到逐步推行"双语教学"、通用语言学习由"推广全国通用的普通话"到"推广全国通用的普通话和规范汉字"。二是加大对少数民族语言教育的扶持，即为民族语言教育提供支持条件，如"财政扶持教材编译与出版""师资培养"等。地方语言教育法规根据上位法的修订而进行调整、修订。

据我们统计，这一时期在已颁布的 19 个民族教育条例中，只有《延边朝鲜族自治州民族教育条例》进行修订。有 6 个民族自治地方相继颁布了民族教育条例。修订后的和新制定的语言教育法规均坚持民族语言教育，并不同程度地强调"加强国家通用语教育""鼓励开设外语课""建立民族文字教育资源信息库"（见表 12 - 3）。2004 年修订的《延边朝鲜族自治州民族教育条例》，虽然与 1994 年的版本一样，都坚持"学生兼通朝、汉'双语'"，但将优先"加强朝鲜语文教学"修订为"朝鲜语文教学和汉语教学及外国语教学"并重，并提出朝鲜族中小学"经自治州教育行政主管部门批准，具备条件的部分课程可以用汉语言文字授课"；对朝鲜族中小学教师语言要求由原来的"要熟练地掌握现代朝鲜语言文字，同时要兼通汉语文"到加强培养"朝鲜族为主的素质良好的双语兼通的教师队伍"；强调"建立朝鲜文教育教学资料信息库"。

表 12 - 3　2000—2009 年地方民族教育条例中语言教育规定统计

行政区名称	民族语言教学		加强通用语教育	开设外语
	民族语言教学	民族语言辅助教学		
黔西南布依族苗族自治州	–	+	–	–
阜新蒙古族自治县	+	–	+	+
鄂伦春族自治旗	+	–	+	+
鄂温克族自治旗	+	+	+	+
达斡尔族自治旗	–	+	+	–

注："＋"表明有明确的规定，"－"表明没有明确的规定。

　　为保证国家与公民、公民与公民之间的有效交流，中国政府以立法的形式确定汉语作为国家通用语，确定了它的地位和价值、功能以及规定的使用场合。由于《国家通用语言文字法》完整、可操作的规范体系、中央到地方的语言文字工作部门的设立、与工作岗位挂钩的通用语言等级考试要求以及完备的管理、监督和奖惩规定等，提升了国家通用语言文字的经济效益、文化资本以及资源回报等经济、社会和教育效应，增强了国家通用语言文字学习的功用性。但是，该法与修订后的《民族区域自治法》《国务院实施〈中华人民共和国民族区域自治法〉若干规定》以及后来民族教育政策如《关于深化改革加快发展民族教育的决定》等都没有谈及如何协调国家通用语和少数民族语言教育的关系。民族教育条例中语言教育法规"多数将国家通用语言作为学校语言教育的首要教学任务，对于将少数民族语言作为教学语言使用的认可极为勉强，并附加一系列限制条件"。❶ 这些导致学校教育呈现"重视通用语、轻视少数民族语言的倾向"，❷ 客观上造成对民族语言教育的冲击。

四、加强双语教育与完善语言教育法规（2010 年至今）

　　这一时期语言政策法规导向由强调推广国家通用语向关注"构建和谐

---

❶❷　肖建飞. 语言权利研究 [M]. 北京：法律出版社，2012：238.

语言生活"转变。2000 年颁布《中华人民共和国国家通用语言文字法》，推广国家通用语言文字和规范汉字成为当时"官方语言政策的主体与核心"。"《国家语言文字工作十年规划和'八五'计划纲要》《国民经济和社会发展第九个五年计划期间国家语言文字工作计划》《国家语言文字工作'十五'规划》强调了普通话和规范汉字的主体地位"。因而，在公共教育领域，如何协调国家通用语与少数民族语言关系的问题比较突出。2007 年《国家语言文字工作"十一五"规划》首次提出要"正确认识语言生活的多样性，依法保障少数民族语言文字的学习和使用……构建和谐的语言生活"。❶

在"构建和谐的语言生活"的指导下，这一时期语言教育法规主要着力于积极推进双语教育、加强建设民族语言教育的支持和保障体系、注重将民族语言文化纳入民族学校课程体系等方面。这一时期有 2 个省区、2 个自治州和 1 个自治县颁布民族教育条例；有 1 个省、6 个自治地方重新修订民族教育条例。新颁布的民族教育条例均有关于双语教育开展形式、开设的年级学段提前、各学段的衔接和阶段性教育目标、双语教师的培养与奖励、编制支持与教辅等教学资源开发以及双语教育的毕业生就业优先招录等方面的规定（见表 12-4），但由于各地民族语言特点与使用情况不同、制定主体行政管辖权限差异等原因，其规定各有所侧重。以《内蒙古民族教育条例》和《云南少数民族教育促进条例》为例，《内蒙古民族教育条例》更为注重语言的教育，即语言的学习；强调从幼儿园到高等教育双语教育体系的建构，规定基本覆盖了双语教育办学形式、语言教育教学、双语教师培养和资格、双语教育研究、投入与保障等各个环节。《云南少数民族教育促进条例》更为注重教育的语言，即语言的过渡；重视开展双语教育的学段设置、两种语言的过渡和衔接，但并没有语言能力认定等硬性要求；侧重幼儿园阶段的投入、小学阶段课程建设与教学资源开发。

---

❶ 赵蓉晖. 新时期"多元一体"语言政策的变化与发展 [J]. 语言文字应用, 2016 (1)：2-9.

表 12 - 4　2010—2016 年地方民族教育条例中语言教育规定统计❶

	双语教育形式、学段、招录与管理				双语教师			科研	投入与保障			
	幼儿园与基础教育	中等教育	高等教育	教辅	语言能力	奖励	培训基地	民语授课	民语授课	高校辅修专业	教学资源	优先就业
N	双语教育体系／教学阶段目标／开设外语／蒙语等级考试	民语教学班	学科专业民语课程考试录取	课程体系教材	语言能力	奖励	培训基地	民语授课	民语授课	高校辅修专业	教学资源	优先就业
Y	小学阶段双语教学课程／双语幼儿园			小学课程教学资源	鼓励使用	奖励	师资班		幼儿园		教学资源	优先就业
A	学前双语因地制宜双语教学／民文学校加强汉语教学											
D	学前教育，小学三年级前开展双语，开设双语教学课程；民族学校实行双语教学开设外语					奖励	师资班	编制保障	兼通双语言优先就业			
Q	民族学校任教教师补贴				民族学校任教教师岗位				专项经费		教学资源	蒙文毕业生就业适当照顾

❶ N 为《内蒙古自治区民族教育条例》，Y 为《云南少数民族教育促进条例》，A 为《阿坝藏族自治州民族教育条例》，D 为《德宏傣族景颇族自治州民族教育条例》，Q 为《前郭尔罗斯蒙古族自治县民族教育条例》。

与以往相比，重新修订后的语言教育规定更为强调开展双语教育学段提前、双语教育的支持与保障、民族语言文化纳入学校教育。除了黑龙江省，其他地区语言教育法规修订后均强调幼儿园阶段开设双语课。双语教育支持与保障主要强调三个方面：一是双语教师培养和招录；二是财政支持双语教育研究、教材编译、出版以及教育资源开发；三是对学校教育开展民族语言文化教育予以财政支持。

语言作用的不对等，必然在一个国家出现主导语言和非主导语言之分。在公共教育中推行主导语言定然带来母语不是主导语言的人处于相对不利的地位；特定区域完全推行非主导语言也会影响其使用者在社会中寻求自身发展的机遇、参与管理国家和社会事务的权利等。为"构建和谐语言生活"，协调好主导语言和非主导语言使用、学习和发展的关系，中国政府推行双语教育，即国家公共教育有义务使少数民族儿童至少学会母语和国家通用语言，既推广了国家通用语言，增强国家凝聚力，也保障了群体文化权利和个体语言选择权利。

五、延伸讨论

语言教育平等是体现和实现语言平等的最重要途径。语言教育规则最能体现语言平等权利或呈现语言纷争，语言教育法规作为权威化的语言教育规则，体现了一个国家处理民族关系、少数民族文化发展及其语言规划取向的意识形态和基本立场。一是它通过决定一种语言能否在公共教育中被教授或作为教学媒介语，直接影响该语言在教育体系和社会的认可度、下一代该语言使用者的人数，关系到少数民族文化传承和发展；现代社会学校教育日益普及和功能不断扩展，如果一种语言不能获得在国家支持的公共教育中使用、学习和发展的机会，意味着该语言权利没有被认可和保障。二是它通过公共教育领域中的招生选拔、学业评价、知识建构和教学用语等环节的语言规定影响少数民族成员能否获得平等的教育机会和社会发展机会，并间接影响该语言使用群体在当前和未来社会中的话语权。然而，语言教育平等是一个复杂的命题，它包括语言教育选择是一种自由还是一种权利、能否保证增强国家凝聚力和尊重语言多样性一致、能否同时保障群体文化发展权利与个体语言教育选择权利，等等。

即使国际法和国际组织倡导保护语言权利，但很少有国家将少数民族语言作为公共教育中要学习的语言或作为教育的媒介语。语言教育法规发展历程分析表明，不同于西方语境中基于"平等与非歧视原则"的语言权利❶定位和"模棱两可"的学校语言教育❷态度，中国政府在马克思主义民族平等理论指导下，将少数民族作为权利主体，通过赋予少数民族自治地方选择学校语言教育模式的自主权，确保少数民族语言在公共教育中平等使用、学习和发展的自由与权利。中国语言教育法规也因其赋予少数民族语言平等权利而又被称为民族语言教育法规。中国政府还实施促进性语言权利制度安排，为语言教育平等提供环境和条件，即通过制度性安排拓展少数民族语言在公共事务管理、公共服务、立法、司法和教育等领域的使用和发展空间。

语言教育法规作为重要的制度安排，对促进语言教育平等取得了良好的成效。它始终"推行双语教育"，即在强调保障少数民族语言教育权利的前提下，积极推广使用国家通用语。首先，"双语教育"既满足了少数民族语言文化传承发展的需要，又有利于巩固社会稳定、增强国家认同和推动国家通用语言普及。"双语教育"实质是对语言使用群体的政治、经济、文化和教育权利的承认，有利于推进社会整合；而社会整合是实现语言学习和语言转用的前提，反过来却是难以成立的。"政治智慧是'国家或民族国家构建政策的存在有助于实现少数群体权利合法化，也可以把这个公式反过来，贯彻少数民族群体权利也有助于国家或民族国家构建合法化'。"❸ 但由于民族地区语言使用实际、民族语言教育取向理解、教育发

---

❶　肖建飞. 国际法中的语言权利及其演变 [J]. 世界民族，2012（5）：25 – 34.

❷　柏树义. 国际人权法视角下的中国少数民族语言权的保护 [J]. 沈阳师范大学学报（社会科学版），2011（5）：28 – 31.

❸　肖建飞. 语言权利研究 [M]. 北京：法律出版社，2012：31.

展水平等方面的原因，不同时期"双语教育"工作的侧重点、模式和路径都有所差异。其次，"双语教育"既能保障少数民族群体语言文化传承，又能保证个体语言教育选择的权利和自由。它也有利于避免和纠正"只注重民族语言学习"和"重视通用语学习、轻视民族语言学习"的错误倾向。

然而，目前语言教育法规面临最大的问题是执行效力不强，它直接影响民族语言教育实践与效果。影响其执行效力的因素具体包括法规内容不完备与法律权威不高、各地学校教育对民族语言的认识与定位不同、学术界关于民族语言教育价值争议的冲击、"三语"教育形成的语言等级结构❶削弱民族语言教育❷等方面。虽然这些可归因为语言教育法规建设中存在的种种不足，但其实质是源于对民族语言教育地位与功能的认识问题。当前政策文本中"对民族语言教育在教育领域中的地位和使用，仍然是持非倡导和非鼓励的态度的模糊措施，及并非必须的可有可无地使用"。❸因此，要完善民族语言教育法规，发挥其应有的法律效力，急需讨论和厘清两个议题：一是如何认识和定位民族语言教育的价值，这是完善语言教育法规的根本。是要基于西方理论语言规划三个取向即问题、资源或权利，❹还是立足于本土实践经验来建构？二是如何认识语言教育法规地位和指导功能。这是提升语言教育法规法律权威的关键。是要完善各地的语言教育法规，还是要建立一部语言教育法？由于篇幅所限，将另行详述。

---

❶ 大部分民族地区学校教育着力推广"三语"，即民族语言、汉语和英语。自 2010 年后，许多地方不将民族语言作为中考、高考考核的科目，英语和国家通用语却是必考的科目。

❷ 郭慧香. 语言政策与少数民族教育公平性研究 [J]. 贵州民族研究，2013 (3): 171 – 173.

❸ 肖建飞. 语言权利研究 [M]. 北京：法律出版社，2012: 249.

❹ Ruiz Richard. Orientations in Language Plan [J]. NABE Journal, 1984 (2).

实践篇

第十三章　壮汉双语教育的问题及转向*

在国际双语教育领域，双语教育是指"以两种语言作为教学媒介的教育系统，其中一种语言常常是但并不一定是学生的第一语言"。❶ 中国少数民族地区的双语教育，主要是指少数民族语言和国家通用语言的双语教育，即民汉双语教育，重点是指在少数民族地区的学校教育中使用汉语和民族语两种教学语言。

由于各少数民族地区情况各异，在学校教学中两种语言使用的比重以及起止时间都不一样。❷ 从教学模式上看，中国少数民族双语教育分两大类型：第一类是以本民族语教学为主，从幼儿园、小学、中学到大学建立了一套完整的或比较完整的本民族语文授课体系，同时在该体系中加授汉语文课，我国北方新疆维吾尔自治区、内蒙古自治区、吉林省延边朝鲜族自治州的双语教育属于这一类型；第二类是以汉语文授课为主，在学校教育的初级阶段使用母语，而后引入汉语并逐步加大汉语教学的比重，向全面汉语文教学过渡，中国南方壮族、苗族、侗族等民族的双语教育多属这种情况。

进入21世纪以后，随着民族地区经济、社会一体化进程明显加快，不同民族之间的语言文化交流不断增多，学校教育中的民族语言文化多样性

＊　本章主要内容曾刊发于《广西民族大学学报（哲学社会科学版）》2012 年第 4 期，执笔人：滕星，海路。

❶　［加拿大］W. F. 麦凯，［西班牙］M. 西格恩. 双语教育概论［M］. 严正，柳秀峰，译. 北京：光明日报出版社，1989：45.

❷　滕星. 中国少数民族双语教育研究的对象、特点、内容与方法［J］. 民族教育研究，1996（2）：47.

流失问题日益引起人们的关注。学校教育的核心是课程设置，本章主要从语言教育、民族文化与学校课程三者关系的角度，阐述当前壮汉双语教育的问题及成因，并对壮汉双语教育改革和发展的走向进行探讨。

一、壮汉双语教育发展述略

壮族是中国境内人口最多的少数民族。据 2010 年第六次全国人口普查数据显示，广西壮族自治区总人口为 5 159.46 万人，常住人口 4 602.66 万人，其中壮族常住人口 1 444.85 万人，占 31.39%。据 2001 年的一项调查，广西有 71 个县市的壮族使用壮语，90.46% 的壮族调查者能说壮语，其中 84.95% 的壮族在日常生活中使用壮语。❶ 壮族有自己独特的语言和文化，但历史上没有本民族的通用文字，在教学汉语过程中，教师多采用双语单文的形式进行教学，即教读用汉语（文），讲解用壮语。❷ 这种"双语单文"的壮汉教育模式是一种朴素的、自发的双语教育，对于培养壮汉双语人才的作用十分有限。

1955—1958 年，我国政府先后为壮族等 11 个少数民族创制了 14 种以拉丁字母为基础的拼音文字，其中壮文于 1957 年 11 月获国务院批准正式推行。❸ 从 20 世纪 50 年代至今，壮文教育先后经历了创制试教、推行教习、低潮中断、改革修订、恢复发展五个阶段。❹ 壮文创制推行之初主要用于成人扫盲，并未系统进入学校教育。1981 年秋，开始在武鸣、德保两县的 8 所小学开展壮文教学试点，1983 年 7 月 2 日，广西壮族自治区人民政府批转自治区语委、民委、教育局《关于在马山等二十二个县部分小学

❶ 陈海伦，李连进. 广西语言文字使用问题调查与研究 [M]. 南宁：广西教育出版社，2005：165 - 166.
❷ 零兴宁. 壮族汉语教学概况 [A] //课程教材研究所. 民族中小学汉语教学论稿. 北京：人民教育出版社，2008：221 - 227.
❸ 海路. 中国少数民族新创文字的语言规划及其实践 [J]. 中央民族大学学报（哲学社会科学版），2012（1）：141 - 142.
❹ 覃小航. 壮文教育史略 [J]. 民族教育研究，2004（3）：87 - 92.

使用壮文教学试点和农村用壮文扫盲的报告》，在壮族地区的 22 个县正式实施壮汉双语文教学实验，由此掀开了壮汉双语教育的新篇章。1981—1989 年，壮文进校实验工作主要由自治区语委（现自治区民语委）负责，1990 年以后移交自治区教委（现自治区教育厅）管理，纳入基础教育发展轨道。❶ 到 2011 年秋季学期，全区有 26 个县（市、区）开展壮汉双语文教育。有小学 64 所，在校小学生 16 719 人，学前班 91 个，在校生 3 144 人，小学教职工总人数 1 269 人，壮文教师 428 人。民族中学（壮文初中）25 所，担任壮文课教师 80 人。全区壮汉双语文专职、兼职教研员 33 人。❷ 壮汉双语文教学实验实施三十年来，取得了一定成绩，在稳定实验校点规模、提高教学质量等方面起到了重要作用，"一方面，全区实验小学学生壮语文总体上保持较高水平。……另一方面，汉语文教学质量总体上看略高于当地同类单一汉文学校。"❸

　　然而，以上仅是教育行政部门从提高汉语文教学质量的角度对实施壮汉双语教育的总结，对壮汉双语教育成效的认识基本局限在"以壮促汉"的层面上，忽视了壮汉双语教育在传承民族文化、推进学校课程改革、促进民族地区可持续发展等多方面的重要功能。本章将对壮汉双语教育与民族文化、学校课程的关系重新审视，提出壮汉双语教育改革和发展的新思路。

二、壮汉双语教育改革的背景

（一）民族文化的发展为壮汉双语教育的改革提供了外部环境

中国经济的高速发展，不仅带动了文化的繁荣，也对文化的发展提出

---

❶　滕星，王远新. 中国少数民族新创文字应用研究：在学校教育和扫盲教育中使用情况的调查［M］. 北京：民族出版社，2011：66.

❷　陆晓荔. 广西壮汉双语教育现状调查［J］. 三月三·民族语文研究专号，2011（6）：80 - 86.

❸　广西壮族自治区教育厅民族教育处壮文推行办公室. 我区壮文进校实验工作调研报告［R］. 南宁：广西壮族自治区教育厅，2008 - 01 - 29.

新的要求。2011 年 10 月公布的《中共中央关于推动文化大发展大繁荣若干重大问题的决定》中规定:"建设优秀传统文化传承体系。……增加优秀传统文化课程内容,加强优秀传统文化教学研究基地建设。大力推广和规范使用国家通用语言文字,科学保护各民族语言文字。"作为少数民族人口最多的民族自治区,广西壮族自治区于 2012 年 2 月发布了《广西建设民族文化强区实施纲要(讨论稿)》,提出在 2012—2020 年把广西努力建设成具有时代特征、壮乡风格、和谐兼容的民族文化强区。这表明,广西已进入一个高度重视民族文化发展的历史新阶段。在广西少数民族地区,少数民族的语言文化是地方经济社会发展的重要资源。如南宁市一年一度的"国际民歌节"、武鸣县的"三月三"歌节、三江侗族自治县的"侗族大歌"、东兴市京族的"哈节"。各种以民族语言文化为特色的文化产业迅速发展,成为推动广西民族地区经济发展的一大亮点。这些都为广西民族地区学校教育吸纳少数民族语言文化提供了良好的外部环境。

(二)学校课程改革为壮汉双语教育的实施提供了政策保障

2001 年教育部颁布《基础教育课程改革纲要》,规定在中小学"实行国家、地方、学校三级课程管理,增强课程对地方、学校及学生的适应性"。这就为在基础教育学校课程设置层面传承乡土知识和民族文化提供了重要政策依据。❶ 目前,壮族地区的一些学校已经结合基础教育课程改革的需要,开发出适合本地区本学校的乡土教材,将民族语言、文化融入学校课程,取得了较好的效果。如武鸣县高级中学的《武鸣壮族文化》和武鸣县民族中学的《壮语文乡土教材》。2010 年 7 月颁布的《国家中长期教育改革和发展规划纲要(2010—2020 年)》规定"大力推进双语教学","尊重和保障少数民族使用本民族语言文字接受教育的权利。全面加强学前双语教育。国家对双语教学的师资培养培训、教学研究、教材开发和出

---

❶ 海路,巴战龙,李红婷. 珍视乡土知识传承民族文化:"中国乡土知识传承与校本课程开发研讨会"综述 [J]. 广西民族大学学报(哲学社会科学版),2009(6):88.

版给予支持"。2011 年 3 月颁布的《广西壮族自治区中长期教育改革和发展规划纲要（2010—2020 年)》规定"加强壮汉双语教育"。这两个"纲要"的颁布，为学校教育在保护壮族语言文化多样性方面能够发挥应有的积极作用提供了有力的行政资源支持和政策保障。

(三) 壮族文化主体性意识的增强为双语教育的发展提供了社会基础

近年来，随着壮族地区经济社会的发展，文化多样性保护观念的普及，壮族文化的保护和传承得到了越来越多人的认同，壮族群体的文化主体性意识有所增强。在自治区政府层面，从 2012 年开始，在首府南宁市辖区内正式启动"壮语文水平考试"试点工作，考试结果作为学校相关专业录取学生，国家机关和企事业部门录用人员的参考；在知识分子层面，2010 年 5 月，全国 120 位壮族专家学者联名发表《关于尽快开设广西壮族自治区壮语卫星电视频道的建议信》，呼吁尽快开播壮语卫视；在民间层面，一些社会团体或个人创办了壮族语言文化网站，如"壮族文化网""壮文学习网""鼓歌壮族""百度壮族吧""文山壮网"等，在壮族群众中有一定的影响，不少壮族文化爱好者自发地学习壮族的语言文字。壮族语言文化的传承和保护已经成为广西壮族自治区政府、民间和学术界共同关注的话题。

三、壮汉双语教育存在的主要问题

从语言教育与民族文化、学校课程的关系检视实施壮汉双语教育存在的问题和不足，已有不少研究述及，[1][2] 笔者主持的"文化多样性与壮汉双语教育发展研究"课题组结合实地调研材料进行梳理，主要可归纳为以下三点。

---

[1] 杨丽萍."民族文化进校园"的多维阐释与民族文化传承研究 [J]. 广西师范大学学报 (哲学社会科学版)，2011（2)：109－113.

[2] 邱静静. 壮汉双语教育政策实施的现状与对策研究——基于广西 H 县民族学校的调查 [D]. 上海：华东师范大学，2009.

（一）教育目标过于功利

国际双语教育的目标通常划分为过渡型双语教育和保持型双语教育。过渡型双语教育的目的是，将儿童从家庭的、少数民族的语言转向统治地位的、多数民族的语言，其潜在的目的是在社会上和文化上融入语言多数民族。保持性双语教育则试图培养儿童的少数民族语言能力，增加儿童的文化身份感，肯定少数民族群体在国家中的权力。❶ 广西壮汉双语教育是一种以第二语言习得为目的的过渡型双语教育模式，它侧重于将学习壮语作为学习汉语的"拐棍"，关注的重点是"以壮促汉"，其特点是：教学内容以汉文化和现代科学知识为主，很少涉及壮族历史和文化。

1990 年广西壮汉双语文教学实验工作移交教育行政部门管理以后，壮汉双语教育采取"以壮为主，壮汉结合，以壮促汉，壮汉兼通"的十六字方针。理论上说，这十六字方针应是一个有机的相互关联的整体，其中"以壮为主"是前提，"壮汉结合"是重点，最后才是"以壮促汉"，达成"壮汉兼通"的目标。这表明，实施壮汉双语教育的前提是先要学好壮语言文字，了解本民族的语言和文化，然后才是利用母语优势来学习汉语文，最终使学习者达到既通晓本民族的语言文化，又掌握国家通用语言文字的目的。

然而，在实际执行过程中，无论是地方教育行政部门的领导，还是壮文实验学校的校长，他们对"十六字"方针的解读与方针的预设目标存在很大偏差。调研表明，地方教育行政部门和实验学校往往把"以壮促汉"作为壮汉双语教育的核心，所有的壮文教学工作都是围绕着学好汉语文而作准备的，壮语文学习本身并没有多大的意义和价值。

壮汉双语教育在执行过程中的偏差，其根源在于人们对双语教育的目标认识过于功利。不少人在思想认识上把壮汉双语教育简化为"学习汉

---

❶ ［英］科林·贝克. 双语与双语教育概论［M］. 翁燕珩，等译. 北京：中央民族大学出版社，2008：199－220.

语"，认为壮汉双语教育的唯一目标就是为了更好更快地向汉语文过渡。很多教师、家长、学生觉得学习壮语文作用不大，甚至出现了某些壮族父母在家庭中主动放弃说民族语而只教子女说汉语的情况。

（二）教学内容单一化

广西壮汉双语教育的重点是壮文小学。广西壮文实验小学从一年级起就实行壮汉双语文同步，使用壮汉两种语言、两种文字教材授课（壮文教材译自全国统编九年义务教育小学教科书），采取以壮为主、壮汉结合、以壮促汉的教学方法，最终达到壮汉兼通的目的。在教材内容上，壮文实验小学的语文、数学教材完全是翻译自九年义务教育汉文教材。[1] 由于采用的是东部汉族地区编写的教材，因而教材内容呈现的是汉族的历史文化和现代科学文化知识。壮文版的教材与汉文版教材一致，自然也没有体现出壮族地区的历史、文化等"地方性知识"。显然，这样的教材对于具有壮族语言文化背景的学生来说，是不能被很好地接受的。在壮汉双语教学实践中，壮文教师实际上是"就壮语文教材而教汉语文"，从课本到课本，将壮语文学习与壮族学生的生活及环境割裂开来，不能将壮族地区丰富的课程资源引入壮文教学中，学生的学习兴趣自然也不高。当然，也不排除有授课老师从壮族学生便于理解和接受的角度出发，结合课文内容列举一些本民族本地区生产生活的实例，但这种偶尔"穿插"本民族历史和文化的授课方法与其他一般性学科课程基本无异，并没有真正体现壮族文化的特点和内涵。

（三）课程管理不够完善

虽然壮汉双语教育直接受教育行政部门的管理，纳入基础教育发展的轨道，但在广西壮族地区的中小学教育的总体布局中，大部分县（区）只

---

[1]　2001 年国家实施新课程改革后，广西壮族自治区各地小学分别使用人民教育出版社、语文出版社、北京师范大学出版社和江苏教育出版社四个不同版本的汉语文教材，自治区教育厅壮文教编研究因此同等翻译了与四个版本相配套的壮文教材。

有 1~2 所壮汉双语小学，且分布在不同的乡镇。❶ 壮文实验学校的校点和师生数所占比重较小，地方教育部门往往对其不够重视，壮文课程管理不够完善，主要体现在以下几点。

第一，课程评价机制不完善。在课程设置方面，虽然壮文课在壮文小学和初中课程表上都列有，但壮文课程平时不实行考试，期末一般由任课教师自行命题考查，"不算分的"（受访学生语），有的学校甚至没有考查要求。壮文实验班学生只是在毕业时参加由自治区教育厅组织的全区壮文统一考试，成绩记录在个人档案中。

第二，双语教育学段不衔接。目前，壮汉双语教育涉及学前班、小学和初中三个学段，但不同学段的双语教育相互脱节。当地教育行政部门对实施壮汉双语教育的学前班、小学和初中的招生、录取、教学没有统一的要求，致使壮文中学很难招到壮文小学的学生，壮文中小学校学生的壮语文基础往往参差不齐，给双语教育带来很大困难。由于高中阶段不开设壮语文课，高等教育的壮语文专业很难招收到有一定壮语基础的学生。壮汉双语教育在初等、中等、高等教育序列中处于各自为阵的无序状态。

第三，双语教师资源不足。长期以来，壮汉双语师资主要由广西壮文学校和南宁、桂林、百色、巴马四所民族中等师范学校培养。随着高等教育的发展，南宁等四所民族中等师范学校先后并入有关高等师范院校，停止了壮文课程的教学。广西壮文学校（现改为广西民族高中）2004 年后也停招壮文专业的学生。尽管目前采取了一些补救措施，如自治区教育厅每年至少举办一期壮汉双语师资培训，但合格的经过专门训练的壮汉双语教师资源缺乏已成为不争的事实。由于没有新的壮文师资补充，一些学校的双语教师年龄偏大，新招进来的教师又没有经过壮文专业的训练，难以保证教学质量。据自治区教育厅 2011 年的统计，广西壮汉双语学校实际需求

---

❶ 陆晓荔. 广西壮汉双语教育现状调查 [J]. 三月三·民族语文研究专号，2011（6）：80 - 86.

1 500 多名专业教师，现在只有 1 241 人，尚缺 200 多人。在 1 241 名壮文教师中，能胜任教学工作的只有 419 名，占 33.76%。❶

四、壮汉双语教育的三大转向

（一）教育目标转向：从工具论到资源论

现代国际社会对语言文字的多种功能已经逐渐形成共识：语言不仅是一种交际的工具，它也是民族认同的重要象征。此外，语言还是一种权利，一种资源。例如，联合国教科文组织的文件就把母语作为开发儿童智力最宝贵的资源。❷ 因此，壮族地区的学校应树立壮族语言文化的课程资源意识，将壮汉双语教育的目标从促进汉语文学习转向开发壮族语言文字资源。学校教育应有效开发本民族语言文字这一宝贵的教育文化资源，使其在促进壮族学生学习第二语言（包括汉语和英语）、发展认知能力、树立民族自信心、传承民族文化等方面发挥积极作用。

（二）教学内容转向：从单一文化取向到多元文化整合

要实现壮汉双语教育目标的真正转变，需要重新审视双语教育的教学内容，进行必要的更新和调整。从根本上说，少数民族双语教学内容的更新就是要改变以往单一的汉文化和现代性的课程知识价值取向，适当增加乡土知识的内容，转向民族文化、汉族文化等多元文化的整合。不同民族都有其独特的文化背景、思维模式和价值观念，民族地区双语教学的内容应包括少数民族的文化背景、历史传统、语言知识以及少数民族地区的生态环境、社区生活等"地方性知识"。

---

❶ 陆晓荔. 广西壮汉双语教育现状调查 ［J］. 三月三·民族语文研究专号，2011（6）：80 – 86.

❷ 滕星，王远新. 中国少数民族新创文字应用研究：在学校教育和扫盲教育中使用情况的调查 ［M］. 北京：民族出版社，2011：1.

本书主要作者之一的滕星教授曾在有关著述中提出在少数民族地区实施"多元一体化教育"（也称"多元文化整合教育"）的理论构想，❶ 这一构想同样可为壮汉双语教育的改革提供理论指导：在壮族地区的学校教育中讲授现代科学知识的同时，也要传承优秀的壮族语言文化，使壮族学生在接受现代化的科学知识，分享现代文明成果的同时，也能了解和吸纳本民族文化的特色和精华。因此，开发和壮族地区语言文化多样性相适应的双语教材，培训具有多元文化知识和素养的双语师资是实现双语教学内容转变的重要途径。此外，除在壮语文课程中呈现多元文化教学内容外，其他课程的教学内容也可以渗透这种多元文化整合的教学价值观。如在历史、地理、政治等学科教学中，可以结合壮族地区的历史沿革、风土人情和传统美德来开展教学。

（三）课程实施转向：从实验教学到课程体系建设

如前所述，壮汉双语教育的课程实施目前主要体现在壮文小学和初中的壮文实验教学上，在教育目标、课程评价、教学体系、师资培训等方面都存在严重不足，课程管理极不完善。壮文课只是在国家学科课程以外作为一门辅助性的课程开设，没有真正进入基础教育课程建设的轨道，更没有形成一个从学前教育到高等教育的一以贯之的课程体系。

因此，需要在学校课程改革中实施以壮汉双语教育为重点的壮族语言文化地方课程、校本课程建设。壮族语言文化课程建设可从以下几个方面着手：（1）制定"壮语文课程标准"。教育部门应从壮族地区的语言使用实际状况和群众的意愿出发，设计和制定不同类型区域（聚居区、杂居区、散居区）、不同学段（学前班、小学、初中、高中、大学）的"壮语文课程标准"，对各级各类学校壮语文课程的教学目标及实施方案作出明确规定。（2）改革课程评价体制。在条件允许的情况下，将壮语文考核按

---

❶ 滕星，苏红. 多元文化社会与多元一体化教育［J］. 民族教育研究，1997（1）：18－31＋71.

一定比例计入学生的考试、升学成绩中；将壮语文教师的教学业绩纳入学校教师的整体评价体系，与教师的考核、提升以及职称评定挂钩。（3）加强壮语文师资培训，提高双语教师待遇。一是发展民族师范教育，培养合格的壮语文师资；二是加强对在职双语教师的培训，为其提供更多的学习和深造机会；三是制定相关的优惠、奖励政策，提高双语教师待遇。

五、结语：从双语教学到多元文化教育

要走出壮汉双语教育的现实困境，实现壮汉双语教育的可持续发展，必须从以提高汉语文教学质量为目标的双语教学转向以培养学生具有的跨文化适应能力，具备壮汉文化双重认同为目的的多元文化教育。

一方面，"多元文化教育的一项重要目标是培养学生的跨文化适应能力，帮助学生学会从其他文化的角度来观察自己民族的文化，并获得最大限度的自我理解。……同时，它还要求各民族学生要正确地理解其他民族的文化，以促进不同民族间的相互了解与尊重。"❶ 在壮族地区的学校教育中，应以壮汉双语教育为手段，以壮族语言文化地方课程、校本课程建设为载体，实施多元文化教育。多元文化教育的目标是让壮族学生了解本民族文化和其他民族的文化，增进壮族学生的民族自尊心以及对其他文化的理解和欣赏能力，❷进而使壮族学生获得适应本民族文化、其他民族文化以及全球多元文化社会所必需的知识、技能和态度。

另一方面，多元文化教育的对象也不应局限于壮族学生，在壮族地区成长并经由民族语言文化滋养熏陶的汉族学生和其他民族的学生，也应该适当学习和了解壮族的历史、语言和优秀传统文化，以增强民族平等和民族大家庭的意识，成为具有跨文化素养，能够适应未来多元文化社会发展，高度认同中华民族多元文化的"中国人"。

---

❶　滕星，苏红. 多元文化社会与多元一体化教育 [J]. 民族教育研究，1997（1）：18－31＋71.

❷　海路，滕星. 文化差异与民族地区校本课程开发：一种教育人类学的视角 [J]. 中南民族大学学报（人文社会科学版），2009（2）：1－7.

第十四章　壮汉双语教育的
现状、问题及对策[*]

——以广西壮族自治区武鸣县三所壮文实验学校为个案

广西是壮族的主要聚居地，据统计，广西 5 159.46 万总人口中，壮族人口为 1 658.72 万人，占 32.15%。❶ 壮族有自己的本民族语言——壮语，但在历史上没有自己的通行文字。1957 年 11 月国务院颁布《壮文方案》并批准在壮族地区逐步推行。1981 年，广西武鸣、德保两县的 8 所小学开办壮文教学试点班，开始了有组织的壮汉双语（文）教育活动。本章主要基于"广西壮汉双语教育现状调查与对策研究"课题组 2013—2014 年对广西武鸣县 3 所壮文实验学校的实地调查，力图反映武鸣县壮汉双语教育的现状、问题以及壮文实验学校校长、老师、学生、家长等不同群体对壮汉双语教育的态度和看法，并在此基础上提出相关对策建议。

一、田野调查点概况

（一）武鸣县壮汉双语教育概述

武鸣县古称"武缘县"，1913 年更名为武鸣县并沿用至今（2015 年 2 月经国务院批准撤销武鸣县设立南宁市"武鸣区"，但在本章中仍沿用

---

* 本章主要内容曾刊发于《广西民族研究》2015 年第 4 期，执笔人：海路。
❶ 广西壮族自治区统计局. 广西 2010 年第六次全国人口普查主要数据公报 [EB/OL].
[2011 - 07 - 01]. http://www.gxtj.gov.cn/tjsj/tjgb/rkpc/201107/t20110701_2168.html.

"武鸣县"），位于广西中南部，县城 CH 镇距广西首府南宁市 37 千米，是南宁市辖县。武鸣县是壮族的发祥地之一，壮族文化源远流长。

2011 年武鸣县总人口为 68.81 万人，其中壮族人口占 86.50%，汉族人口占 13.30%，其他少数民族人口占 0.20%。❶ 武鸣县是标准壮语的发源地。1957 年国务院正式批准推行的拼音壮文以壮语北部方言为基础方言，以武鸣县双桥镇壮语为标准音，采用拉丁字母为书写形式。1981 年，武鸣、德保两县率先在小学开办壮文教学试点班，迄今已有 30 多年的壮汉双语文教学历史。

（二）3 所个案学校简介

目前，武鸣县共有 4 所小学（分别是 TP 镇 Q 小学，XH 镇 Z 小学，LX 镇 G 小学和 CH 镇 C 小学）和 1 所初中（CX 镇 M 中学）开展壮汉双语文教学实验工作。本章 3 所个案学校为 TP 镇 Q 小学，XH 镇 Z 小学和位于县城 CX 镇的 M 中学。

1. Q 小学的基本情况

Q 小学位于武鸣县 TP 镇西北部，创建于 1950 年，是广西壮汉双语教学试验学校之一，距离武鸣县城 12 千米。Q 小学招收的学生主要来自周围的 QL、FY、WT 三个自然村，覆盖人口 1.1 万人。2013 年 7 月 Q 小学有学生 293 人，1 至 6 年级共有 9 个班，98% 的学生是壮族。

2. Z 小学的基本情况

Z 小学位于武鸣县 XH 镇，创办于 1933 年，该校于 1983 年开始实施壮文进校实验工作。2013 年 7 月学校共有 18 个教学班，学生 708 人，教职工 45 人，有 18 名壮文教师，其中 2 名毕业于广西壮文学校。

3. M 中学的基本情况

M 中学位于武鸣县政府所在地 CX 镇，创办于 1985 年，2010 年 8 月与武鸣县 CX 镇一中合并建成全县最大的民族初级中学。2013 年 9 月有教学

---

❶ 武鸣年鉴编纂委员会编. 武鸣年鉴.2012［C］. 南宁：广西人民出版社，2013：348.

班 36 个，学生 1 900 多人，教职工 153 人。

在 3 所个案学校中，Q 小学、Z 小学、M 中学分别位于武鸣县的农村、乡镇和县城，招生对象分别以武鸣县的农村、乡镇和县城的壮族学生为主。这 3 所学校的壮汉双语教育实施状况在一定程度上代表了目前广西壮族地区农村、乡镇和县城（城市）三类地域的壮汉双语教育面貌。

二、武鸣县壮汉双语教育实施现状及主要问题

2013 年 7 月 1 日至 8 日，笔者重点对武鸣县 2 所壮文实验小学（Q 小学、Z 小学）和 1 所中学（M 中学）进行实地调查，主要通过座谈会、个别访谈和实地观察的方法，与学校校长、部分教师、学生及家长进行交流，了解关于壮汉双语教育课程设置、教学效果、学生学习情况、教师语言态度、教学方法、教师培训、双语教育经费等方面的信息。此外，笔者还走访了武鸣县教育局、武鸣县民族事务局、广西教育厅、广西民族大学等单位。2014 年 7 月 4 日至 10 日，笔者对上述有关学校和单位进行了回访及补充调查。

通过调研，整理得出以下结果。

（一）语言环境的差异影响壮汉双语教育的实施

笔者所调查的 3 所学校虽然都是壮文实验学校，但是每所学校的生源却大不相同。Q 小学位于农村，学生大都来自周围的壮族聚居村落。Q 小学的校长 Q 告诉我们："Q 小学目前有学生 293 人，一至六年级共有 9 个班，学生主要来自周围的 3 个村，98% 的学生是壮族，都会说当地的壮话。"这一生源背景为 Q 小学壮汉双语教育工作的开展提供了非常便利的条件。学校内师生之间、师师之间、生生之间日常都用当地壮话交流，为壮汉"同步"双语教学模式的实施提供了良好的语言氛围。而 Z 小学位于 ZQ 镇，M 中学位于县城 CX 镇，学生多来自城镇。这两所学校虽然也以壮族学生为主，但大部分学生都不会讲壮话，日常生活、学习基本上用普通话

交流。Z 小学的教师 W 在谈到学生的语言使用情况时说："现在的（壮族）小孩都不会说壮话，跟爷爷、奶奶、爸爸、妈妈都用普通话交流。即使是壮汉双语老师，在家里也很少主动和自己的小孩说壮话，一个班 80%~90% 的学生都不会壮话。所以，学校老师教起壮文来非常困难。我们教授壮文要从零开始，有时感觉比英语还要难教。"M 中学的 H 老师告诉我们："自 2010 年 M 中学合并学校之后（主要招收县城学生），我们就很少有农村来的学生了，学生基本上都是来自县城，大都说普通话，小学的时候也没上过壮语班，壮语的基础很差。"可见，由于语言环境的变化，县城和乡镇的不少壮族学生从小就不说壮话了，这给 Z 小学和 M 中学的壮汉双语教育工作带来较大阻力。

（二）小学比中学更重视壮汉双语教育工作

两所壮文实验小学 Q 小学和 Z 小学都比较重视壮文教学。Q 小学和 Z 小学一至六年级都开设有壮语文课，实施壮汉双语"同步"教学，并且还有课后作业、期末考试（由县教育局统一出题，以壮汉互译为主）等一套较为完整的课程管理体系。此外，Q 小学每天都有 20 分钟的午读时间，专门安排朗读壮文课文。该校的壮文教师告诉我们："朗读对于任何语言的学习都有着非常大的促进作用，学校设置午读时间，非常有利于壮语的学习，效果不错。"M 中学只在初一年级开设壮文课，每周一节，课后作业及期末考核由老师自行安排，不做严格要求。该校唯一的全职负责壮文教学的 H 老师告诉我们："往年考试都是口试，今年教育局要求笔试，于是我就出试卷让学生考，不过是开卷的。"可见，武鸣县的壮文实验小学比中学更重视壮汉双语教育工作，管理也更为规范。

（三）壮语文的学习效果有限

两所壮文实验小学的学生在学习壮语文过程中都出现了学得快、忘得也快的现象。Z 小学的 Y 老师告诉我们："一年级学生开始学习汉语拼音，这对壮语的学习多少有些影响，学生们容易将壮语的声韵母、声韵调和汉语拼音相混淆。教师教起来非常被动，需要反复不断地教，这大大降低了教学效率。"Q 小学的老师也跟我们提到："学生们学习壮语的时间较少，学习壮文的效果十分有限。语言的学习光靠上课的时间是远远不够的，很多时候壮语的学习需要学生们课下自己去学，去了解。"Q 学校的 L 老师告诉我们："学生都能说壮话，但不一定都会读壮文。会说却不会读，对壮文的学习很片面。"Q 小学和 Z 小学的大部分学生经过一年的声韵母学习后，基本能够准确地拼读出壮文课文，但有的同学不太明白课文的意思。Z 小学的 C 老师说："读完课文他们可能都不知道是什么意思，有些学生壮文课本上的内容读得滚瓜烂熟，但是问他们其中的意思，都不知道。现在我们只能是先教汉文再教壮文。"M 中学的学生更是由于缺乏语言环境、学习时间较短，绝大部分学生只能拼读壮文的声母、韵母，拼写对于他们来说仍有较大难度。总体上看，大部分学生的壮文水平还局限于"只会听读一些简单的壮文"的层面上，壮语文的学习效果有限。

（四）壮文"同步教材"缺乏特色

广西中小学壮文实验学校的壮文教材均由自治区教育厅民族教育处免费提供。由于壮文实验小学的"同步教材"完全是翻译同年级的汉语文教材，因而教材内容严重脱离壮族地区的生产、生活实际，而且形式也比较单一，导致壮族学生在学习的过程中觉得很不适应，理解起来有很多困难。M 中学的 W 同学说："原来的小学壮文课本，课文内容很长，又没有图片，旁边也没有汉语注释，看着都眼花，有时候都不想翻开课本了。"Z 小学的教师告诉我们："一篇一至两页的汉文课文，翻译成壮文有五到六页，课文篇幅长，而且读起来拗口，不仅学生学起来困难，我们教起来也很麻烦。"Q 小学和 Z 小学的教师都表示，应该将民族传统文化编入教材，根据学生的年龄特点编出不同层次的教材。M 中学目前使用的壮汉双语教材是该校壮文专职教师 H 自行编写的中学壮文校本教材。该教材内容比较丰富，不仅有壮语文基础知识，而且有很多反映壮族地区生活的例词、例句供学生对照学习，适合没有壮语基础的初中生进行入门学习。目前，广西区教育厅已开发了学前班和一年级学段的"二类模式"双语教材,即壮语文地方教材,并于2013年秋季学期开始在武鸣县壮文实验小学使用。

(五)壮汉双语教学的评价制度欠完善

壮语文教学的评价主要包括平时作业和期末考试两部分。尽管在日常教学中壮文教师一般都会在每次课后布置一定的壮文口语或书面练习,每个学期期末3所学校都会举行壮语文考试(其中小学壮语文考试由县教育局按每个年级统一出壮文测试题,中学壮语文考试由教师自行安排口试或笔试),小学六年级毕业班还会举办一次全区小学生壮语文水平毕业测试,但是由于壮语文课程不列入学生期末考试的正式科目中,壮语文学习成绩也没有计入学校的小升初和中考总分,这在很大程度上影响了师生的教学积极性,部分壮文教师对全力以赴地开展壮文教学存在疑虑,学生普遍不愿在壮文学习上投入太多的时间和精力。M中学的一位壮文教师说:"我以前在小学教壮文时会有这样的困惑,我那么拼命地教,肯定会影响我的考试科目(语文)的,因为镇里面老是排名,语文得多少名呀,数学得多少名,英语得多少名。大家关心的是这三科的总分排名,为了保证我语文的排名,我就尽量减少壮文的时间,多留些时间让他们学(汉)语文,不然会影响我的教学成绩。当时我们就有点敷衍了事,等领导要来检查的时候就拼命地教,让他们应付了事。"

(六)双语教师队伍不够稳定

壮汉双语教师队伍不稳定主要表现在双语教师的流动性较大,有经验的壮文教师经常被调换岗位或被派去其他学校支教。Z小学有18名壮汉双语教师,其中2名毕业于广西壮文学校,其他老师都参加过自治区教育厅举办的双语教师培训。Z小学的校长对我们说:"我们学校前年刚派出去参加壮语培训学习的3个老师(壮汉双语教师),今年又调走了。双语教师队伍很不稳定,使得学校的双语教育工作很被动。有些壮文课教得比较好的老师也被安排教其他学科了。"2008年之前,M中学的壮文教师均为兼职教师，壮文老师既教壮文也教其他课程，壮文教师岗位流动性大，对壮文教学质量有所影响。2008 年该校 H 老师被安排担任负责全校壮文课教学的专职教师后，这种局面才有了改观。

（七）双语教师的付出与回报不平衡

实施"同步教学"的小学壮文教师既教壮语也教汉语，相比其他学科教师其工作量较大，负担更重，但壮文教师却没有得到更多的回报，在职称评定方面也没有任何优势。据了解，从 2011 年开始，自治区教育厅规定通过"壮语文水平考试"获得的合格证书可作为教师评职称的依据之一，然而至今未能兑现。当问及壮汉双语教育有无专项补贴的时候，Q 小学的老师们在座谈会中说："原来在 20 世纪 80 年代自治区教育厅出台壮文进校实验的指导意见之后，在民族地区壮文实验学校，教壮文课的老师可以在某些方面获得一些优惠条件，这些政策后来都不了了之了。包括 90 年代，由于我们一线的老师呼声太高了，政府才给我们（壮文实验学校的所有老师）每人每月 15 块钱的补贴。后来这个政策执行了五六年以后也没有再继续下去了。我们还算好的，15 块钱都发到我们手中，有些乡镇学校的老师补贴一直都没有领过，严重影响了他们的工作积极性。"虽然近几年来，政府投入双语教育的经费逐渐增加，但是多用于学校设施建设和教学资源开发上，真正用于教师身上的支出很少。Z 小学校长表示，只需将少量的补贴给予双语教师，就能在很大程度上调动他们的工作积极性。

三、武鸣县壮汉双语教育存在问题的主要影响因素分析

（一）个人的语言态度

语言态度不是一朝一夕而是在长期的历史过程中逐渐形成的，它深藏于语言人的心理底层，形成了一种根深蒂固的语言信念，并且常常以十分微妙的方式影响着语言人对有关语言的态度和认识，影响着语言人的语言

能力和语言行为。❶

从历史上看，由于壮族地区的学校教育历来传播汉族主流文化，使得汉文化在壮族知识分子中影响尤其深远。不少壮族人以学习汉族文化为荣，甚至还鄙视本族文化。这种历史上延续下来的"亲汉疏壮"的心态，使得壮汉双语教育的发展缺乏明显的内部推动力。❷ 在现实生活中，人们对双语教育目标认识过于功利。不少人在思想认识上把壮汉双语教育简化为"学习汉语"，认为壮汉双语教育的唯一目标就是为了更好更快地向汉语文过渡。❸ 通过对武鸣县学校领导、教师的访谈，我们了解到一些家长不认同壮文教学，认为学习壮文"没什么用处"，而且在很多干部、群众的思想中已形成了"重汉（普）轻壮"的观念，甚至部分壮文教师在家中也不主动教自己的孩子说壮话。Z 小学的 W 老师说："即使是壮汉双语老师，在家里也很少主动和自己的小孩说壮话。"一些学生在访谈中表示，自己不愿意在家庭以外说壮话，因为说壮话是很"土"的表现。

（二）国家的推广普通话政策

自 2000 年《中华人民共和国国家通用语言文字法》颁布后，普通话在广西壮族地区特别是各级各类学校中的推广和使用更为深入和广泛。M 中学教师 H 说："因为学校要求学生课上必须使用普通话，在课下交流也尽量使用普通话，所以学生慢慢养成了在哪里都是用普通话的一种习惯。特别是当周围的人都在使用普通话的时候，如果你不使用普通话就会显得你很老土，跟不上时代。很多家长甚至是爷爷奶奶辈的也会在家里尽量使用普通话和孩子交流，为的就是孩子能够说出更标准的普通话，在学校里面能够跟得上队伍。"由于普通话是国家通用语言，对壮族学生的升学、就业、工作等都有十分重要的影响，因而武鸣县的社会大环境也日益重视普

---

❶ 王远新. 中国民族语言学：理论与实践 [M]. 北京：民族出版社，2002：92－93.
❷ 滕星，海路. 壮汉双语教育的价值取向及实现路径 [J]. 广西民族研究，2013（2）：68.
❸ 滕星. 壮汉双语教育的问题及转向 [J]. 广西民族大学学报（哲学社会科学版），2012（4）：7－11.

通话和规范汉字的学习和使用。新创拼音壮文和标准壮语在武鸣县的使用空间狭窄，除学校壮汉双语文教育外，主要局限于社会用字（如有关法定单位使用壮汉双文书写单位名称的牌匾）、市面用文（刻有壮汉双文的印章，某些政府会议、文件及法律、法规的翻译文本）、壮族古籍整理和翻译、壮语电视节目等方面，在社会其他领域中的使用情况较少。武鸣县使用壮文的报刊目前仅有自治区民语委印发的《广西民族报》和《三月三》（壮文版）这一报一刊。武鸣广播电视台的壮语节目《壮乡新闻》和《教你讲壮语》于 2012 年 10 月 30 日开播，周一至周五每天首播 20 分钟，次日重播。

（三）应试教育的功利观念

通过实地调查了解，壮文实验小学的壮汉"同步教学"实际上还是以学习汉语文内容、提高学生的汉语文表达能力为重点。近年来武鸣县壮文实验小学实施的壮语文"二类模式"教学一般是单独设立一门壮语文课，每周两个课时，而初中的壮语文课仅是在初一年级中每周安排一个课时。尽管学校开设了壮文课，但现行的评价制度却使教师们无法将更多的精力投入壮语文教学中。而学校为了保证升学率，只能将重心放在升学考试的科目上，甚至将一些优秀的壮文教师调去教其他科目。M 中学的一位老师在访谈中说："我们学校有好几位老师都是壮文专业毕业的，他们有些人比我还厉害，只不过他们教中考科目也教得很好，校长不舍得让他们来教壮文。"在现有的学校教育评价环境下，部分受访的壮文实验学校领导坦言，对开展壮语文课程是"心有余而力不足"。

在家长方面，学生家长普遍只重视学校的升学率，对开展壮语文教学没有过多的关注，有些家长甚至担心孩子学习壮文占用了学习主科的时间和精力。有的家长在访谈中表明自己对孩子的语言教育的态度就是"学好汉语和英语就可以了，其他的不学也没关系"。自治区民语委处长 H 在访谈中也说："老百姓很现实，他会考虑我的小孩学壮文能得到什么，非常现实。如果壮文学习和升学、找工作不相关，就认为没有用。"这种功利性的教育观念无疑会对壮文教学产生消极影响。

(四) 双语教师培养和评价机制不健全

目前，壮汉双语教师在培养方面主要存在两个主要问题：一是壮汉双语教师的来源缺乏培养渠道，数量不足；二是有的壮语文教师的综合素质不高，难以胜任壮汉双语教学。

2000 年以前，广西壮族自治区中小学壮汉双语师资主要由广西壮文学校和南宁、桂林、百色、巴马 4 所民族中等师范学校培养。1999 年起，国家对中专学校实行并轨，取消了统招统分政策。2000 年以后，南宁等 4 所民师先后撤并，逐渐停止了壮文课程的教学。从 2007 年开始，广西壮文学校再也没有壮文专业毕业生。至此，广西壮汉双语师资的培养来源中断。尽管目前采取了一些补救措施，如自治区教育厅每年至少举办 1 期壮汉双语师资培训或壮语文专业专升本函授班，但合格的经过专门训练的中小学壮汉双语教师资源缺乏已成为不争的事实。我们从自治区教育厅民族教育处了解到，由于目前壮汉双语教师没有新增来源，广西壮汉双语教师一直处于紧缺状态。针对目前已开始实施的二类模式教学，广西教育厅民教处 L 老师说："我自己觉得现在主要还是缺乏老师，老师现在水平还不完全过关。就比如二类模式新增的县还没有老师。因为广西壮校招不到学生，培养不出年轻老师。现在年轻的老师很少，几乎没有，都是四五十岁以上的老师，而且学习壮文对于他们来说比较困难。教师数量和质量都没达到标准。"

此外，壮汉双语教师的选拔和准入制度也缺乏科学、规范的程序和方法。通过对 3 所学校的校长访谈了解到，壮文实验学校对于双语教师的聘用没有正式的考核规定，只要会说壮话就基本能够担任双语教师。我们在对 Z 小学的部分教师访谈中还了解到，有一些壮汉双语教师的水平甚至还不如小学高年级的优秀学生。

四、促进壮汉双语教育发展的对策分析

根据本次调研结果，我们对促进广西壮汉双语教育的发展提出以下对策建议。

（一）树立科学语言观，转变壮汉双语教育观念

从深层次因素探析，武鸣县壮汉双语教育实施中存在问题的根源在于当地多数的干部、群众只是将壮语文学习作为汉语文学习的"拐棍"和"工具"，过于注重语言教育在应试、升学、就业、对外交往等方面的实用性和功利性，对开展壮汉双语教育的必要性和可行性认识不足。

因此，政府部门、学校和社会媒体应采取有效措施，提高人们对少数民族语言文字资源的开发、利用和保护意识，促进广大干部、群众的语言观念从"语言工具观""语言问题观"转向"语言资源观"。首先，政府部门和社会媒体应加强政策引导和舆论宣传，提高人们对少数民族语言文字资源重要性的认识，扩大民族语文的社会影响，在社会大众中逐步树立科学的语言观念；其次，有关部门应积极进行立法和行政干预，制定切实可行的少数民族语言文字资源开发、利用和保护的政策法规；最后，学校教育应注重将少数民族语言文字作为一种重要的教育资源和课程资源加以重点开发、利用。

（二）继续贯彻和完善壮汉双语教育政策

2012 年 12 月，广西壮族自治区人民政府办公厅下发《广西壮族自治区人民政府办公厅转发自治区教育厅等部门关于进一步加强壮汉双语教育工作意见的通知》，对推动广西壮汉双语教育发展具有重要的政策指导作用。我们建议在此基础上继续贯彻和完善壮汉双语教育政策。

（1）在立法层面上，建议以全国人民代表大会或国务院的名义立法或

出台具有高度权威性的《民汉双语教育法》或《少数民族地区双语教育实施办法》等相关法律法规，以保障民汉双语教育政策的有效实施，使双语教育政策能够做到有法可依，规范管理。

（2）在政策执行监督层面上，建议以自治区教育厅牵头联合自治区民委、民语委、人事厅、财政厅等单位，成立一个自治区级的"民族教育（壮汉双语教育）监督管理小组"，定期对壮族双语教育政策的执行过程和结果进行监督管理，保证有关壮汉双语教育政策的有效实施。

（3）在相关配套政策的落实层面上，有以下建议：第一，教育行政部门应依据实际情况增设壮汉双语教师专门岗位编制；第二，可研究制订少数民族语言考试加分实施试行办法，规定通过相应的少数民族语言水平考试者，可享受适当的中考高考单独加分待遇（如加 5～10 分）；第三，同等条件下，在工作量审核、职称评定、教学评优等方面，学校应优先考虑壮文教师。

（三）设计和实施多样化的壮汉双语教育模式

调研发现，由于壮族地区语言环境及壮族儿童语言习得（入小学前）顺序的变化，农村、乡镇和城市的壮族学生的壮语基础和语言学习资源呈现出多样化的差异。因此，教育行政部门应根据壮族地区不同的语言环境、壮族学生语言使用情况的差异性以及学校师资、教材等条件，做好顶层设计规划，制订和提供多样化的壮汉双语教育模式，供不同类型、不同层次的学校和班级采用。

教育行政部门和学校在壮汉双语教育模式的选择上，应充分尊重当地壮族学生和家长的意愿，并为不同模式的学习者提供合格的师资、课程、教材等教育资源，保证壮汉双语教育的质量。可供壮族地区中小学选择实施的壮汉双语教育模式应包括以下几类：（1）传统的壮汉双语单文教学模式（不加授壮语文课程）；（2）壮文实验小学的壮汉双语文同步教学模式；（3）壮文中学的以汉语文授课为主，加授壮语文必修课的模式；（4）新式的以汉语文授课为主，加授壮族语言文化必修课或选修课的模式（可在部分小学、初中及高中实施）；（5）以壮语文授课为主的学前壮汉双语教学模式。

（四）完善壮汉双语教师的培养和培训机制

（1）保障壮汉双语教育具有稳定的培养渠道，完善壮汉双语教师的培养制度。2013年10月，自治区教育厅等单位颁布实施《广西壮族自治区小学壮汉双语教师定向培养计划》，从2014—2018年每年培养100名小学壮汉双语教师。我们建议设立"小学壮汉双语教师培养信息数据库"，由自治区教育厅民教处和有关培养院校安排专门人员，及时了解、检查、监督和反馈有关信息，对这些定向培养的师范生进行科学管理和跟踪研究，不断完善壮汉双语教师的培养制度。

（2）完善壮汉双语教师的培训机制，不断提高在职双语教师的教育教学水平。第一，每年定期安排所有双语教师外出学习和进修，加强培训期间的教师管理，对培训后教学效果有明显提高的教师给予奖励，鼓励、支持双语教师的自主学习。第二，加强校际、地区之间壮汉双语教师的交流与合作，建设"壮汉双语教师科研共同体"，每个县（市）建立一所壮汉双语教师培训工作站。

（五）积极开发具有民族文化特色的壮文教材

近年来，除修订原有的壮汉"同步教材"外，自治区教育厅民族教育处重点组织有关人员完善"二类模式"壮语文地方教材的研发，2014年7月该套新教材已编印完成学前班和小学一、二年级部分并投入有关学校使用，其他年级的教材还正在编写中。

我们建议，一是在保证壮汉同步编译教材质量的基础上，积极开发壮文乡土教材（包括地方教材和校本教材）和辅助读物，使双语教材在内容和形式上能够较好体现民族和地方特色；二是积极探索开发壮汉双语教育多媒体课件和网络教学资源，如通过录制壮语歌曲或借助《壮语900句》等视频、音频课件来辅助课堂教学。

第十五章 壮汉双语教育的
价值取向及实现路径[*]

一、壮汉双语教育价值取向的认识误区

马克思认为："'价值'这个普遍的概念是从人们对待满足他们需要的外界物的关系中产生的。"❶ 这一概念包含了价值的三个要素：主体（人们）、客体（外界物）、关系（客体满足主体的需要或主体对客体的要求和期望）。价值取向体现了价值主体在主观上希望客体能够满足自己的哪些价值需求。教育价值取向是指人们认为"教育应该是什么"，是一种"应然"状态的价值判断，它代表了教育的可能或预期空间。壮汉双语教育的价值取向体现了人们希望"壮汉双语教育应该是什么"的主观价值目标和判断。

壮族是我国人口最多的少数民族，有 1 700 多万人，主要分布在广西壮族自治区。在壮族农村地区，大多数壮族群众在日常生活中仍然使用壮语交流。❷ "壮汉双语教育"是指在壮族地区的学校教育中使用壮语和汉语

---

* 本章主要内容曾刊发于《广西民族研究》2013 年第 2 期，执笔人：滕星，海路。

❶ ［德］马克思，恩格斯. 马克思恩格斯全集（第 19 卷）［M］. 中共中央马克思恩格斯列宁斯大林著作编译局，译. 北京：人民出版社，1963：406.

❷ 据 2001 年广西壮族自治区语言文字工作委员会组织的一项调查：广西有 71 个县市的壮族使用壮语，90.46% 的壮族调查者能说壮语，其中 84.95% 的壮族在日常生活中使用壮语，见陈海伦，李连进. 广西语言文字使用问题调查与研究［M］. 南宁：广西教育出版社，2005：165－166.

两种语言进行教学。

壮汉双语教育是一种以第二语言习得为目的的过渡型双语教育模式。当前，壮族地区教育行政部门主要是从提高汉语文教学质量即"以壮促汉"的角度来开展壮汉双语教育，将学习壮语作为学习汉语的"拐棍"。地方教育行政部门和实验学校往往把"以壮促汉"作为壮汉双语教育的核心，所有的壮文教学工作都是围绕着学好汉语文而做准备的，壮语文学习本身并没有多大的意义和价值。一些学校为了挤出更多的时间复习其他课程，在期末考试时往往压缩或占用壮文课时。有的学校甚至以壮文教学为幌子向上级部门申请经费，实际上并没有真正开展双语教育。

壮汉双语教育在执行过程中出现偏差，主要在于人们对壮汉双语教育价值取向的认识过于功利。不少人在思想认识上把壮汉双语教育简化为"学习汉语"，认为壮汉双语教育的唯一目标就是为了更好更快地向汉语文过渡。很多教师、家长、学生觉得学习壮语文作用不大，甚至出现了某些壮族父母在家庭中主动放弃说民族语而只教子女说汉语的情况。❶

人们对壮汉双语教育价值取向的认识产生误区，其根源在于主流文化的影响和壮族文化主体性的失落。长期以来，壮族地区的学校教育与壮族传统文化是相互脱节的。壮族知识分子必须学习和掌握汉语文，才有机会通过科举考试晋升，获取官职。梁庭望教授指出："在漫长的封建社会里，壮族地区的官方教育传播的是汉族封建文化，讲钦定的正统伦常，使用的是汉文。壮族文化不仅不能登大雅之堂，还要受到贬低和丑化，久而久之，壮族的文人学子几乎都不懂得本民族的历史文化。在封建重压下，形成了虚无主义的畸形思想和变态心理，反而看不起本民族文化。"❷ 由于壮族地区的学校教育历来传播汉族主流文化，汉文化对壮族知识分子的影响尤其深远。不少壮族人甚至以学习汉族文化为荣，鄙视本民族文化。这种历史上延续下来的"亲汉疏壮"的心态，使得壮汉双语教育的发展缺乏明

❶ 滕星. 壮汉双语教育的问题及转向［J］. 广西民族大学学报（哲学社会科学版），2012（4）：7 – 11.

❷ 梁庭望. 论壮族文化的断裂现象［J］. 广西民族研究，1988（4）：1 – 7.

显的内部推动力。从现实看，学校教育中壮族文化主体性的失落也是壮汉双语教育面临的一大困境。有学者认为："民族教育的管理者和实施者所理解的民族教育，实际上是少数民族学生接受汉族文化的教育，所关注的重点是普及九年义务教育，是高考的升学率，而不是作为广西主体民族的壮族文化的本身的教育问题。"❶ 壮族地区现代学校教育的主要内容仍是汉文化和现代科学知识，这当然是学校教育的重点，但不应是唯一内容，更不应将少数民族的语言、文化排斥在学校课程之外。

二、壮汉双语教育价值取向的内涵

学术界通常将教育价值取向的利益主体分为国家（社会需要）和个体（个人需要）两类，❷❸ 或国家、集体和个体三类。❹ 壮汉双语教育是壮族地区民族教育的一种重要形式，其教育价值取向的特殊性在于它的"民族性"和"文化性"，一是它能够满足壮族地区群体和个体民族语言及文化传承的需要；二是它能够满足壮族地区经济社会发展的需要。在此，我们在一般教育价值取向"国家"和"个体"的基本分析框架的基础上，增加了"地方"作为壮汉双语教育价值取向的分析单位之一，即壮汉双语教育的相关价值利益主体分为国家、地方和个人三类。这里的"地方"相当于"地方社会"或"社区"，是民族和地域概念的复合体。从国家、地方和个人的视角出发，壮汉双语教育价值取向的内涵应包括以下三个方面。

（一）促进国家统一和民族团结，提高壮族人民参与国家现代化建设的程度

从一个多民族国家的统一和发展的高度来看，壮汉双语教育应具备以

---

❶ 覃德清. 壮族文化的传统特征与现代建构［M］. 南宁：广西人民出版社，2006：207.
❷ 叶澜. 试论当代中国教育价值取向之偏差［J］. 教育研究，1989（8）：28-32.
❸ 黄济. 教育哲学通论［M］. 太原：山西教育出版社，1998：420-423.
❹ 王卫东，石中英. 关于建国后教育价值取向问题的思考［J］. 江西教育科研，1996（4）：1-4.

下两项功能。

第一，实施壮汉双语教育，有利于落实党的民族平等政策，维护国家统一和民族团结。首先，在壮族地区的学校实行壮汉双语教育，保障了壮族人民在语言文字上与汉族及其他民族的平等地位，赋予了壮族人民对民族身份的自信，这是少数民族语言文化在公共教育领域内得到公平传承的具体表现，是党和国家的民族语言平等政策的体现，也是保障各民族平等的受教育权利的体现。其次，壮汉双语教育主要指壮族学生学习本民族语和汉语。壮语是绝大多数壮族学生的母语，是传承壮族语言和文化的重要工具。汉语文是我国的通用语言文字，是中华民族大家庭中各个民族之间相互交流、相互交往，共同进步、共同繁荣的重要交际工具。壮汉双语教育不仅有利于维护和保障壮族学生的母语教育权利，而且也有利于保障壮族学生学习国家通用语言的权利，使壮族学生掌握国家通用语这一中华各民族之间交流、交际的基本工具，有利于增进壮族和其他民族之间的了解和交流，维护国家统一和民族团结。

第二，实施壮汉双语教育，有利于提高壮族学生的文化素质，使他们更顺利地融入主流社会，更好地参与社会主义现代化建设。通过壮汉双语教育，壮族学生可以在传递和继承本民族语言文化的基础上，学好国家通用语言，掌握现代科学文化知识，了解更多的现代社会信息，获得更多的"文化资本"，从而更容易与外界沟通、交流、交往，更全面地参与社会的政治、经济、文化生活。这不仅有利于少数民族学生的升学、就业，而且也有利于其社会地位的提高，使他们更容易跨越语言、文化障碍，在现代化社会获得进一步的发展，更好地参与社会主义现代化建设。

（二）促进民族语言文化传承，为民族地区社会发展服务

从壮族地区文化传承和社会发展的角度来看，壮汉双语教育有利于促进少数民族语言文化传承，推动民族地区社会的发展。

一方面，壮汉双语教育有利于促进壮族语言文化的传承。壮族是一个有着悠久历史和丰富文化遗产的民族。在长期的历史发展过程中，壮族人

民创造了自己优秀而独特的文化。如花山崖壁画、铜鼓、民歌、壮锦等，这些文化遗产凝聚着壮族人民的生产斗争、生活实践的聪明智慧，强烈地表现出壮族人民的共同心理、民族理想、民族情操、民族伦理和价值观念。❶ 壮族优秀文化不仅是壮族人民的宝贵财富，也是中华民族的共同财富，是中华民族多元文化中的一个重要组成部分。壮族语言文字是壮族文化的重要载体，通过壮汉双语教育，有利于壮族学生学习、了解本民族的优秀文化遗产和宝贵的精神财富，从中吸纳、继承、发扬健康的成分，促进本民族优秀传统文化的传承、更新和发展。

另一方面，壮族地区社会经济的发展需要一大批来自本乡、本土，有较好的适应当地文化生态和本地区生产、生活方式，认同本民族文化的少数民族人才。壮汉双语教育有利于壮族学生在传承民族语言文化的过程中学习和了解本民族、本地区的"地方性知识"，如环境、生计、民俗等方面的知识，这不仅有利于增进学生的乡土认同、地域认同和民族认同，培养学生对民族文化的自信心、自豪感，也有利于其掌握适应当地文化生态和本地区生产、生活方式的知识和技能，从而具备服务地方社会、促进地方社会发展的基本素质和能力。

（三）促进个人和谐发展，提高个体的文化适应能力

从受教育者个人的角度来看，壮汉双语教育有助于促进个人的和谐发展，提高个体的文化认知、文化适应能力。

一方面，对于从小说壮话的壮族儿童来说，壮语是自己的母语，学校教师在启蒙教育阶段用学生的母语来授课，而后在此基础上再逐步引进汉语的教育方式，可使壮族儿童在学校环境中感受到学校教育和教师对他们的关怀和爱护，从中获得莫大的自尊和自信。"用母语教学有助于学生肯定自我、人格、价值等健康素质的形成和发展。一旦学生的自信心、自尊

---

❶ 韦达. 壮族地区壮汉双语双文教学的意义和作用［C］//韦茂繁，戴庆厦. 第五届国际双语学研讨会论文集. 南宁：广西民族出版社，2007：461.

心及人格、价值得到肯定，享受到使用自己母语的自由权利，那么，他们的学习潜力和积极性也会得到极大的提高。"❶ 因此，壮汉双语教育有利于壮族儿童接受最适合他们语言、文化基础和认知水平的教育教学方式，使他（她）能够在身心愉悦的教学环境中从事学习活动，树立学习的自信心，获得体验成功的学习经验，从而有助于促进其德育、智育、美育、体育等全面和谐发展。

另一方面，壮汉双语教育在本质上是一种跨文化教育。壮族学生通过双语教育学习本民族语言和国家通用语，不仅可以了解和认同本民族文化，增强民族的自信心和自豪感，而且还可以从中学习、了解汉族文化和其他民族文化，从而学会欣赏、理解和接纳不同民族的文化，在跨文化学习和交流中提高自己的文化适应能力。总之，壮汉双语教育要教导学生从尊重自己的文化出发，"推己及人"，学会尊重和理解文化的差异性和多样性，从而对不同的文化秉持积极、包容的态度。

三、壮汉双语教育价值取向的特征

（一）多元性

由于经济全球化引发的文化冲突和价值冲突，中国社会经济转型带来的社会阶层分化和多元价值取向，少数民族地区学校教育同样面对复杂的文化生态环境。❷ 笔者曾指出，进入 21 世纪以后，随着全球政治、经济一体化进程加快，世界绝大多数国家普遍面临着"全球一体化与民族文化多元化""国家一体化与民族文化多元化"的冲突与和谐，这是 21 世纪全人类和多民族国家所面临的、不可回避的两大挑战，而两大挑战的核心是人

---

❶ 张公瑾，丁石庆. 文化语言学教程［M］. 北京：教育科学出版社，2004：258.
❷ 裴娣娜. 教育创新视野下少数民族地区乡土教育的思考［J］. 中国教育学刊，2010（1）：48–50.

类单一文化与多元文化的关系问题。❶ 在壮汉双语教育的价值取向上，这种"国家一体化与民族文化多元化"的冲突与和谐具体体现在国家取向、地方取向和个人取向三者之间的冲突与和谐，如有人把壮汉双语教育简化为"学习汉语"，认为壮汉双语教育的目标就是更快地向国家通用语言过渡；有人认为壮汉双语教育是传承民族文化、促进民族发展的有效工具，应实施从小学到大学"一条龙"式的壮文教学；有人认为壮汉双语教育对个人的升学、就业没多大作用，没必要开展民族语言文字教学。正确认识以上几种关于壮汉双语教育的不同观点，对壮汉双语教育的健康、可持续发展具有重要的导向作用。

在全球化时代，壮族地区的学校教育需要多元的价值取向。上述三种价值取向都有其存在的合理之处，但又不能无限扩大。如何培养学生对主流文化的接纳和认同，对地域文化、民族文化的认知、理解和传承，以及对丰富的民族语言、文化资源进行选择、加工和创新的能力，都是人们在开展壮汉双语教育时需要积极思考和应对的问题。因此，壮汉双语教育需要兼顾国家、地方和个人对教育的文化价值选择，满足不同利益主体对双语教育的需求，实现壮汉双语教育价值取向的多元化。

（二）互补性

壮汉双语教育的国家价值取向、地方价值取向和个人价值取向三者之间并非是对立和冲突的关系，它们是多元并存、和谐互补的。从地位上看，壮汉双语教育价值的国家取向居于中心地位，双语教育的最终目标是使壮族学生掌握壮汉两种语言，熟悉壮汉两种文化，学习现代科学文化知识，顺利进入主流社会，为国家经济、社会发展服务。但是，国家价值目标的实现，并不是要以取消或否定个人价值和地方价值为代价的。实际上，国家价值、地方价值和个人价值三者之间具有内在的不可分割的联

---

❶ 滕星. 文化变迁与双语教育：凉山彝族社区教育人类学的田野工作与文本撰述［M］. 北京：教育科学出版社，2001：156－157.

系。国家价值目标的实现，是建立在个人价值目标和地方价值目标实现的基础上的。如果壮族学生通晓壮汉两种语言，适应不同的民族文化，那么他（她）的学业质量、文化认同感、民族自信心都会得到相应提升，这不仅有利于他（她）学好现代科学文化知识，也有利于民族文化的传承，最终促进社会发展和民族团结。从层次上看，国家、地方和个人的双语教育价值取向分别处于宏观、中观和微观三个层面，其中，地方价值取向往往结合了地域和民族的因素，是连接个人生活经验和国家价值目标的中介。比如，理想的国家认同教育模式应是从培养受教育者的乡土认同和民族认同出发，由珍爱家园、重视乡土开始，达到认同民族文化，再上升到热爱国家。这样循序渐进、由近及远、由浅至深的爱国主义和民族团结教育才能产生深远、实在的效果。

因此，在壮族地区，只强调双语教育为政治、经济、社会发展服务的取向是不够的，而单纯从个人升学、就业的功利目的出发来评价双语教育也有失偏颇。壮族地区的可持续发展需要民族文化的滋养，需要培养对民族文化和主流文化具有高度认同的跨文化人才，这也要通过壮汉双语教育才能实现。因此，壮汉双语教育价值的国家取向、地方取向和个人取向三者的关系是互补的、和谐的。我们需要兼顾壮汉双语教育的内在价值和外在价值，工具价值和人文价值，整合壮汉双语教育价值取向的国家利益、地方利益和个人利益。

（三）时代性

从教育价值取向的时代变迁视角来看，在 20 世纪 50～80 年代，民族地区的双语教育和普通教育一样，过于强调"国家—社会"本位的价值取向，体现的是不分地域、族群的国家"大一统"的教育原则和教育为政治、经济服务的基本理念，而极少关注双语教育的"地方—个人"的价值取向。20 世纪 90 年代以后，随着中国社会从计划经济到市场经济的转型，多元文化社会的格局开始彰显，人们开始更多关注地方、个人的利益和话语权，教育的地方、个人价值取向也日益受到关注。壮汉双语教育的地方、个人价值取向的实现不仅有其必要性，而且也具有可行性。从学校教育体制的内部改革来看，2001 年，教育部颁布了《基础教育课程改革纲要（试行）》，规定"改变课程管理过于集中的状况，实行国家、地方、学校三级课程管理，增强课程对地方、学校及学生的适应性"。这就为基础教育阶段乡土知识能够影响并以一定的方式进入学校课程提供了重要政策依据，为学校教育在传承乡土知识和保护文化多样性方面能够发挥应有的积极作用，也营造了基础性的制度环境。❶ 在外部环境支持方面，近年来，广西壮族自治区有关部门积极实施民族文化保护和发展政策，将少数民族的语言文化作为地方经济社会可持续发展的重要资源进行开发利用，从而为壮汉双语教育的地方、个人价值目标的实现提供了更大的可能空间。

因此，壮汉双语教育的国家、地方和个人价值取向的表征及实现，具有鲜明的时代特征和积极的现实意义，既是当代中国社会政治、经济、教育、文化发展到一定历史阶段的产物，也是国家利益、地方利益和个人利益在当下少数民族地区复杂的文化权力格局和文化生态环境中相互对话、协商、妥协的结果。

四、壮汉双语教育价值取向的实现路径

我们认为，应当采取整合的策略，从实施"多元文化整合教育"、培训多元文化教师、改革教学和评价方式三条路径出发，拓展壮汉双语教育价值取向的现实空间，使其从"应然"走向"实然"。

（一）实施"多元文化整合教育"

实现壮汉双语教育价值取向的关键在于对壮汉双语教育目标的正确定位和认识。壮族地区的教育行政部门和学校不能仅仅把壮汉双语教育局限

---

❶ 海路，巴战龙，李红婷. 珍视乡土知识传承民族文化："中国乡土知识传承与校本课程开发研讨会"综述 [J]. 广西民族大学学报：哲学社会科学版，2009（6）：87 - 90.

于作为"贯彻民族平等政策"和"以壮促汉"的手段，而应将壮汉双语教育视为促进壮族学生全面发展、提高其文化适应能力，以及促进民族文化传承、推动壮族地区社会发展的重要途径和载体。

为此，壮族地区的学校教育应实施"多元文化整合教育"。多元文化整合教育理论认为，"一个多民族国家在担负人类共同文化成果传递功能的同时，不仅要担负传递本国主体民族优秀传统文化的功能，而且同时也要担负起传递本国各少数民族优秀传统文化的功能"。❶ 多元文化整合教育的对象不仅包括少数民族学生，也应该包括主体民族学生。"多元文化整合教育"较好地兼顾了壮汉双语教育价值取向中国家利益、地方利益和个人利益的平衡关系，是一种比较理想的少数民族语言教育模式。当然，这一模式在实际操作中还面临许多问题，如不同地区、不同类型的学校对双语教育的要求不一，不同学段（学前班、小学、初中、高中）双语教育的形式和内容也不相同，如何科学安排双语教育课程及教学时数，如何开发双语教育课程资源，如何改革双语教育评价机制，如何进行双语教育的教材建设和师资建设，等等。这些问题有待人们在壮汉双语教育的实践工作中进一步探索和解决。

（二）培训多元文化教师

教师是壮汉双语教育工作的具体实施者，也是壮汉双语教育中最重要的课程资源。教师文化素养的高低，在很大程度上决定了双语教育的成败与否。要有效实施"多元文化整合教育"，需要教师具备一定的多元文化教学知识和技能。如果教师没有一定的多元文化知识和素养，就很难实施多元文化教育，培养出相应的具有一定多元文化意识的学生。

因此，有关部门和学校应加强对双语教师进行多元文化教育方面的培训。在培训的内容上，应结合国家的民族政策、双语教育的培养目标、少

---

❶ 滕星. 文化变迁与双语教育：凉山彝族社区教育人类学的田野工作与文本撰述［M］. 北京：教育科学出版社，2001：157 – 158.

数民族学生的特殊性、多元文化教育的理论和方法等多种因素实施；在培训的形式上，应提倡教师在理论学习的基础上进行参与式培训，通过撰写教学札记、设计多元文化教学案例、参与现场讨论等形式交流学习心得，反思多元文化教育理念的缺失和不足，不断提高教师自身的文化敏感性。

（三）改革教学和评价方式

在树立"多元文化整合教育"目标和提高教师多元文化素养的前提下，应改革壮汉双语教育的教学和评价方式，提高壮汉双语教育的质量和绩效。

在教学方式的改革上，首先，教师应积极贯彻基础教育课程改革的理念，以培养学生的全面和谐发展为目标，改变以教师为中心的"满堂灌"的传统教学方式，注重学生实践的、互动的、参与式的学习方式，在教学中积极开展互动、交流、讨论，创造民主平等的教学氛围；其次，教师要积极开发和利用各种课程资源，特别是民族地区丰富多彩的语言、历史、地理、文学、艺术、风俗、生计等"地方性知识"，以及学生的日常生活经验。课程资源的开发和利用应满足少数民族地区文化多样性对学校教育的需求，有利于促进少数民族学生在学校中的文化适应。

在评价方式的改革上，应改变"唯分数论"的单一评价观，代之以发展性的评价原则。这就要求双语教育评价要以学生的发展为中心，为学生的发展服务，把评价过程看作一个促进学生自身不断完善和提高的过程，将其贯穿于学生双语学习活动的始终。在评价的具体方法上，应注意双语教育评价的多样性和灵活性，将诊断性评价、形式性评价与总结性评价有机结合，质性评价与量化评价相互补充，综合运用教师评价、学生自评、同学评价以及家长评价等多种方法。

第十六章　壮汉双语教育模式变迁论[*]

在一个多民族国家中，少数民族群体一般都要接受以本民族语和国家通用语为教学媒介语言的双语教育，才能在进入主流社会的同时保留和传承本民族语言文化，实现"多元文化整合教育"。^❶ 双语教育模式在不同国家、不同民族地区呈现不同的实践样态。麦凯（Mackey）较早将双语教育模式分为过渡型双语教育（Transitional bilingual education）和保持型双语教育（Maintenance bilingual education），这在国际双语教育学界具有开山之功。^❷ 科林·贝克（Colin Baker）对过渡型和保持型两类模式的教育目标做了区分。过渡型双语教育的目标是使少数民族儿童从本民族语言转向主体民族的语言，最终将少数民族儿童在文化及认同方面同化到主流社会。保持型双语教育的目标则是培养少数民族儿童的母语能力，促进双语发展，加强少数民族的文化认同意识。在此基础上，科林·贝克从强势双语教育（Strong forms of bilingual education）和弱势双语教育（Weak forms of bilingual education）两大类划分了 10 种具体的双语教育模式类型。其中，过渡型双语教育是弱势双语教育的代表，保持型双语教育是强势双语教育的代表。在强势双语教育中，双向/双重型双语教育（Two - way/dual bilin-

---

* 本章主要内容曾刊发于《广西民族研究》2016 年第 5 期，执笔人：海路。

❶ 滕星. 文化变迁与双语教育：凉山彝族社区教育人类学的田野工作与文本撰述［M］. 北京：教育科学出版社，2001：156 – 158.

❷ Mackey, W. F., A Typology of Bilingual Education［J］. Foreign Language Annals, 1970 (3)：596 – 606.

gual education）也具有相当的代表性。❶ 国内双语教育模式一般分为民语主导型、汉语主导型及民汉语兼用型三类。❷ 其中，民语主导型、汉语主导型和民汉语兼用型在民汉双语教育政策与实践中通常对应于"一类模式""二类模式""三类模式"的提法。另有学者将国内双语教育类型分为保存型、过渡型和权宜型三类，❸ 这与国际双语教育的基本模式大致相当。目前，已有一些研究文献对我国民汉双语教育模式的变迁及新疆等省区的民汉双语教育模式进行了研究，❹❺❻ 但对具体某一民族双语教育模式的研究还不够深入，当前民汉双语教育研究重点应聚焦于"具体语言的双语教学"而非抽象的双语教育理论，❼ 从中总结、提炼不同语言和社会背景中民汉双语教育的模式和经验。本章对壮汉双语教育模式变迁的系统研究，能够为我国民汉双语教育研究提供有益的参考和借鉴。

壮族是我国人口最多的少数民族。在 2010 年的"六普"中，壮族人口为 1692.64 万人，占全国总人口的 1.27%，其中广西壮族自治区壮族人口为 1658.72 万人，占全国壮族人口的 95.99%，占广西壮族自治区总人口的 32.15%。壮族的本民族语为壮语。壮语属汉藏语系壮侗语族壮傣语支。广西壮族自治区语言文字工作委员会（以下简称"广西区语委"）2000 年组织的调查表明：绝大多数（90.46%）壮族调查对象能说壮语，其中大部分人（84.95%）在日常生活中使用壮语。❽ 历史上，壮族有自己

❶　[英] 科林·贝克. 双语与双语教育概论 [M]. 翁燕珩，等译. 北京：中央民族大学出版社，2008：199 – 224.

❷　王洪玉. 少数民族双语教育发展模式及其特征 [J]. 甘肃高师学报，2006 (4)：91 – 93.

❸　周庆生. 中国双语教育类型 [J]. 民族语文，1991 (3).

❹　周庆生. 论我国少数民族双语教学模式转型 [J]. 新疆师范大学学报（哲学社会科学版），2014 (2)：122 – 128.

❺　王鉴. 中国双语教育模式的发展与建构 [J]. 中国民族教育，2015 (10)：15 – 17.

❻　张梅. 新疆少数民族双语教育模式及其语言使用问题 [J]. 民族教育研究，2009 (4)：96 – 101.

❼　万明钢，刘海健. 论我国少数民族双语教育：从政策法规体系建构到教育教学模式变革 [J]. 教育研究，2012 (8)：81 – 87.

❽　陈海伦，李连进. 广西语言文字使用问题调查与研究 [M]. 南宁：广西教育出版社，2005：165 – 166.

的语言但无本民族通用文字，❶ 而壮族地区的正式教育（包括私塾教育和
学校教育）历来都是教授汉语文。因此，壮汉双语教育模式是指在正式的
教育教学中壮汉两种教学语言的具体结合方式。大约从西汉末年开始，壮
族地区就有了私塾教育，在教学过程中开始使用壮汉两种语言。此为壮汉
双语教育的开端。从西汉末年至今，壮族地区正式教育中壮汉双语教育模
式的发展主要经历了壮汉双语单文模式、壮语文主导模式、壮汉双语
（文）同步教学模式和汉语文主导模式四种历时形态。本章主要就壮汉双
语教育模式的类型、特征及影响因素进行分析和总结。

一、壮汉双语教育模式的主要类型

本章将壮汉双语教育模式的主要类型分为壮汉双语单文模式、壮语文
主导模式、壮汉双语同步教学模式和汉语文主导模式四类。

（一）壮汉双语单文模式

覃乃昌认为，壮族地区的私塾教育大约始于西汉末年至东汉初年。❷
壮族地区私塾教育的内容是四书五经等儒家经典，教学语言是汉语。由于
壮族学生在入学前母语为壮语，因此必须通过第一语言（壮语）辅助的方
式来学习第二语言（汉语），才能便于理解教学内容。因此，壮族地区私
塾和学校的启蒙教师大多都会壮语，采用壮语辅助讲解汉语文的方式来进
行教学。这便是壮族地区传统意义上的壮汉双语单文的双语教育模式。这
种教育模式的特点是，以教授汉语文为主，壮语只是在壮族儿童学习的初
级阶段作为学习汉语的辅助工具。用少数民族母语辅助汉语教学是一种自
发形态的双语教育模式，这在我国南方无传统民族文字的少数民族地区较

---

❶ 壮族民间曾有借助汉字创造的土俗字（俗称"老壮文"），主要用于记录山歌唱本、师公
调、券契、碑文等，但未能在本民族中通行。

❷ 覃乃昌. 试论拼音壮文推行困难的基本原因——以广西武鸣县为例［J］. 广西民族研究，
1995（2）：109.

为普遍。

世界少数民族语文研究院专家白丽珠认为："虽然这种教学没按照正规的方法进行，但是它有计划、有系统地把母语综合到教学进程当中，很多学生还是从中获益匪浅。"❶ 从西汉末年至今，壮汉双语单文教育模式在壮族地区的学校教育中已有1000多年的绵长历史，在20世纪50年代中期拼音壮文创制之前一直是壮族地区双语教育的唯一模式。

（二）壮语文主导模式

从20世纪50年代初期开始，我国政府组织有关专家调查壮语并研究创制拼音壮文。1957年11月国务院批准《壮文方案（草案）》并同意在壮族地区逐步推行。1957年秋，在武鸣、龙州、柳城、平果4县7所小学的8个一年级班试用壮文课本（语文、算术）进行试验教学。❷ 这可以说是壮族地区壮汉双语双文教学模式的初步探索。截至1966年已有14个县的部分小学开设了壮文课。"文化大革命"开始后，壮文推行工作被迫停止，壮汉双语双文教育模式还没有得到很好的总结就夭折了。

1980年6月，中共广西壮族自治区党委决定恢复推行壮文。1981年秋武鸣县、德保县的部分小学进行壮文试点教学，教学效果良好。1983年7月，自治区人民政府批转自治区语委、自治区民委、自治区教育局《关于在马山等二十二个县部分小学使用壮文教学试点和农村使用壮文扫盲的报告》，决定将壮文进校工作在马山等22个县全面铺开。1981—1989年，广西的壮文进校实验工作由自治区少数民族语言文字工作委员会（以下简称广西区民语委）主管，其指导思想是希望在壮族地区建立起从小学到大学的"一条龙"的壮语文教学系统，"争取到1990年，壮族地区小学全部用壮文教学"，❸ 因而在学校教育中采用的是以壮语文教学为主的语言教学模

---

❶　[美] Margaret Milliken（白丽珠）. 双语教学对中国少数民族的便利和希望 [J]. 卢岱，译. 广西民族研究，1995（4）：69 - 74.

❷　广西壮族自治区地方志编纂委员会. 广西通志·少数民族语言志 [M]. 南宁. 广西人民出版社，2000：777.

❸　覃晓航. 壮文教育史略 [J]. 民族教育研究，2004（3）：89 - 92.

式。从小学一年级开始教壮语文，三年级或四年级才开设汉语文课；除汉语文和英语外，小学和初中各科均用壮语文教学。这种以壮语文教学为主的双语教育模式称为"壮语文主导模式"。

据统计，截至 1989 年，全自治区小学壮文试点发展到 45 个县 306 所小学 1 071 个班，学生 308 791 人（其中学前班 211 个，在校学生 6 059 人），有 22 个县开办民族中学共 22 所 67 个班，在校学生 3 499 人。❶

（三）壮汉双语同步教学模式

1990 年 2 月，自治区党委和政府下发《广西壮族自治区人民政府印发自治区壮文指导委员会第二次会议纪要的通知》，决定将壮文进校工作从广西区民语委转交区教委管理，并提出要以壮文进小学为重点，将"以壮为主、壮汉结合、以壮促汉、壮汉兼通"十六字作为壮文进小学的办学方针。初中只开设一门壮文必修课，高中暂不推行壮文。

为了贯彻落实"十六字方针"，自治区教育管理部门总结开发出了"壮汉双语同步教学模式"，其具体要求是：学前班壮族学生先学好壮文的声韵母，在具有良好的壮语语音直呼能力的基础上，从一年级开始采用壮汉双语文同步教学的方式。壮汉同步教学的教材是一样的：壮文教材均翻译自汉文统编教材（除古诗文部分和汉字结构部分外）；同一篇课文用壮汉两种语言教学，第一节课为壮文教学，第二节课为汉文教学。在教学过程中壮汉两种语言教学相互促进、协调，共同完成一篇课文的教学任务。壮汉双语同步教学模式要求学生具有良好的壮语基础，比较适合农村壮族聚居区普遍说壮话的壮族学生，便于他们借助母语来促进汉语学习，同时对壮汉双语教师的要求也比较高。

1990—2011 年，同步教学模式几乎是这一时期广西壮文实验小学壮汉双语教育的唯一模式。截至 2011 年秋，全自治区有 26 个县（市、区）64

---

❶ 广西壮族自治区地方志编纂委员会. 广西通志·少数民族语言志［M］. 南宁：广西人民出版社，2000：788.

所壮文实验小学采用"同步教学模式"开展壮汉双语文教学，在校生 16 719 人。❶ 壮汉双语同步教学模式还被认为是广西独创的一种民汉双语教育模式，"与我国其他少数民族兄弟省区的民汉双语教学方法完全不同"，❷ 为我国民族地区双语教育模式的理论和实践探索作出了一定贡献，并获得 2014 年基础教育国家级教学成果奖二等奖。

（四）汉语文主导模式

2012 年，自治区教育厅下发《关于印发〈壮汉双语教育二类模式实施办法〉的通知》，决定在壮族地区部分农村中小学实施"壮汉双语教育二类模式"实验。其基本特点是：在国家课程（以汉语文为教学语言）的基础上，壮族地区有关中小学增设一门壮语文课程。"预备班（学前教育阶段）开设壮语言类教学活动课，义务教育阶段开设壮语文课程。壮语文课程属于必修课程，纳入地方课程管理。"❸ 由自治区教育厅民族教育处（民族教育发展中心）组织编写二类模式教材。自 2012 年秋季学期开始，壮汉双语教育二类模式教学实验已在德保县那甲乡中心小学等 15 所学校实施。截至 2014 年 9 月，已编写出版了从学前班到小学二年级的壮汉双语教育二类模式壮语文地方教材，并在有关壮汉双语实验学校投入使用。实施壮汉双语教育二类模式的学校（小学和初中），除增设一门壮语文地方课程、使用壮语文教学外，其他所有课程都用汉语文教学。因此，这种壮汉双语教育模式可归为"汉语文主导模式"。

需要说明的是，以上四种类型的壮汉双语教育并不是明确地截然分开、历时存在的，它们在当前壮族地区的学校教育中呈现出互相交叉、共时存在的互嵌状态。如目前在壮族聚居的武鸣县等地，既包括政府规划实施的壮汉双语实验学校中的同步教学模式和二类教学模式，也包括农村聚

❶ 有关信息由广西壮族自治区教育厅民族教育处提供。
❷ 郑作广. 广西小学壮汉双语教学研究［M］. 桂林：广西师范大学出版社，2004：18.
❸ 广西壮族自治区教育厅. 关于印发《壮汉双语教育二类模式实施办法》的通知（桂教民教〔2012〕11 号）［R］. 南宁：广西壮族自治区教育厅，2012－07－30.

居区非壮汉双语实验学校的双语单文模式。❶ 总的来看，当前壮族地区已初步形成了多种壮汉双语教育模式共存互补的格局，有利于满足处于不同语言环境、拥有不同教学资源的壮族中小学开展壮汉双语教育的需要。

二、壮汉双语教育模式的发展特征

依据双语教育的目标和性质分析，壮汉双语教育模式的历时发展呈现出以下几个鲜明的特征。

（一）壮汉双语单文模式：以学习主流语言、文化为目的

在壮汉双语教育发展的第一个阶段，即从西汉至中华人民共和国成立初期，由于壮族只有本民族语言而无本民族通用文字，所以这一阶段壮汉双语教育模式的特征是单纯地学习汉语文，接受的是主流文化教育，内容主要是四书五经等儒家经典。梁庭望指出，这种双语教育模式的目的只是为了学习汉语和主流文化，壮语只是作为学习汉文化的一个过渡性工具。❷ 在封建社会中，能享受学校教育的大都是壮族地区上层社会或富裕家庭的子弟，广大壮族平民百姓的子弟往往被排除在外。❸ 因此，通过这种教育模式培养出来的壮族知识分子数量极少。由于汉文教育完全与壮族的思维、生活和文化相脱节，所以这种崇尚汉文化的单一教育模式培养出来的壮族知识分子和官员大都对壮族文化缺乏真正的认同，甚至鄙视壮族文化。❹

因此，从教育目标上看，传统上壮汉双语单文模式对应的是国际上的过渡型双语教育模式，教育目的是将壮族的语言、文化同化到主流社会的

---

❶ 海路. 壮汉双语教育的现状、问题及对策——以广西壮族自治区武鸣县三所壮文实验学校为个案 [J]. 广西民族研究, 2015 (4)：106 – 112.

❷ 海路, 梁庭望. 壮汉双语教育的特点及反思——访著名壮学专家梁庭望 [A] //韦兰明. 壮汉双语教育研究 (第一辑). 南宁：广西民族出版社, 2013.

❸ 李彦福, 何龙群. 壮族教育史略论 [J]. 广西民族研究, 1994 (3)：86 – 94.

❹ 梁庭望. 论壮族文化的断裂现象 [J]. 广西民族研究, 1988 (4)：93 – 99.

语言、文化中，其实质是一种单一文化的教育，对壮族文化的传承和发展并无积极作用。

（二）壮语文主导模式：以保护、发展本民族语言、文化为目的

在壮汉双语教育发展的第二个阶段（1980—1989年），由于自治区党委决定自上而下恢复推行壮文，学校壮文教学即语言习得规划成为其中的重要一环。作为民族文字管理机构的广西区民语委以推行壮文为己任，以北方历史上有传统民族文字民族（如蒙古族、朝鲜族）的双语教育模式为参照系，组织有关人员编写了从小学到高中的系列壮语文教材，大力培训壮文师资，深入开展壮文教学，试图建立一套完整的壮语文教学体系。由此，广西的壮汉双语教育模式从之前的汉文教学变成了一边倒的壮文教学。壮语文主导模式的教育目标旨在保护和发展壮族的语言、文字，其本质是民族语言文化教育，对应的是国际上的保持型双语教育模式。

由于广西各地壮语方言差异甚大，以武鸣县双桥话为标准音的拼音壮文推行起来有较大难度；加之壮语文主导模式在实施过程中过于侧重民族语文教学，导致壮文实验学校的汉语文教学质量相对偏低，学生的期考和中考成绩普遍不理想，而现实的社会环境和社会评价（考试、升学、就业等）还是以汉语文教学成绩为标准。因此，这种教育模式在一定程度脱离了客观的社会条件和主观的群众愿望，特别是不能满足壮族学生家长和社会对提高壮族学校教育质量的要求，因而到后期遭遇了诸多难题。

（三）壮汉同步教学模式：以培养壮汉兼通的人才为目的

1990—2011年是壮汉双语教育发展的第三个阶段。1990年壮文进校教学实验工作转归教育部门管理后，根据"以壮为主、壮汉结合、以壮促汉、壮汉兼通"的十六字指导方针，区教委开发出了壮汉双语"同步教学"模式。虽然在自治区政府文件层面（如《自治区壮文指导委员会会议纪要》）还是沿袭以往的"壮文教学"和"壮文进校实验工作"的提法，没有明确提出"双语教学"的概念，但在教育管理部门和壮文实验学校的

具体操作和实践中则突出强调了"壮汉双语（文）教学"。因为同步教学模式是以学习、掌握壮汉两种语言文字为目标的，壮文实验小学大都基于"壮汉结合、以壮促汉"的原则开展具体的壮汉双语文教学，这和之前单纯强调壮语文教学的模式有了本质区别。因此，这种双语教育模式的特征在本质上是双语教学，即强调两种语言的结合和两种语言文字的学习。壮汉同步教学模式的教育目标是"壮汉兼通"，即培养壮族学生学习和掌握壮、汉两种语言，在接受主流文化教育的同时传承民族文化。这一模式对应的是国际上的双向/双重型双语教育模式。

虽然同步教学模式旨在培养"壮汉兼通"的壮族学生，但有研究表明，实施该模式的一些学校往往只注重其中的"以壮促汉"而有意或无意地忽视了"以壮为主"，壮汉双语文教学工作的主要目标是学好汉语文，壮语文学习成为一种形式。❶

（四）多样化的壮汉双语教育模式：因地制宜开发双语教育的多重功能

2012 年，自治区教育厅印发了《壮语文课程标准（试行）》《壮汉双语教育二类模式实施办法》等文件，决定在壮族地区的部分中小学实施二类模式教学实验。同时，原有的壮汉双语同步教学模式（主要针对壮语基础生源较好的学校）也给予保留和完善。此外，非壮汉双语实验学校仍然存在传统意义上的壮汉双语单文模式。这样，当前壮族地区的学校教育就出现了多种壮汉双语教育模式并存的格局。自治区教育行政部门也不再指定哪一种模式占主导，或是要求推行某一种模式，而是强调"针对壮族学生实际和各年龄段学生的语言状况、语言接受能力的不同，课堂教学采取不同的教学方法"，"根据学生的特点，不断改进课堂教学模式和教学方

❶ 滕星. 壮汉双语教育的问题及转向［J］. 广西民族大学学报（哲学社会科学版）2012（4）：7 – 11.

法"，❶ 即允许学校根据本校的实际情况去选择适当的壮汉双语教育模式。可见，"适切性"是当前壮汉双语教育模式选择和实施的关键。

此外，自治区教育部门对壮汉双语教育的功能定位也有了较大拓展，不再把它局限于语言教学（包括单语或双语教学）的层面上。2012 年下发的《广西壮族自治区人民政府办公厅转发自治区教育厅等部门关于进一步加强壮汉双语教育工作意见的通知》和《壮语文课程标准（试行）》等纲领性文件指出，壮汉双语教育除"以壮促汉"的语言教学功能外，还具有儿童智力开发、教育质量提升、民族文化传承、壮汉兼通人才培养等诸多功能，因而学校和教师在教育教学实践中应积极开发壮语文教育的多重功能。

因此，我们可以认为，现阶段壮汉双语教育模式呈现多样化的格局，其目标也不再局限于单纯的语言文字教学，而是因地制宜地开发壮汉双语教育所具有的多重功能。

三、壮汉双语教育模式的主要影响因素

影响壮汉双语教育模式的发展变迁的因素有多种，本章主要从语言环境、语言认同两方面分析。

（一）语言环境

历史上壮族没有本民族文字，壮族群众在家庭和社区的日常生活交际语言都用壮语，只有少数人上私塾或学校接受汉文教育，因此出现了语（言）文（字）断裂的状态。❷ 由于语言差异，导致壮族人在学习汉语文中母语（壮语）思维和第二语言（汉语）思维不同步，学习难度大，在壮汉双语单文模式下能读书入仕的人毕竟只是极少数，这样就造成了壮族地

---

❶ 广西壮族自治区教育厅. 关于印发《壮汉双语教育二类模式实施办法》的通知（桂教民教〔2012〕11 号）〔R〕. 南宁：广西壮族自治区教育厅，2012 - 07 - 30.

❷ 梁庭望. 论壮族文化的断裂现象〔J〕. 广西民族研究，1988（4）：93 - 99.

区学校教育质量的低下。

1957 年广西推行壮文以来，拼音壮文因简便易学曾一度迅速推广。1958—1960 年，学习壮文的群众达 290 多万人，其中达到脱盲水平的有 70 多万人，有 120 多万人学会了声、韵、调和简单的拼写、造句。❶ 当时为了创造拼音壮文的使用环境，在政府公文、扫盲、报刊、书籍、广播等许多场合都开始使用壮文，至"文化大革命"前壮文已有一定的语言使用环境。20 世纪 80 年代初期拼音壮文恢复推行，间接促进了当时壮语文主导模式的实施。

20 世纪 80 年代中后期，随着改革开放的深入，以汉语文为载体的大众传媒（报刊、广播、电视等）的广泛传播，民族地区经济的快速发展，少数民族对外交往的日益增多，壮文本已狭窄的使用空间进一步缩小，主要局限于政府公章、单位牌匾、文艺创作、民族研究、壮汉双语文实验教学及少量的报刊、书籍和影视广播等领域。相比之下，少数民族对国家通用语言文字的需求进一步提高，在升学、就业、工作、交往等方面，一边倒的是使用汉语文的社会环境。"学而无用"成为壮文教学发展的最大瓶颈。在这种"以汉为主"的社会语言文字使用环境下，学校教育大力推行壮语文主导模式已显得不合时宜。

壮汉双语同步教学模式从 1990 年开始在壮文实验小学实施，其前提是学生具有较好的壮语基础，该模式在实施初期也取得了较好的教学效果。进入 21 世纪以来，特别是 2001 年《中华人民共和国通用语言文字法》颁布实施以来，随着大众媒体的进一步普及（特别是网络、手机等新媒体的兴起），少数民族地区流动人口的增加，壮族地区的双语社会环境和家庭语言代际传承状况有了较大变化。一个明显的趋势就是壮族儿童中以汉语为第一语言的人数比例不断上升。笔者的调研表明，2013 年以来，在壮族聚居的武鸣县县城及乡镇的壮文实验学校中，60% 以上的壮族学生入学前

---

❶ 广西壮族自治区地方志编纂委员会. 广西通志·少数民族语言志 [M]. 南宁：广西人民出版社，2000：778.

第一语言已不是壮语而是汉语。因此，当前壮族地区中小学生的家庭语言背景具有多样性，其中既有第一语言为壮语的，也有第一语言为汉语的，还有基本掌握壮汉双语的。壮族儿童家庭语言背景的嬗变，无疑给以标准化的壮汉"同步教学"模式带来了新的挑战。武鸣县 XH 镇 Z 小学一位壮文教师在接受访谈时说："现在的（壮族）小孩都不会说壮话，跟爷爷、奶奶、爸爸、妈妈都用普通话交流。即使是壮汉双语老师，在家里也很少主动和自己的小孩说壮话，一个班有时 80% 到 90% 的学生都不会壮话。所以，学校老师教起壮文来非常困难。……我们现在变成'以汉促壮'而不是'以壮促汉'了。"❶

　　学生家庭语言背景的变化给学校双语教育带来的问题是：民族语文教学并不一定是少数民族学生的第一语言教学，即学生的族裔身份和他（她）在家庭、社区中习得的语言并不相符。从语言习得规划的角度审视，以往的壮汉双语教育主要针对第一语言学习者（具有壮语背景的壮族学生），在教学中让学生借助母语（民族语）学习第二语言（汉语），而今后壮汉双语教育模式和教学方法的改革，应尽量满足来自不同层面的家庭语言背景的壮族学生——特别是来自城镇的第二语言学习者（具有汉语背景的少数民族学生）——的学习需求。这对于壮汉双语教育的规划者和实践者而言，确实是一个值得高度关注的问题。在这方面，新加坡华语教育的经验可以给我们提供一定启示。有研究表明，基于华人家庭语言环境的变迁，近年来关于新加坡华语教育是第一语言教学还是第二语言教学在语言教学和规划领域争论不休，而教学改革的总体趋势是向二语学习（英语背景学生）倾斜。❷

（二）语言认同

　　尽管壮族是中国人口最多的少数民族，说壮语的人口在中国少数民族

　　❶　海路. 壮汉双语教育的现状、问题及对策——以广西壮族自治区武鸣县三所壮文实验学校为个案 [J]. 广西民族研究，2015（4）：106－112.
　　❷　赵守辉，王一敏. 语言规划视域下新加坡华语教育的五大关系 [J]. 北华大学学报（社会科学版），2009（3）：50－51.

中也位居第一，但壮族对本民族的语言认同并不十分强烈。国外学者克洛斯（H·Kloss）、弗格森（C·A. Ferguson）及斯图尔特（W·A. Setward）等研究发现，语言地位和语言认同并不能简单地取决于操某种语言的人口数量。与说某种语言的绝对人口数量相比，经济、政治、文化宗教等因素对语言地位的影响更大。❶ 就壮族的语言认同而言，其影响因素主要包括：（1）该语言及语言社团的社会经济地位；（2）该语言对比其他语言/方言的社会声誉；（3）该语言是否具有大传统（Great tradition）。

首先，壮语的社会经济地位相对较低。从历史上看，虽然壮族是广西的原住民族，但由于方言土语甚多、差异较大及历史、政治、经济和文化等因素，壮语始终未能形成一种主导方言或完全的本民族共同语，各方言土语区人民之间的交际往往都以汉语为中介语。❷ 反之，汉语自秦汉进入广西以来，就因其承载先进的文化和技术而逐渐处于强势地位，在宋代以后一直是广西各民族的通用语言和官方语言，享有较高的社会经济地位，"在壮族地区，主要的政治经济文化中心城市使用的语言是汉语而不是壮语"，❸ 壮语只是一种主要用于家庭和社区内部的"乡村语言"，社会经济地位不高。在古代，壮族人要想改变自己的社会经济地位，往往通过读书入仕，接受壮汉双语单文模式的教育，即汉文化教育，这就导致壮族知识分子和壮族官员普遍缺乏文化自信，甚至"亲汉疏壮"，以学习、攀附汉族为荣。

其次，壮语与广西境内的其他语言/方言相比，属于"低声誉"语言。广西区语委 2000 年组织的语言调查结果表明，认为普通话"比较有社会影响"和"很有社会影响的"分别占调查对象的 19.89% 和 67.62%，即 87% 的调查对象认为普通话社会影响力较大，这一比例远高于其他语言或

---

❶ 赵守辉，王一敏. 语言规划视域下新加坡华语教育的五大关系 [J]. 北华大学学报：社会科学版，2009（3）：49.

❷ 覃乃昌. 试论拼音壮文推行困难的基本原因——以广西武鸣县为例 [J]. 广西民族研究，1995（2）：108.

❸ 陈海伦，李连进. 广西语言文字使用问题调查与研究 [M]. 南宁：广西教育出版社，2005：65.

方言。关于"今后国内交往中比较重要的语言"（多选题），选择普通话、西南官话（桂柳话）、粤语邕浔话（南宁话）、壮语者依次为 96.1%、15.5%、5.57% 和 5.26%，而调查对象中说壮语的占 35.56%。❶ 可见，壮语在广西境内的声誉不仅低于普通话，也低于西南官话、粤语等汉语方言。壮族在讲普通话时夹杂着壮语口音的"夹壮"现象甚至成为一些人茶余饭后的笑料。"在广西，人们说普通话时夹杂地方口音如'夹官、夹白、夹玉林、夹全州'等是客观存在的，有的夹得还相当严重，但是唯独'夹壮'成了一个特定的、略带歧视的贬义词。各地还流传着许多嘲笑'夹壮'的笑话。"❷

最后，壮语并不是一种具有"大传统"的语言。"大传统"（Great tradition）与"小传统"（Little tradition）的术语，最早是由美国人类学家芮德菲尔德于 1956 年提出，用以说明在一个文明社会内部存在着两种不同层次的文化传统，"大传统是在学堂或庙堂之内培育出来的，而小传统是自发地萌发出来的，然后它就在它诞生的那些乡村社区的无知的群众的生活里摸爬滚打挣扎着持续下去。"❸ 在学术界，"大传统"与"小传统"对应的是精英文化与通俗文化，都市文化与乡村文化。在广西，汉语（文）是由城市统治阶级和知识分子等精英阶层掌握的正式书写文字系统，汉语文通过与国家政权的结合，"掌握了书写历史的权力与主导话语"，❹ 且具有丰富的文献典籍和文学作品，是一种具有"大传统"特点的语言。而壮语则是由下层社会的普通村民、平民大众在日常生活中口耳相传的非正式的口头语言系统，缺乏相对应的文字和文献记载本民族语言文化，是流行于乡村民间的"小传统"语言。

---

❶ 陈海伦，李连进. 广西语言文字使用问题调查与研究 ［M］. 南宁：广西教育出版社，2005：187.

❷ 覃凤余. 文化对接中的民语/方言濒危——以广西壮语为例 ［N］. 广西民族报，2013 – 10 – 25（005）.

❸ ［美］罗伯特·芮德菲尔德. 农民社会与文化：人类学对文明的一种诠释 ［M］. 王莹，译. 北京：中国社会科学出版社，2013：95.

❹ 奚彦辉. 中国人文化成思想的本土心理学探究 ［M］. 哈尔滨：黑龙江大学出版社，2012：80.

历史上，由于没有本民族通行文字，壮族一些道公、歌师、民间文人常借助于汉文记录壮语（民间的"土壮字""古壮字"，借用汉字的偏旁部首来构架和书写壮语），实际上这是"小传统"的壮语对"大传统"的汉语的一种采借。由于壮族地区没有拼音文字的传统，很多壮族群众认为上学就是"学汉字"，文字就是方块字，弯弯曲曲的字母是外文或英文。❶甚至在《壮文方案》颁布后，还有人认为拼音文字是苏联专家造的，不是壮族自己的文字。部分壮族群众对拼音文字有一种根深蒂固的不认同甚至排斥心理。拼音壮文推行的举步维艰，与壮族对语言文字认知的传统文化心理也有莫大关系。

因此，从历史和现实中人们的语言认同来看，由于缺乏用以记载本族语言的文字传统和文献典籍，壮族地区的中小学不宜像北方有传统通用民族文字的少数民族一样，实施"一条龙"式的壮语文主导教学模式，而是要根据本地区实际情况并结合学生及家长的语言教育需求，选择适宜的壮汉双语教育模式。

四、结　语

广西壮汉双语教育模式的发展历经壮汉双语单文模式、壮语文主导模式、壮汉双语同步教学模式和汉语文主导模式等形态，其教育目标和性质呈现出从汉语言文化教育→壮语言文化教育→培养壮汉兼通人才→开发双语教育多重功能的不同内涵及时代特征。壮汉双语教育模式的发展变迁既受到语言环境变化等外在客观因素的制约，也有语言使用者的语言认同、语言态度等内在主观因素的影响。目前，壮族地区的学校教育中出现了多种壮汉双语教育模式并存的良好格局。壮族地区中小学应根据壮族儿童的语言背景和社区语言态度，以及学校的师资、教材等教学资源，结合教育

---

❶ ［美］Margaret Milliken（白丽珠）. 三种壮文的比较研究［J］. 广西民族研究，1999（2）：79 - 86.

行政部门提供的政策，科学选择适宜本地区本学校的壮汉双语教育模式，其出发点应是在学习国家通用语言和本民族语言的基础上，促进壮族儿童的智力发展，保护和传承民族文化，提高教育教学质量，培养"壮汉兼通"的优秀人才。

壮汉双语教育模式变迁的研究，给我国民汉双语教育规划提供了一些有益的启示：（1）历史、文化、社会、政治、经济等因素对双语教育的影响程度，可能远远大于教育因素和语言因素本身；（2）双语教育从来不只是教育部门或学校内部的工作，它与社会整体生态系统紧密相连，理想的双语教育规划应与更大范围内的社会整体规划的目标保持一致；（3）双语教育的宗旨不应仅局限于语言文字教学本身，而是实施多元文化教育，培养"民汉兼通"的多语多文化人才；（4）双语教育规划的实施应积极关注和回应受教育者的需要，即双语教育规划与政策的制定与实施，宜更多地采取自下而上的"协商"与"合作"策略；（5）双语教育规划的改革应与时俱进，根据社区语言环境、学生语言背景、群众语言态度等因素的变化，及时给予调整、修订和改进。

第十七章 从政策文本到学校行动：双语教育政策执行偏差研究[*]

—— 以广西壮族自治区为个案

一、研究背景

少数民族语言作为文化的重要载体，在世界范围内都受到不同程度的重视。在国家层面的语言和文化政策背景中制定的双语教育政策，其改革和发展往往因时、因地、因民族而异，并无单一模式可言。● 对于双语教育政策研究而言，首先要考虑的问题是：双语教育政策的目标和理念导向到底是什么？鲁伊斯（Ruiz）提出在政策中一般将少数民族语言作为问题、权利或者资源。语言即问题导向把少数民族语言视为习得主体民族语言的障碍，通常表现为过渡性语言教育政策，目的是语言和文化的同化。语言即权力导向是承认人类语言存在的权力，通常表现为单向模式的双语教育，学生在学习主流语言的同时还保留母语的使用。语言即资源导向尊重语言的多样性，开展多语言教育，这被称为双向模式的语言教育。●

有研究者提出双语教育问题有两个层次，一是法律和政策层面的问

＊ 本章主要内容曾刊发于《民族教育研究》2018 年第 5 期，执笔人：江凤娟、海路、苏德。

● 苏德. 以多语教育促进和谐社会与文化建设——兼论少数民族双语教育研究范式［J］. 民族教育研究，2013（3）：26.

● Ruiz, R. Orientations in language planning［J］. NABE Journal, 1984（2）：15–34.

题；二是学习与教学层面的问题。❶ 从教育政策研究的传统视角来看，这是一个问题的不同阶段：双语教育政策的宏观制定和微观执行。当前的政策研究已经突破了传统的关于政策阶段理论的理解，即政策并没有明显的政策制定和执行阶段，因为政策会被执行者实施，他们对政策的理解让政策执行变成一个动态的甚至不相关联的过程。莱文森和斯通（Levinson & Sutton）提出一个社会结构化的方式来分析教育政策，重点分析政策蕴含的权力并强调分析政策偏移，"政策偏移主要是由于政策执行者参与成为政策的一个要素，把一些无关的机构资源甚至自己的偏好也带入了政策"。❷ 柯森（Corson）也认为政策执行过程中，尤其在学校情境中充满着持续的对话和互动，这就意味着行动者正式或非正式地根据自己的方式执行政策。❸ 约翰逊（E. Johnson）在描述语言使用中增加了"实例化"特征，指出在行动之后还应该关注语言政策最后被执行的具体状况，也就是政策如何被再制定以及语言最终是如何被使用的。❹

　　本章尝试以一种脉络化视角理解双语教育政策，通过分析政策文本中蕴含的政策目标和价值导向，以及政策在具体执行过程中被解读的状态和最终行动，探究抽象的文本和学校层面执行者的解释、决策、行动之间究竟产生了何种偏差，进而提出研究的解释框架。需要强调的是，本章没有分析省（市）层面具体政策执行和决策行为，而是将国家和区域层面的政策文本，视为不同层面政策理解和解读的最终表现。为了达到研究目的，从研究内容方面需要：（1）梳理国家和地区层面的语言政策和双语教育政策，从文本的角度分析国家层面的教育政策的价值导向；（2）在此基础上分析双语教育政策在学校层次是如何被解释以及执行的，并建立语言文字

---

❶ 万明钢，刘海健. 论我国少数民族双语教育——从政策法规体系建构到教育教学模式变革 [J]. 教育研究，2012（8）：82.

❷ Levinson，B. A. U. & Sutton，M.（Eds）. Policy as Practice：Toward a Social - Cultural Analysis of Educational Policy [M]. London：Ablex Publishing，2001：3.

❸ Corson，D. Language Policy in Schools：A Resource for Teachers and Administrators [M]. Mahwah，New Jersey：Lawrence Erlbaum Associate，1999.

❹ Johnson，D. C. Critical Discourse Analysis and the Ethnography of Language Policy [J]. Critical Discourse Studies，2011（4）：267 - 279.

政策和课程教学活动、政府和教师个体等两个双向维度的分析框架；（3）在惯习和信念的理论指引下探究双语教育政策执行的解释框架。

此种教育政策研究的意义在于不仅关注本源的政策文本，还强调通过参与者的视角来描述问题，将研究对象和研究问题置于情景之中，便于收集多样化的资料，以分析政策如何被解释、抵制、调适或者接受等，进而探究为什么政策会在执行过程中被改变。为了解释这种改变，需抓取原始政策文本中相互矛盾的因素，从政策文本重构政策执行者行为的边界和责任主体。

二、研究方法和理论框架

为了更好地分析双语教育政策从文本到行动的过程，笔者采用了多层次分析（Multi – layered analysis）的思路。多层次分析有助于理解政策是如何发挥作用的。❶ 在语言政策以及双语教育政策研究中，瑞森特和霍恩伯格（Ricento & Hornberger）提出了一个富有创意的隐喻：将政策行动视为一个洋葱——意指政策是多层次的，同时强调洋葱的中心是教师个体的角色和权力。❷ 后来霍恩伯格和约翰逊（Hornberger & Johnson）通过进一步的研究，重申多层面政策分析的重要性，并强调在具体情景中分析执行语言政策的个体。❸ 比如，一般认为中央部门制定政策，地方（基层）政府解释政策，而学校则采取政策行动。实际上，地方（基层）政府和学校都会制定他们自己的具体或模糊的政策。

这种多维度分析的研究思路有助于完善当前的研究：注重从目标或价值

---

❶ Johnson, D. C. Critical Discourse Analysis and the Ethnography of Language Policy [J]. Critical Discourse Studies, 2011 (4): 267 – 279.

❷ Ricento, T. K. , N. H. Hornberger. Unpeeling the Onion: Language Planning and Policy and the ELT Professional [J]. TESOL Quarterly, 1996 (3): 401 – 427.

❸ Hornberger, N. H. , and D. C. Johnson. Slicing the Onion Ethnographically: Layers and Spaces in Multilingual Language Education Policy and Practice [J]. TESOL Quarterly, 2007 (3): 509 – 532.

层面分析语言政策。比如一些研究者从权力机制分析语言政策，认为语言政策通过赋予语言不同的地位而将某些群体边缘化，"重视语言、权力和不平等之间的关系，并以此作为理解语言和社会的核心概念基础"。❶ 不过，这些批判性研究忽视了语言政策个体的功能：这些个体根据自己的经验和体会理解政策，并以一种独特、创新及不可预知的方式解释并执行政策。❷ 也有研究者指出这些批判性研究都忽视了语言政策执行的最终场所——学校。❸ 不过，关注目标和价值的研究与关注个体的研究不是相互冲突的，它们的旨趣在于关注社会公平和少数民族的教育机会，这就需要分析双语教育政策本身以及个体对政策的理解和影响。

本章主要采用案例研究方法。通过档案馆资料查阅、政府官网政策文本检索、访谈等多种途径收集了各个层面的政策文本和文档资料，最终文本资料一部分来自国务院、教育部、国家民委以及广西壮族自治区人民政府、广西壮族自治区少数民族语言文字工作委员会、广西壮族自治区教育厅等部门通过办公网发布的政策，一部分整理于课题调研中地方负责人提供的文档资料。对于这些资料采用了质性文本分析方法进行剖析，重点关注各个层面的政策文本和话语所表达的权力、倡导、规制等不同程度的约束力量。通过访谈、观察等方法收集 W 县三所壮文学校层面的个体对政策的认识和理解。为了对学校层面的资料进行验证，研究者还收集了广西壮族自治区少数民族语言文字工作委员会、广西壮族自治区教育厅、W 县教育局的一些相关的资料。

本章引用了布尔迪厄（Bourdieu）关于惯习（Habitus）和信念（Doxa）的概念框架来分析语言政策和双语教育政策，解释学校中的政策

---

❶ Tollefson, J. W. Introduction: Critical Issues in Educational Language Policy. In Language Policies in Education: Critical Issues, edited by J. Tollefson. Mahwah, NJ: Lawrence Erlbaum Associates, 2012b: 3 – 15.

❷ Davis, K. The Sociopolitical Dynamics of Indigenous Language Maintenance and Loss: A Framework for Language Policy and Planning. In Sociopolitical Perspectives on Language Policy and Planning in the U. S. A.

❸ Bourdieu, P. Structures, Habitus, Practices. In Contemporary Social Theory, edited by A. Elliot. MA: Blackwell, 1999: 108.

执行具体行为，具体为政策话语在学校是如何被转变为信念和实践的。惯习可以被视为一系列被引导的习惯，这种习惯可以控制一个人的文化性行动，作为一种产生和引导行动的原则。❶ 对于老师和学生而言，惯习决定了教学活动的组织，同时将社会规则制度化。信念主要强调一种结构，这种结构影响个体和社会环境的互动方式，也影响不同群体内部和相互之间权力关系的合理化。信念包括"选择的集合，这些选择也许已经超出了问题本身，但确是个体根据社会习俗采取的策略性行为"。❷ 这些概念框架有助于理解政策是如何被理性化、合法化、组织化，以及最终如何影响语言使用模式以及语言使用群体的。

三、双语教育政策文本

政策文本可以视为国家管理机构在某个问题上知识、权力和话语的综合体现。❸ 政策文本不是孤立的存在。斯蒂芬·鲍尔指出政策文本通常是个体、团体、利益、组织和世界观等综合体的产物。❹ 政策制定者处于一种广泛的政策场景（Policy scopes）中，同时也处于话语传输（Carriers of discourse）的政策网络中。❺ 政策制定者将自己的假设、偏好都体现在政策文本中，因此有必要分析政策文本背后潜藏着的政策制定者的技术性、经验性处理。❻ 因此，本章首先分析国家层面的语言和双语政策潜在的目的和价值导向。

---

❶ Bourdieu, P. Structures, Habitus, Practices. In Contemporary Social Theory, edited by A. Elliot. MA: Blackwell, 1999: 108.

❷ Bourdieu, P. Outline of a Theory of Practice [M]. New York, NY: Cambridge University Press, 2004: 169.

❸ Bernstein, B. Pedagogy, symbolic control and identity: Theory, research and critique [M]. Oxford, UK: Rowman and Littlefield, 2000.

❹ Ball, S. J. The education debate [M]. Bristol: Policy Press, 2008a: 151.

❺ Ball, S. J. New philanthropy, new networks and new governance in education [J]. Political Studies, 2008 (4): 753.

❻ Codd, J. A. The construction and deconstruction of educational policy documents [J]. The Journal of Education Policy, 1988 (3): 239

（一）国家层面的语言和双语教育政策

托勒夫森（Tollefson）在研究中指出，语言政策和双语教育政策并不是没有政治意义的，从某种程度而言，这些政策确实制造或维持了各种形式的社会（不）公平，或者尝试制定更多的政策来降低不公平并促进少数民族语言的保护。❶ 彭尼库克（Pennycook）也将社会学理论引入分析政策：治理的权力不止来自政府，还来自于行政管理机构的微观实践和话语；权力也不仅存在于政策情境中，也不仅是政府意愿的体现，而是来自政策执行者的交互。很多时候双语教育政策实际上成为管理双语教育的系统，进一步延伸了政府治理的策略。❷❸

我国的一些政策文本体现了对语言、文字的态度和规范。从全国范围来看，主要是推广和普及"国家通用语言文字"，具体是指普通话和规范汉字。

《宪法》中明确将少数民族语言文字的使用作为少数民族的一种"自由"，这是对少数民族使用本民族语言的权利赋予。但也要注意到，宪法明确规定普通话在全国范围内的普及，这对全体公民而言偏向于义务的承载（见表 17 – 1）。

表 17 – 1　我国规范语言和文字使用的政策文本

政策及法规	政策文本
中华人民共和国宪法 （1982 年 12 月 4 日通过，1988 年、1993 年、1999 年、2004 年修订）	第一章第四条：各民族都有使用和发展自己的语言文字的自由，都有保持或者改革自己的风俗习惯的自由
	第一章第十九条：国家推广全国通用的普通话

---

❶ Tollefson，J. W.. Critical theory in language policy［A］//In T. Ricento（Ed），An introduction to language policy：theory and method. Blackwell Publishing，2006：42 – 59.

❷ Pennycook，A.. Language policy and docile bodies：Hong Kong and Govenmentality［A］//In J. Tollfson（ED.），Language policy in education：critical issues. Mahwah，New Jersey：Lawrence Erlbaum Associate，Pubs，2002.

❸ Pennycook，A.. Postmodernism in language policy［A］//In T. Ricento（Ed.），An introduction to language policy：theory and method. Blackwell Publishing，2006.

续表

政策及法规	政策文本
中华人民共和国民族区域自治法 （1984 年 5 月 31 日通过，2001 年修订）	
中华人民共和国教育法（1995 年通过，2009 年修订）	第一章第十二条
中华人民共和国义务教育法 （1986 年 4 月 12 日通过，2006 年、2015 年修订）	（1986 年版）第六条
中华人民共和国国家通用语言文字法 （2000 年 10 月 31 日通过）	第三条
	第四条
	第八条
国务院关于深化改革加快发展民族教育的决定 （2002 年 7 月 7 日，国发〔2002〕14 号）	"政策措施"第七条
国务院关于加快发展民族教育的决定 （2015 年 8 月 17 日，国发〔2015〕46 号）	第三条 第二十一条

在《宪法》基础上制定的《中华人民共和国民族区域自治法》中，已经将语言和文字的使用要求限定于学校和教育机构中，对教学过程的语言、文字和教材进行了一般性的规定。比如该法第 37 条中明确阐明从"有条件"的限定表述似乎难以明确条件标准，即达到何种水平才（不）可以开设少数民族语言课程或使用相应教材；当然，接下来的"根据情况""开设汉语文课程"也设定了一种空间供政策执行者选择。

区域自治法案未必对学校教育考虑周密细致，因此需要针对专门的教育政策来进行分析。《中华人民共和国教育法》对学校教学语言文字的使用界定更加清楚，汉语言文字作为统领全国范围的教育机构的基本教学语言文字，其语义明确。而少数民族语言文字的使用，则使用"可以"二字，带有明显的弹性空间。这种弹性空间在对政策的不同层级的多次解读后，"可以"基本等同于"可用，也可不用"。同样，在对教学过程使用语言的指导中，"学校及其他教育机构进行教学，应当推广使用全国通用的普通话和规范汉字"。这也体现了普通话和规范汉字在教育系统的重要地位。少数民族语言的使用在此政策文本中没有提及。

语言的习得主要在低龄阶段的语言敏感期，《中华人民共和国义务教育法》中关于语言和文字使用规范也经历了变化。如 1986 年的义务教育法中关于语言和文字的使用说明，对全国通用语言的使用借用了"应当"，以肯定的语气限定了关于学校系统语言使用的规范和方式。而对于少数民族语言的使用则以"可以"保存一定的宽限。这与《中华人民共和国教育法》的措辞基本一致，语义的表达借助特定的词汇，从文本中能够体现出对普及普通话的严格程度以及对少数民族语言使用的裁量空间。但是自 2006 年修订之后，这项规范就不再出现在义务教育法中。

对于专门的语言和文字法规，《中华人民共和国通用语言文字法》在第三条赋予了普通话和规范文字的法律地位，第四条将普通话和规范文字作为中国公民的权利，在第八条中将少数民族语言的使用视为一种"自由"。在权利和自由中间，规制的力度和范围有着明显的区别。

2015 年 8 月 17 日发布的《国务院关于加快发展民族教育的决定》第 3 条明确了双语教育从原来的义务教育下延到学前教育 2 年。第 21 条进一步规范双语教育，其中"科学稳妥""坚定不移"表达的态度明确体现了国家通用语言文字的普及目标，继而阐述了少数民族学生不同阶段的通用语言水平要求。此外还提到了双语教育的目标、模式、师资、资源等具体内容。"尊重和保障""鼓励"表达了一种对权利的法律认可和价值导向，而"研究完善"则表明已经意识到而又尚未解决的问题亟须解决。

从散落于宪法、法律法规的表述和专门的语言文字法案的阐释可见，国家通用语言文字仍然作为统领性的交流语言体现在各种组织和机构中。宏观的整体背景确认了普通话的主流语言地位，而双语教育则作为一种支持和鼓励语言多样化的政策倡导。国家层面的政策创建了一个宏观性的引导，对地方的语言政策产生一定的影响。但是，无论是双语教育的概念还是其实践模式都有模糊性和多样化的特征，再加上我国少数民族众多，语言和文字的普及和规范程度不同，具体融入学校教育的程度也有明显差异。

基于此，双语教育政策的问题是：理想的语言政策规范到底是什么，各级政府以及学校教育中又该如何对待作为课堂教学语言的国家通用语言文字和少数民族语言文字。接下来将以广西壮族自治区双语教育政策为例，通过政策文本的分析进一步探究省级及以下的部门究竟是如何理解并执行双语教育政策的。

（二）广西壮族自治区层面的语言及双语教育政策

双语教育政策作为语言政策在教育领域的应用，在省级及以下层面通常与语言政策同时出现。当然，这些区域性的政策有着宏观的政策系统情境。1957 年 11 月 29 日，国务院全体会议第 63 次会议通过《壮文方案（草案）》。1957 年 12 月 10 日国务院又对"中国文字改革委员会关于讨论壮文方案和少数民族文字方案中设计字母的几项原则的报告"做了批复，正式颁布《壮文方案（草案）》。1980 年 6 月 25 日中共广西壮族自治区委员会发布《关于恢复自治区少数民族语言文字工作委员会的通知》，恢复自治区少数民族语言文字工作委员会（简称区民语委），确立了壮文推行政策的责任组织，为政策执行提供了行政机构基础。1982 年 2 月 2 日，国家民族事务委员会对《关于〈壮文方案〉修改意见的报告》的批示中同意把 6 个非拉丁字母和 5 个声调符号全部改为拉丁字母的壮文修改方案。这就是后来推行的最终壮文方案。从广西壮汉双语教育政策不同阶段的目标来看，20 世纪 80 年代将壮汉双语教育定位为整个壮文推行工作的一个重要部分，90 年代后主要在学校教学层面上实施壮汉双语教育。

从收集到的省级及以下部门制定的语言政策文本来看，既有专门的语言政策，也有涉及语言或双语教育的政策（见表 17 - 2）。

表 17 - 2　广西壮族自治区语言和双语教育政策

时间	颁发部门	文件名称及编号	政策文本
1982. 3. 13	广西壮族自治区人民政府	自治区人民政府关于公布和推行《壮文方案》（修订案）的通知 桂政发〔1982〕57 号	今后出版的壮文图书、报刊，新刻制的壮文印章，书写的机关名称牌子等，应按修改的壮文符号书写、刻制；以原壮文刻制的印章、书写的机关牌子，可在今年内逐步更换，在未更换前，原来印章继续有效。 自治区少数民族语言文字工作委员会、自治区教育局和壮族聚居地区的地区行署、县人民政府，要积极地、有步骤地组织壮族人民群众学习壮文，并相应地做好壮文书刊的出版工作
2012. 7. 30	广西壮族自治区教育厅	关于印发《壮语文课程标准》（试行）的通知 桂教民教〔2012〕11 号	以壮语为母语的壮族学生应该重视学习和使用本民族语言文字，以具备包括表达交流和识字阅读在内的多方面的基本能力。普通话和规范汉字是国家通用语言文字，现代社会要求壮族公民学习和使用普通话、掌握基本的规范汉字，具备汉语基本素养。 阶段目标具体从"学壮文方案""识词""阅读""习作"（预备班为说话，1~2 年级为"写话"，3~6 年级为"习作"，7~9 年级为"作文"）、"口语交际""综合性学习"等方面提出要求，以加强壮语课程的实践性和综合性，注重实际应用

　　这些政策文本涉及的内容主题主要有以下几点。

　　第一，行政管理部门职能划分。1980—1989 年，广西社会通用的语言政策和学校系统的双语教育政策都纳入自治区民语委的管理范围。1990

年，学校范围内的壮文、壮语教育从自治区民语委转移到自治区教委，在交接工作的政策文本中明确规定"壮文学校归各县市所管，语委做好配合工作"。

第二，重视师资培养。1983年6月到7月，自治区人民政府连发3份文件重点提到师资的培养方式。1983年6月的文件要求4所民族师范院校"在3～4年级开始壮文必修课"，并对课时进行要求。1983年7月2日提出师资培养的3种形式，除"民族师范院校"之外，还要求"对学校教师进行培训，以及通过壮校对干部进行壮语培训"。1983年7月5号的文件除重申原有方式之外，还提出"要对毕业的壮族大中专毕业生进行为期3个月的壮文培训"。

第三，壮汉双语教育模式的变化。最初的语言政策培养对象的范围比较广，没有固定的培养方式（教育模式），比如，培养专业的壮文骨干，针对扫盲中的群众，以及在学校开设壮文课程。到了1989年，政策文本明确表示："壮文必须进学校，否则没有生命力。"小学壮汉双语教学初期设计两种形式：A. 壮语文为主，汉语文必修；B. 汉语文为主，壮语文必修。1990年教育部门接管双语教育工作之后，采用的是同步教学模式，"即将汉语文教材翻译成壮文，同时用汉语和壮语授课，先用壮语学习，在理解之后再用汉语学习"；"（从2011年）开始（在部分地区）实行了二类模式，即以汉语为主，民族语为辅，开设民族语文课，其他课程都用汉语授课"。而在初中和高中阶段，采取的是开设壮文必修和选修课的形式。

第四，政策目标的阶段性差异。如20世纪80年代初期的壮文方案实施中均采用"推行壮文""掌握壮文"的阐述方式，尤其是在社会范围内从政府、政策层面呈现大力推广的态势。1989年开始提出"壮文为主，壮汉兼通"，再发展到"以壮为主，壮汉结合，以汉促壮，壮汉兼通"的十六字方针。最后发展到学生壮语文的分级水平，对"学壮文方案""识词""阅读""习作""口语交际""综合性学习"等方面提出要求。

第五，《壮文方案》（修订案）执行过程中有3个路径，第一是在各级政府、机关、事业单位及公共场所推行壮文，第二是在学校中开设壮文教学试点，第三就是在农村地区进行扫盲。有关政策文本重点是对行政事业单位及公共场域的壮文推行工作提出了具体要求。比如，对于各行政单位悬挂牌子的政策先后出现了 3 次。1982 年 3 月广西区政府和办公厅强调推行新的壮文方案，并要求所有行政机关在牌子、公章中率先执行；1984 年又专门发布一项关于挂牌的政策，"机关政府正门的法定名称的牌子，一律书写壮汉两种文字"。时隔 7 年，自治区政府于 1991 年再次重申挂牌文字的使用，同时扩大了壮文标志使用的范围。从三令五申的政策文本和愈加权威的词汇使用可以判断：各级政府和行政事业单位对壮文方案的执行并没有完全达到预定的目的。此外，关于扫盲的指示在各级政策文本中一共出现了两次，而且缺乏具体的执行方案，说明其中缘由可能有二：一是随着教育的普及，农村文盲基本消除；二是农村地区的民族文字扫盲缺乏师资、场地、时间以及学习动机。

第六，语言政策影响范围的不断缩小。早期政策文本阐释范围比较广，如 1983 年 7 月提到的"在马山等 22 个壮族聚居较多的县的学校、农村和机关，积极稳步，有计划有步骤地推行壮文"。1984 年制定的 1990 年之前需要完成的任务是"继续认真做好小学使用壮文教学的试点，同时做好开办壮文初中班的准备工作……在壮族聚居的农村全面开展壮文扫盲工作"。而到了 1990 年，对壮文推行工作的分析是"当前壮文推行工作，仍处于试点阶段。要以壮文进小学为重点"。到了 2001 年开始用"壮文进学校实验"的字样。

综上所述，国家层面的语言和双语教育政策重视语言多元化，政策本身的空间允许政策执行者根据实际情况进行选择，潜在的逻辑相信各层级的行政部门具有有效管理学校使用何种教学语言的能力。地方层面的政策在整体上遵从国家政策，但也会根据实际情景不断地细化和具体化政策，具体体现在对政策的解释、调整和执行方面，最终选择直接从学校教育的角度进行某种模式的双语教育项目，这些项目通常是设计一种课程，选择或开发教材，设定阶段性教学目标。此时双语教育政策转化为课程，最终双语教育政策的执行诉诸学校教师如何去开展教学（见图 17-1）。

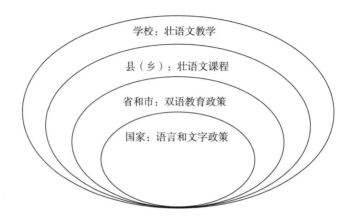

图 17 - 1　话语和权力：语言和双语教育政策在不同层面的表现形式

四、学校层面的双语教育政策执行

从语言政策、双语教育政策再到壮语文课程，政策的逐步具体化也让政策执行组织从教育管理部门转移到学校——承载社会知识和文化复制的基本单位，建立在国家语言政策背景中的双语教育政策最终的执行单位也逐步下放到学校。学校课程和课堂教学是双语教育政策最直接的体现。同时，与课程和教学密切相关的就是教师对学生语言能力的态度，政策和教师观念之间的互动被视为"课堂信念"，❶ 会对教师的教学态度和教学方式产生根本的影响。

（一）政策执行：壮语文教学

当双语教育进入学校、教室之后，政策执行也相应成为教师的教学任务——壮语文教学，教师则是需要将各项语言教育方案具体化的执行者。

---

❶ Eric J. Johnson & David Cassels Johnson. Language policy and bilingual education in Arizona and Washington state［J］, International Journal of Bilingual Education and Bilingualism, 2015（18）：103.

1. 教学任务

在教学任务方面，教师实际承担的工作比较多样化。比如 H 老师 2001 年以壮汉双语教师身份参加工作之后，发现"相当于兼职"，另外一名老师也提到 1988 年参加工作后，"有 3 年英壮兼教，然后开始上壮文又兼上历史了"。担任壮语文科目的教师，除教学任务之外，还需要编写适应学生壮文基础的教材。H 老师说，校长还是比较重视双语教育，因此她也就多了一项任务，"2009 年时校长就开始提出来说我们自己编一本校本教材，从那时起，我就开始搜集材料做这个校本教材"。从调研获取资料来看，壮语文教师的教学任务比较多样：专职的壮语文教师很少，每个壮语文教师同时承担多项科目的教学。

2. 教学目的

对于壮语文老师而言，教学目的就是要让学生可以掌握壮文的听说读写，"教他们熟读、背诵、翻译，翻译包括壮汉互译，然后是还有写作"。但是，为了达到这个教学目的，还需要克服很多潜在的困难，比如，访谈中的老师都提到了学生的一些意识会影响壮语文的学习，提出的系列希望诸如"不要歧视会说壮语的学生""不要反感壮文，不要觉得壮文没有用""不要觉得学壮文会影响学习普通话"。尽管教师大部分都积极对待壮文，但是还是不可避免地受到整个现实环境的影响，比如，在进一步追问教学目的时，很多老师会叹息："双语教育到底要教什么？如果在传统教育中不能带来竞争优势，学生壮文学习的动机和积极性很难维持。"可见在实际教学中，老师设定教学目的时也体现了内心的冲突和矛盾。

3. 授课方式

壮语文教学基本采用两种类型：一种是同步教学，另一种是二类模式。同步模式中是把语文课本中的课文翻译成壮文进行学习，有的老师"在教学的过程中，我通过造词、造句，先用汉语来说一段话，然后用壮语来说，也就是'以汉促壮'吧"。但是这样的授课方式工作量大，而且影响教学进度，"每堂课大概能讲课文的三分之一，期末也完不成教学计划"。目前广西有的地方开始试点壮文教学的二类模式，老师认为"不影响学习语文，就当作增加了一门语言学习"，"这样教学负担就减轻了"。两种模式相比而言，授课教师多考虑工作量和教学任务进度而更加倾向于二类模式。

4. 学生考核

对于学生学习壮语文效果评估方面，小学和中学是不同的。小学层面，根据 2013 年 11 月 15 日广西壮族自治区教育厅印发的《关于壮汉双语教学实验工作的通知》，自治区教育厅定期对双语学校进行教学评估和评价，每年分别对壮汉双语小学三年级和六年级学生进行壮语文水平测试。自治区教育厅官员说："每年 6 月，我们都要针对小学的毕业班学生进行全区的统一测试，然后每个学期或者其他年级的学生都由各县自行组织对学生进行考试。通过教学成绩的评估来考察教师的教学水平。"Q 小学的教师表示："每学期期末考试是全县统一的，卷面是全壮文，题型是壮汉互译。"

中学层面，因为壮语文不是中考科目，也不许参加考核。有的老师会自己出题考察学生的壮文水平，比如"每个学期我都给他们口试。第一个学期我要求他们能熟练地读我教过的声母韵母。第二个学期测试拼（读）我教过的音节"。有的老师"每个学期期末考试（我）都出题考试。出题考试的模式就像中考类型，比如，壮汉互译、作文、口试"。

（二）政策利益相关者：教师的困境和诉求

即便社会和家庭环境缺失，尽管学生壮语基础薄弱，学校双语教师还是极力去弥补，但是他们反映现实的学校课程设置中课时分配受到了极大的限制。现在壮文实验小学普遍采用同步教学模式，一堂课的内容用壮汉两种语言讲授，导致进度很慢。另外一个问题就是评估制度，县教育局会组织开展学校的教育质量评比，但是对于壮文课没有设立严格的考试要求。很多学校会主动压缩壮文教学时间，让给其他的"主科"课程。W 县的一位壮文老师 H 说："我壮文尽量（减）少时间，多留些时间让他们学其他科目，不然会影响我们学校的成绩。"中学阶段的课程开设更不稳定，

"在七八年级开设，一周就一节课。到了九年级又不开设了"。中小学教师的困惑则体现在尽管重视语言教育，但是迫于现实不得不让步。

从现实的双语师资的工作量和工作压力而言，"看似轻松，其实很累。不仅要兼职代课，还要跨年级备课"。教师在付出劳动之后，自然期望能够得到相应的认可和激励。比如，第一是对于教师个人而言最重要的职称评定，虽然自治区民语委近年规定通过"壮语文水平考试"获得的合格证书可作为教师评职称的依据之一，但是 W 县的双语教师却说，"评职称（县教育局）不认可壮文水平认证"。第二是职称评定的条件。很多双语教学老师无法满足职称评定的要求，有的老师反映"申报职称的时候是看专业的，要评，又要有奖状，有区级县级的……我们这个专业根本没有机会获奖"。其中，小学中的双语教师失去向上评定的途径，一位老师说，"我是小学高级教师资格，没有（不能申报）中学资格"。第三是基本没有机会参加评选优秀或者先进教师，"其他科目评优评先，我们这个科目都靠边站""我这个壮文是归到语文组，平时评优评先是永远评不到我"。第四是从工资待遇来看，双语教师也没有额外补贴，甚至有的老师期望"待遇方面就跟非中考科目的一样就行了"。有的壮语文老师回忆道："我得了两年几个月的壮文老师补贴，应该是（每个月）20～30 元。"

从职业发展来看，壮语双语教师似乎都面临一个身份的合法性危机问题。那么，壮语文在学校课程中究竟是何地位呢？W 老师说，"只是一个科目，非中考科目"，H 老师说"壮语文在所有科目是最弱势的"，L 老师的希望是"壮文总给它一个名分，主科、副科、选修都好，总比现在什么都不算要好"。

从调查资料来看，学校层面的双语教育政策执行主要依赖于教师的课堂教学，由此政策执行效果与政策文本中的逐级政策目标相对应，存在着各方面的偏差。而教师在开展教学中似乎也陷入各种形式的压力和困境。比如，教师对双语教育的理解存在着矛盾，一方面认可民族语言和文化传承的重要性，另一方面不得不无奈于现实的学校评估体制和社会环境的变化。对于承担双语教学任务的教师而言，少数能够维持热情和动力，但似乎缺乏双语教育的专业知识和研究经验，同时也不得不承受社会环境和教育制度的各种压力。大多数教师已经把双语教育看作自己的任务，对于壮语持一种看似积极的态度，考虑如何完成教学任务，但是关注的焦点已经不再只是双语教育政策强调的语言和文化传承和保护，而更多地从个体角度考虑工作压力、职称评定、竞聘以及待遇问题。

布尔迪厄在语言规则发展研究中认为教师"作为管理或者强制执行的代理人（Agent），有充分的权力以考试的方式评估语言能力并评定能力水平"。❶ 所以，尽管语言和双语教育政策并没有规定教师应该如何开展教学，但是教师在教学中却有着明确的期望和计划，并据此开展教学活动，前者决定于信念，或者产生于惯习。尽管惯习不一定完全决定一个人的行为选择，但是确实教师在既定的环境中已经形成了既定信念，当政策在学校环境中被执行时，他们的信念和惯习会让他们有意或无意地考虑"我在做什么"以及"为什么要这么做"。

五、分析和讨论

通过对广西壮族自治区双语教育政策文本以及双语教育政策在学校层面的执行，发现政策在不同层面的价值导向、政策预期和现实问题之间，从抽象的政策文本到学校教师的具体行动过程，都存在明显的差异和冲突，而政策最终效果的实现取决于教师层面的责任个体。

（一）不同层面的语言和双语教育政策的焦点渐变

从国家层面的语言政策来看，对少数民族语言持积极的保护态度，同时也把少数民族文化和语言作为少数民族的权利加以强调，在政策文本中也鼓励少数民族根据实际情况和需求开展语言学习和传承，同时配备组织和经费予以支持。省级（或市级）层面的语言政策则重点强调了如何寻求

---

❶ Bourdieu, P. Language and Symbolic Power［M］. Cambridge: Polity Press, 1991: 45.

责任组织或主体负责该项政策的执行，于是将语言保护和文化传承转化为语言教育。县级层面的政策则更加具体到语言教育的模式和实践，故而在传统教育体系中将双语教育聚焦为一门少数民族语文课程。

（二）不同层面的责任主体对政策的理解和诉求不同

国家政策中强调对语言和文字的保护和传承，最终的体现形式是课程和教材。而政策的责任主体，也从政策行政系统部门的级别逐级下放，最终落在教师群体。作为具有主观能动性的组织和个体，国家管理部门和教师对于民族语言文字和课程的信念——价值倾向和诉求也不相同（见图 17－2）。

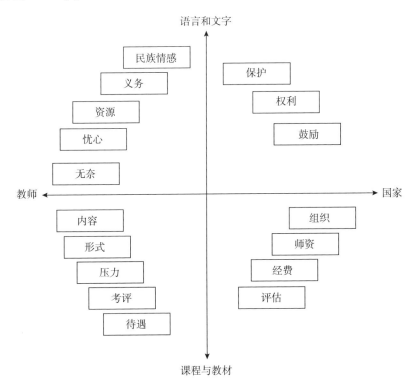

图 17－2　不同层面政策责任主体对双语教育政策的信念

（三）不同层面责任主体的信念差异和冲突

不同层面的语言和双语政策执行都会体现为行为的决策和选择。全国范围内语言使用的主格调是通用语言，也就是说，宏观的国家政策潜在的假设是认为少数民族已经熟练掌握本民族语言，需要在普及普通话的过程中对他们的语言设计保护机制。而双语教育政策在语言政策大环境中将学校作为语言学习和保护的场域，自然暗含了学生的民族语言优于普通话，需要借助民族语言适应普适性的学校教育，比如，培养"壮汉兼通""藏汉兼通"等；或者依托独特的学校体系建立单独的教育体系。借用布尔迪厄关于信念的阐释，可以认为双语教育政策的执行受个体信念的影响，将宏观而又抽象的政策文本置于个体之前时，信念引导的对政策的理解会出现多样化的特征，也会出现与既定价值偏好冲突的现象。这种信念有着明显的文化规范特征和期望，也决定了个体如何理解政策并采取具体的行动。

（四）"弱权力"主体的惯习和信念决定了政策的最终效果

在政策研究中，往往会因为干预政策的权力弱小而被忽略最基本的个体，其行为却直接影响着政策的执行，而决定他们个体行为的就是信念和惯习的相互作用，这个相互作用离不开环境的影响。社会发展过程中经济结构的变化已经改变了人们的信念，在语言政策的环境下，在某些地区的日常生活中大部分人的普通话已经优于民族语言，民族语言失去了赖以生存的社会环境，学习者的学习兴趣难以激发，学习动机无法维持，学习效果更难达标。

基于上述分析，借助布尔迪厄关于信念和惯习的理论更好地厘清双语教育政策如何逐步具体化并以个体行动的方式呈现，同时还影响了特定的行为规则和语言观念。信念和惯习将在政策制定中"去脉络化"的双语教育政策进行"再脉络化"，具体体现为教师在教室中的教学计划和活动。借用信念的概念可以帮助理解当前的双语政策环境是如何通过政策建构的

（见图 17 - 3）。这个过程中，教育管理者和教师个体对政策的理解可能是清楚的，也可能是模糊的。政府制定的政策转化为何种的具体行为，这取决于参与者的内在理解，比如，他们为什么参与这个过程，应该如何采取行动。不过，最终采取什么行动取决于他们的惯习。换句话说，也许参与者并不能说清楚他们行动背后的原因，但是他们通常会给出一些行动的理由。在一个具体的政策情景中，信念包括一种结构意识，这种意识帮助个体使他们的行动合法化，也因此他们继续重复这种行动。对于一个特定的情景（如学校和教室），虽然政策不一定有明确的行为规定，但是也许有助于构建交互的社会语言规则和语言的意识形态。而惯习则引导人们如何将语言政策实例化，政策构建一个整体的框架让老师和学生遵循。也许个体并不能说清楚行为和意识形态，他们只能考虑一些使用语言的影响因素。因此，信念提供了一种合法化途径来让个体解释为什么用某种特定的模式使用语言——如此又会强化个体的惯习或者已有的信念。

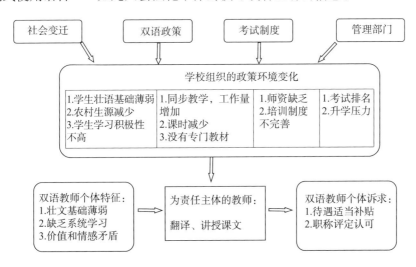

图 17 - 3 双语教育政策在学校层面的执行

双语教育政策执行过程由于个体的惯习和信念对行为选择的限制和影响，使得政策执行没有完全依照政策制定文本的价值导向，也并没有完全应对区域情境的变化，而是政策执行个体在信念的场域中依照惯习转化为个体行动。从目标—结果的维度来考察政策执行，这可能是执行的偏差。但是这种偏差并不意味着开展双语教育已经失去了现实意义，而是对双语教育提出了一个更大的挑战。双语教育不仅是如何构建教学模式和组织管理教学的问题，还需要在社会变迁的背景中从政策视角进行系统的调整。

参考文献*

一、图书

(一) 英文图书

[1] Ager, D. E. Motivation in language planning and language policy [M]. Multilingual Matters Ltd, . 2001.

[2] Colin Baker, Sylvia Prys Jones. Encyclopedia of Bilingualism and Bilingual Education [M]. Philadelphia: Multilingual Matters Ltd. , 1998.

[3] Cooper, R. L. Language Planning and Social Change [M]. Cambridge University Press, 1989.

[4] Crawford, James. Bilingual Education: History. Politics. Theory and Practice [M]. Los Angeles: Bilingual Education Service, 1995.

[5] Howatt, A. P. R. A history of English Language Teaching [M]. Oxford: Oxford University Press, 1984.

[6] Phillipson (eds.). Linguistic Human Rights: Overcoming Linguistic Discrimination [M]. New York: Mouton de Gruyter, 1995.

[7] Schiffman, Harold F. Linguistic Culture and Language Policy [M]. London and New York: Routledge, 1996.

(二) 中文图书

[1] [德] 马克思, 恩格斯. 马克思恩格斯全集 (第19卷) [M]. 中共中央马克思恩格斯列宁斯大林著作编译局, 译. 北京: 人民出版社, 1963.

[2] [加拿大] W. F. 麦凯, [西班牙] M. 西格恩. 双语教育概论 [M]. 严正, 柳秀

---

*　参考文献的英文文献部分按作者姓氏英文单词首字母排序, 中文文献部分按作者姓氏 (或作者国别、文献标题) 首字的汉语拼音首字母排序。

峰，译．北京：光明日报出版社，1989.

［3］［美］亨廷顿．我们是谁：美国国家特性面临的挑战［M］．程克雄，译．北京：新华出版社，2005.

［4］［美］罗伯特·芮德菲尔德．农民社会与文化：人类学对文明的一种诠释［M］．王莹，译．北京：中国社会科学出版社，2013.

［5］［新加坡］李光耀．李光耀回忆录：我一生的挑战（新加坡双语之路）［M］．南京：译林出版社，2013.

［6］［英］科林·贝克．双语与双语教育概论［M］．翁燕珩，等译．北京：中央民族大学出版社，2008.

［7］陈海伦，李连进．广西语言文字使用问题调查与研究［M］．南宁：广西教育出版社，2005.

［8］戴庆厦，成燕燕，等．中国少数民族语言文字应用研究［M］．昆明：云南民族出版社，1999.

［9］戴庆厦，滕星，关辛秋，等．中国少数民族双语教育概论［M］．沈阳：辽宁民族出版社，1997.

［10］葛公尚．当代国际政治与跨界民族研究［M］．北京：民族出版社，2006.

［11］郭友旭．语言权利的法理［M］．昆明：云南大学出版社，2010.

［12］哈经雄，滕星．民族教育学通论［M］．北京：教育科学出版社，2001.

［13］何俊芳．中国少数民族双语研究：历史与现实［M］．北京：中央民族大学出版社，1998.

［14］黄济．教育哲学通论［M］．太原：山西教育出版社，1998.

［15］姜永德．朝鲜族双语教育研究［M］．延吉：延边教育出版社，2013.

［16］课程教材研究所．民族中小学汉语教学论稿［M］．北京：人民教育出版社，2008.

［17］林来梵．从宪法规范到规范宪法：规范宪法学的一种前言［M］．北京：法律出版社，2001.

［18］潘一禾．文化安全［M］．杭州：浙江大学出版社，2007.

［19］邱永辉．印度宗教多元文化［M］．北京：社会科学文献出版社，2009.

［20］覃德清．壮族文化的传统特征与现代建构［M］．南宁：广西人民出版社，2006.

［21］滕星，王远新．中国少数民族新创文字应用研究：在学校教育和扫盲教育中使用

情况的调查［M］. 北京：民族出版社，2011.

［22］滕星. 文化变迁与双语教育：凉山彝族社区教育人类学的田野工作与文本撰述［M］. 北京：教育科学出版社，2001.

［23］王鉴. 民族教育学［M］. 兰州：甘肃教育出版社，2002.

［24］王远新. 中国民族语言学：理论与实践［M］. 北京：民族出版社，2002.

［25］韦森. 文化与制序［M］. 上海：上海人民出版社，2003.

［26］奚彦辉. 中国人文化成思想的本土心理学探究［M］. 哈尔滨：黑龙江大学出版社，2012.

［27］肖建飞. 语言权利研究［M］. 北京：法律出版社，2012.

［28］张公瑾，丁石庆. 文化语言学教程［M］. 北京：教育科学出版社，2004.

［29］张千帆. 西方宪政体系（上册）［M］. 北京：中国政法大学出版社，2000.

［30］张廷芳. 西藏少数民族汉语教学概况与研究［M］. 北京：中国藏学出版社，2007.

［31］郑作广. 广西小学壮汉双语教学研究［M］. 桂林：广西师范大学出版社，2004.

［32］中国少数民族教育史编委会，韩达. 中国少数民族教育史（第二卷）［M］. 昆明：云南教育出版社；南宁：广西教育出版社；广州：广东教育出版社，1998.

［33］中国社会科学院民族研究所，国家民族事务委员会文化宣传司. 中国少数民族文字［M］. 北京：中国藏学出版社，1992.

［34］周勇. 少数人权利的法理：民族、宗教和语言上的少数人群体及其成员权利的国际司法保护［M］. 北京：社会科学文献出版社，2002.

二、期刊论文

（一）英文期刊论文

［1］Ladousa, C. On Mother and Other Tongues：Sociolinguistics, Schools, and Language Ideology in Northern India［J］. Language Sciences, 2010（6）.

［2］MACKEY, W. F., A Typology of Bilingual Education［J］. Foreign Language Annals, 1970（3）.

［3］Mallikarjun B. Fifty years of language planning for modern hindi：The Official Language of India［J］. Language in India, 2004（4）.

［4］Ruiz, Richard. Orientations in Language Plan［J］. NABE Journal, 1984（2）.

(二) 中文期刊论文

[1] [美] Margaret Milliken (白丽珠). 三种壮文的比较研究 [J]. 广西民族研究, 1999 (2).

[2] [美] Margaret Milliken (白丽珠). 双语教学对中国少数民族的便利和希望 [J]. 卢岱, 译. 广西民族研究, 1995 (4).

[3] 白英, 问. 滕星, 答. 民族文化传承与双语教育发展 [J]. 思想战线, 2015 (2).

[4] 柏树义. 国际人权法视角下的中国少数民族语言权的保护 [J]. 沈阳师范大学学报 (社会科学版), 2011 (5).

[5] 陈立鹏, 刘燕青. 我国现行双语教学政策分析 [J]. 贵州民族研究, 2009 (2).

[6] 陈世明. 新疆民汉双语教育的由来和发展 [J]. 西北民族研究, 2008 (3).

[7] 陈章太. 语言资源与语言问题 [J]. 云南师范大学学报 (哲学社会科学版), 2009 (4).

[8] 戴庆厦, 董艳. 中国少数民族双语教育的历史沿革 (上) [J]. 民族教育研究, 1996 (4).

[9] 戴庆厦, 董艳. 中国少数民族双语教育的历史沿革 (下) [J]. 民族教育研究, 1997 (2).

[10] 戴庆厦, 关辛秋. 中国少数民族双语教育的现状及发展趋势 [J]. 黑龙江民族丛刊, 1998 (1).

[11] 戴庆厦. 两全其美, 和谐发展: 解决少数民族双语问题的最佳模式 [J]. 中央民族大学学报 (哲学社会科学版), 2011 (5).

[12] 戴庆厦. 语言关系与国家安全 [J]. 云南师范大学学报 (哲学社会科学版), 2010 (2).

[13] 道布. 关于创制少数民族文字问题的几点反思 [J]. 三月三·民族语文论坛专辑, 2000 (1).

[14] 丁月牙. 以教师为主体寻找现象背后的 "真实" ——凉山彝族一类模式双语教育个案 [J]. 广西民族学院学报 (哲学社会科学版), 2004 (3).

[15] 费孝通. 21 世纪人类学面临的新挑战 [J]. 广西民族学院学报 (哲学社会科学版), 2000 (5).

[16] 费孝通. 跨文化的 "席明纳" [J]. 读书, 1997 (10).

[17] 付东明. 论双语教育的有效课堂教学 [J]. 新疆师范大学学报 (哲学社会科学

版），2014（4）.

[18] 傅懋勣. 我国已有十个少数民族在汉语拼音方案的基础上创制了文字［J］. 语文建设，1959（18）.

[19] 谷亚华，吴霓，古文风. 论"一带一路"背景下云南跨境民族文化安全与双语教育［J］. 民族教育研究，2017（5）.

[20] 顾华详. 美国双语教育发展的教训及警示——兼论我国民族地区发展双语教育的对策［J］. 国家教育行政学院学报，2008（1）.

[21] 关辛秋. 当前少数民族双语教育研究中值得重视的几个问题［J］. 民族教育研究，2011（4）.

[22] 郭慧香. 语言政策与少数民族教育公平性研究［J］. 贵州民族研究，2013（3）.

[23] 哈琴. 蒙古族学校汉语课程与教学研究综述［J］. 民族教育研究，2014（6）.

[24] 海路，巴战龙，李红婷. 珍视乡土知识传承民族文化："中国乡土知识传承与校本课程开发研讨会"综述［J］. 广西民族大学学报（哲学社会科学版），2009（6）.

[25] 海路，李芳兰. 侗族新创文字的历史沿革［J］. 贵州民族研究，2010（6）.

[26] 海路，滕星. 文化差异与民族地区校本课程开发：一种教育人类学的视角［J］. 中南民族大学学报（人文社会科学版），2009（2）.

[27] 海路. 我国民族中小学汉语课程建设的历史演进［J］. 民族教育研究，2016（4）.

[28] 海路. 中国少数民族新创文字的语言规划及其实践［J］. 中央民族大学学报（哲学社会科学版），2012（1）.

[29] 海路. 壮汉双语教育的现状、问题及对策——以广西壮族自治区武鸣县三所壮文实验学校为个案［J］. 广西民族研究，2015（4）.

[30] 海路. 壮汉双语教育模式变迁论［J］. 广西民族研究，2016（5）.

[31] 韩雪军，问. 纳日碧力戈，答. 人类学视野中的双语教育政策制定——访人类学家纳日碧力戈教授［J］. 广西民族研究，2013（1）.

[32] 黄行. 我国新创与改进少数民族文字试验推行工作的成就与经验［J］. 民族语文，1996（4）.

[33] 姜竹仪. 积极推行纳西文提高纳西族文化［J］. 民族语文，1994（3）.

[34] 李红兵. 国家文化安全视域下的新疆少数民族双语教学［J］. 高等函授学报

（哲学社会科学版），2010（4）.

[35] 李儒忠，曹春梅. 新疆少数民族"双语"教育千年大事年表（之二）[J]. 新疆教育学院学报，2009（3）.

[36] 李萨如拉. 内蒙古双语教育与民族文化传承初探——以呼和浩特民族学院为例[J]. 赤峰学院学报（哲学社会科学版），2016（9）.

[37] 李彦福，何龙群. 壮族教育史略论[J]. 广西民族研究，1994（3）.

[38] 梁庭望. 论壮族文化的断裂现象[J]. 广西民族研究，1988（4）.

[39] 林秀艳. 西藏汉语教学的历史回顾与现状分析[J]. 民族教育研究，2012（3）.

[40] 刘跃进. 国家安全体系中的语言文字问题[J]. 语言教学与研究，2011（6）.

[41] 陆晓荔. 广西壮汉双语教育现状调查[J]. 三月三·民族语文研究专号，2011（6）.

[42] 马戎. 从社会学的视角思考双语教育[J]. 云南民族大学学报（哲学社会科学版），2007（6）.

[43] 马戎. 西藏社会发展与双语教育[J]. 中国藏学，2011（5）.

[44] 马戎. 新疆民族教育的发展与双语教育的实践[J]. 北京大学教育评论，2008（2）.

[45] 马效义. 中国少数民族新创文字在文化变迁中的功能与意义阐释：以哈尼、傈僳和纳西族为例[J]. 民族教育研究，2007（5）.

[46] 南杰·隆英强. 国家安全与语言资源——从国家通用语言文字与藏汉双语及区域性方言对民族团结教育和国家事业发展方面的重要性谈起[J]. 中国图书评论，2019（1）.

[47] 裴娣娜. 教育创新视野下少数民族地区乡土教育的思考[J]. 中国教育学刊，2010（1）.

[48] 秦惠民. 平等的受教育机会：解读一个重要的教育法原则[J]. 中国教育法制评论，2004（3）.

[49] 曲木铁西. 对少数民族地区中小学实施双语教学必要性的再认识[J]. 中央民族大学学报（哲学社会科学版），2012（5）.

[50] 史军. 试论四川彝汉双语教育模式[J]. 西南民族大学学报（人文社科版），2009（6）.

[51] 苏德. 以多语教育促进和谐社会与文化建设——兼论少数民族双语教育研究范式

［J］．民族教育研究，2013（3）．

［52］孙钰华，冯江英．新疆学前民汉双语教育的推进与思考［J］．学前教育研究，2008（10）．

［53］覃乃昌．试论拼音壮文推行困难的基本原因——以广西武鸣县为例［J］．广西民族研究，1995（2）．

［54］覃晓航．壮文教育史略［J］．民族教育研究，2004（3）．

［55］滕星，张霜，海路．对中国少数民族新创文字扫盲教育的思考［J］．民族教育研究，2008（2）．

［56］滕星，海路．语言规划与双语教育［J］．新疆师范大学学报（哲学社会科学版），2013（3）．

［57］滕星，海路．壮汉双语教育的价值取向及实现路径［J］．广西民族研究，2013（2）．

［58］滕星，苏红．多元文化社会与多元一体化教育［J］．民族教育研究，1997（1）．

［59］滕星．中国少数民族双语教育研究的对象、特点、内容与方法［J］．民族教育研究，1996（2）．

［60］滕星．中华民族多元一体格局中的新疆双语教育［J］．新疆教育学院学报，2011（1）．

［61］滕星．壮汉双语教育的问题及转向［J］．广西民族大学学报（哲学社会科学版），2012（4）．

［62］万明钢，刘海健．论我国少数民族双语教育：从政策法规体系建构到教育教学模式变革［J］．教育研究，2012（8）．

［63］王本华．从"汉语文"到"汉语"，汉语教学理念的更新与发展——浅谈少数民族汉语课程改革［J］．民族教育研究，2006（6）．

［64］王晨．进一步贯彻实施好《国家通用语言文字法》［J］．中国人大杂志，2019（19）．

［65］王洪玉．少数民族双语教育发展模式及其特征［J］．甘肃高师学报，2006（4）．

［66］王嘉毅，孙丽华．我国少数民族学前双语教育模式与路径［J］．中国教育学刊，2013（5）．

［67］王鉴．坚持依法推进我国少数民族双语教育的政策和模式［J］．民族教育研究，2019（1）．

[68] 王鉴. 中国双语教育模式的发展与建构 [J]. 中国民族教育, 2015 (10).

[69] 王卫东, 石中英. 关于建国后教育价值取向问题的思考 [J]. 江西教育科研, 1996 (4).

[70] 王洋, 刘春艳. 论新疆双语教育中的汉语课程建设 [J]. 双语教育研究, 2014 (1).

[71] 王瑜. 论全球化时代民族跨文化教育的合理性发展 [J]. 教育科学, 2016 (1).

[72] 王远新. 我国少数民族语言文字立法的必要性 [J]. 民族翻译, 2008 (1).

[73] 温辉. 从平等权视角看女性的法律地位 [J]. 国家检察官学院学报, 2014 (6).

[74] 武金峰, 托呼塔别克, 张兴. 新疆民族中小学双语教育的历史及其发展趋势 [J]. 伊犁师范学院学报, 2003, (3).

[75] 向伟, 钱民辉. 我国少数民族教育研究主题回顾: 基于 "中华民族多元一体" 的理论框架 [J]. 民族教育研究, 2017 (2).

[76] 肖建飞. 国际法中的语言权利及其演变 [J]. 世界民族, 2012 (5).

[77] 徐学文. 从《汉语文大纲》到《课程标准》经历的三个阶段——民族中小学汉语教学大纲及课程标准研制过程 [J]. 中国民族教育, 2014 (9).

[78] 徐学文. 从《汉语文教学大纲》到《课程标准》——民族中小学汉语大纲 (课标) 研制过程 [J]. 内蒙古教育, 2014 (15).

[79] 薛群颖. 国外双语教育的启示 [J]. 上海教育科研, 2006 (8).

[80] 杨红杰, 刘照惠. 美国少数民族双语教育政策对中国的启示 [J]. 贵州民族研究, 2012 (3).

[81] 杨丽萍. "民族文化进校园" 的多维阐释与民族文化传承研究 [J]. 广西师范大学学报 (哲学社会科学版), 2011 (2).

[82] 杨宁. 对儿童早期学习的某些初步认识 [J]. 学前教育研究, 2006 (6).

[83] 叶澜. 试论当代中国教育价值取向之偏差 [J]. 教育研究, 1989 (8).

[84] 袁梅, 刘玉杰. 从语言到话语: 我国民族地区双语教育范式的偏移 [J]. 广西师范大学学报 (哲学社会科学版), 2017 (5).

[85] 张梅. 新疆少数民族双语教育模式及其语言使用问题 [J]. 民族教育研究, 2009 (4).

[86] 赵建梅. 英国威尔士双语教育对新疆双语教育的启示 [J]. 新疆社会科学, 2014 (6).

［87］赵蓉晖．新时期"多元一体"语言政策的变化与发展［J］．语言文字应用，2016（1）．

［88］赵守辉，王一敏．语言规划视域下新加坡华语教育的五大关系［J］．北华大学学报（社会科学版），2009（3）．

［89］赵晓芳．少数民族大学生就业问题的特殊性及对策建议［J］．西北民族研究，2009（3）．

［90］周殿生．我国的语言教育与国家利益［J］．新疆大学学报（哲学社会科学版），2004（2）．

［91］周庆生．论我国少数民族双语教学模式转型［J］．新疆师范大学学报（哲学社会科学版），2014（2）．

［92］周庆生．中国双语教育类型［J］．民族语文，1991（3）．

［93］周庆生．中苏建国初期少数民族文字创制比较［J］．民族语文，2002（6）．

三、报纸

［1］柴葳．为了"一个都不能少"的承诺——近年来我国民族教育改革发展成就综述［N］．中国教育报，2015 – 08 – 18（001）．

［2］国家中长期教育改革和发展规划纲要（2010—2020 年）［N］．人民日报，2010 – 07 – 30（001）．

［3］覃凤余．文化对接中的民语/方言濒危——以广西壮语为例［N］．广西民族报，2013 – 10 – 25（005）．

［4］王锋．为我国各民族交往交流交融搭建语言之桥［N］．中国社会科学报，2018 – 11 – 06（003）．

［5］王远新．民族语文政策与民族认同［N］．中国民族报，2007 – 01 – 26（006）．

四、学位论文

［1］高萍．朝鲜族小学汉语教科书的教育人类学研究［D］．北京：中央民族大学，2012．

［2］哈达．内蒙古自治区蒙古语授课中小学教育研究（1947 – 1966 年）［D］．呼和浩特：内蒙古大学，2013．

［3］罗芳．西藏农牧区小学汉语教学研究［D］．武汉：华中师范大学，2011．

[4] 邱静静. 壮汉双语教育政策实施的现状与对策研究——基于广西 H 县民族学校的调查 [D]. 上海：华东师范大学，2009.

[5] 王洋. 对维吾尔族汉语教学的研究 [D]. 上海：华东师范大学，2009.

[6] 吴艳梅. 义务教育阶段蒙古族学校汉语教科书研究 [D]. 北京：中央民族大学，2015.

五、论文集

[1] 国家民族事务委员会文化宣传司. 构建多语和谐的社会语言生活：民族语文国际学术研讨会论文集 [C]. 北京：民族出版社，2009.

[2] 金恒星，姜永德. 朝鲜族中小学汉语文教学四十年经验论文集 [C]. 延吉：东北朝鲜民族教育出版社，1992.

[3] 韦兰明. 壮汉双语教育研究（第一辑）[C]. 南宁：广西民族出版社，2013.

[4] 韦茂繁，戴庆厦. 第五届国际双语学研讨会论文集 [C]. 南宁：广西民族出版社，2007.

六、汇编

[1] 高等教育部办公厅. 教育文献法令汇编（1949—1952 年）[C]. 北京：高等教育部办公厅，1958：171.

[2] 郭福昌. 省市自治区少数民族教育工作文件选编（1977—1990）[C]. 成都：四川民族出版社，1995.

[3] 何东昌. 中华人民共和国重要教育文献（1949 年～1997 年）[C]. 海口：海南出版社，1998.

[4] 姜士林，等. 世界宪法全书 [C]. 青岛：青岛出版社，1997.

[5] 全国妇联国际部. 联合国妇女儿童重要文件汇编 [C]. 北京：中国妇女出版社，2008.

[6] 中华人民共和国国家教育委员会民族地区教育司. 少数民族教育工作文件选编 [C]. 呼和浩特：内蒙古教育出版社，1991.

七、报告

[1] "中国语言生活状况报告"课题组. 中国语言生活状况报告 2005（上编）[R].

北京：商务印书馆，2006.

［2］联合国教科文组织．多语并存世界里的教育［R］.巴黎：联合国教科文组织出版，2003.

［3］联合国开发计划署．2004年人类发展报告：当今多样化世界中的文化自由［R］.《2004年人类发展报告》翻译组，译.北京：中国财政经济出版社，2004.

八、年鉴·通志

［1］《中国教育年鉴》编辑部．中国教育年鉴（2000）［Z］.北京：人民教育出版社，2000.

［2］《中国教育年鉴》编辑部．中国教育年鉴（2002）［Z］.北京：人民教育出版社，2002.

［3］《中国教育年鉴》编辑部．中国教育年鉴（2003）［Z］.北京：人民教育出版社，2003.

［4］《中国教育年鉴》编辑部．中国教育年鉴（2007）［Z］.北京：人民教育出版社，2007.

［5］《中国教育年鉴》编辑部．中国教育年鉴（2009）［Z］.北京：人民教育出版社，2009.

［6］《中国教育年鉴》编辑部．中国教育年鉴（2010）［Z］.北京：人民教育出版社，2011.

［7］武鸣年鉴编纂委员会．武鸣年鉴·2012［Z］.南宁：广西人民出版社，2013.

［8］西藏自治区地方志编纂委员会．西藏自治区志·教育志［Z］.北京：中国藏学出版社，2005：233.

［9］新疆维吾尔自治区地方志编纂委员会，《新疆通志·民族志》编纂委员会．新疆通志·民族志［Z］.乌鲁木齐：新疆人民出版社，2005.

［10］新疆维吾尔自治区民族语言文字工作委员会，《新疆通志·语言文字志》编委会．新疆通志·语言文字志［Z］.乌鲁木齐：新疆人民出版社，2000.

九、电子资源

［1］2004—2010年西部地区教育事业发展规划［EB/OL］.（2004 – 09 – 23）［2018 – 06 – 10］.https：//old – moe – gov – cn.vpn.muc.edu.cn//publicfiles/business/htmlfiles/moe/moe_1892/201001/xxgk_77142. html.

［2］2020 年壮汉双语学校达 300 所、在校生达 15 万人 广西出台壮汉双语教育发展规划（2016—2020 年）［EB/OL］.（2016 - 04 - 26）［2018 - 06 - 10］. . https：//www - gxedu - gov - cn. vpn. muc. edu. cn/Item/13024. aspx.

［3］财政部教育部关于印发《少数民族教育和特殊教育中央补助专项资金管理办法》的通知［EB/OL］.（2008 - 05 - 19）［2018 - 06 - 10］. https：//www - mof - gov - cn. vpn. muc. edu. cn/zhengwuxinxi/caizhengwengao/caizhengbuwengao2007/caizhengbu-wengao20073/200805/t20080519_26208. html.

［4］关于印发《教育部民族教育司 2018 年工作要点》的通知［EB/OL］.（2018 - 03 - 21）［2018 - 06 - 10］. https：//www - moe - gov - cn. vpn. muc. edu. cn/s78/A09/A09_gggs/A09_sjhj/201803/t20180321_330793. html.

［5］广西壮族自治区统计局. 广西 2010 年第六次全国人口普查主要数据公报（2011 - 07 - 01）［EB/OL］. http：//www. gxtj. gov. cn/tjsj/tjgb/rkpc/201107/t20110701_2168. html.

［6］国家教委民族地区教育司关于印发《全国民族教育发展与改革指导纲要（试行）》的通知［EB/OL］.（2003 - 06 - 09）［2018 - 06 - 10］. https：//www - people - com - cn. vpn. muc. edu. cn/item/flfgk/gwyfg/1992/206006199205. html.

［7］国务院. 国务院关于加快发展民族教育的决定［EB/OL］. 2015 - 08 - 11. https：//www - gov - cn. vpn. muc. edu. cn/zhengce/content/2015 - 08/17/content_10097. htm.

［8］国务院办公厅关于转发教育部等部门《国家西部地区"两基"攻坚计划（2004—2007 年)》的通知［EB/OL］.（2004 - 02 - 06）［2018 - 06 - 10］. https：//old - moe - gov - cn. vpn. muc. edu. cn//publicfiles/business/htmlfiles/moe/moe_5/200501/5429. html.

［9］国务院关于深化改革加快发展民族教育的决定［EB/OL］.（2016 - 09 - 23）［2018 - 06 - 10］. https：//www - gov - cn. vpn. muc. edu. cn/zhengce/content/2016 - 09/23/content_5111248. htm.

［10］国务院关于印发国家教育事业发展"十三五"规划的通知［EB/OL］.（2017 - 01 - 19）［2018 - 06 - 10］. https：//www - gov - cn. vpn. muc. edu. cn/zhengce/content/2017 - 01/19/content_5161341. htm.

［11］国务院批转国家语委关于当前语言文字工作请示的通知［EB/OL］.（2016 – 10 – 20）［2018 – 06 – 10］. https：//www – gov – cn. vpn. muc. edu. cn/zhengce/content/ 2016 – 10/20/content_5122083. htm.

［12］国务院实施〈中华人民共和国民族区域自治法〉若干规定［EB/OL］.（2008 – 03 – 28）［2018 – 06 – 10］. https：//www – gov – cn. vpn. muc. edu. cn/xxgk/pub/ govpublic/mrlm/200803/t20080328_31650. html.

［13］教育部. 教育部关于印发《民族中小学汉语课程标准（义务教育）》的通知 ［EB/OL］. https：//www – moe – edu – cn. vpn. muc. edu. cn/publicfiles/business/ht- mlfiles/moe/s7046/201401/162461. html，2013 – 12 – 25.

［14］教育部办公厅. 全国民族教育科研规划（2014—2020 年）［EB/OL］. 2014 – 11 – 02. https：//jykjs – seac – gov – cn. vpn. muc. edu. cn/art/2014/11/27/art_3367_220059. html.

［15］西藏自治区超 99% 的学校实行双语教育［EB/OL］.（2004 – 02 – 06）［2015 – 07 – 12］. https：//www – chinatibetnews – com. vpn. muc. edu. cn/xw/kjww/201507/t2015 0712_691806. html.

［16］新华网. 习近平新疆考察：让群众有事干、有钱挣、有盼头［EB/OL］.（2019 – 3 – 13）［2014 – 04 – 28］. http：//news. xinhuanet. com/photo/2014 – 04/28/c_ 126443762. htm.

［17］新疆中小学双语教育覆盖面提高到 70%［EB/OL］.（2016 – 06 – 20）［2018 – 06 – 10］. https：//xj – people – com – cn. vpn. muc. edu. cn/n2/2016/0620/c188514 – 28535011. html.

［18］延边朝鲜族自治州朝鲜语文工作条例［EB/OL］.（1997 – 02 – 26）［2018 – 06 – 10］. https：//www – chinalawedu – com. vpn. muc. edu. cn/falvfagui/fg22598/136241. shtml.

［19］云南民族教育花正开［EB/OL］.（2017 – 07 – 06）［2018 – 06 – 10］. https：// www – yn – xinhuanet – com. vpn. muc. edu. cn/edu/2017 – 07/06/c_136422801. htm.

［20］云南省国家通用语言文字条例［EB/OL］.（2004 – 11 – 26）［2018 – 06 – 10］ht- tps：//www – moe – edu – cn. vpn. muc. edu. cn/s78/A18/yys_left/s3127/s3253/ 201001/t20100127_78556. html.

［21］中共中央办公厅、国务院办公厅转发教育部《关于正确处理少数民族地区宗教

干扰学校教育问题的意见》［EB/OL］.（2006 – 06 – 17）［2018 – 06 – 10］. ht-tps：//cpc – people – com – cn. vpn. muc. edu. cn/GB/64184/64186/66704/4495671. html.

［22］中国教育发展和改革纲要（1990 – 2000）［EB/OL］.（2012 – 07 – 06）［2018 – 06 – 10］. https：//www – moe – gov – cn. vpn. muc. edu. cn/s78/A03/ghs_left/moe_ 1892/s6616/s6617/201207/t20120706_138916. html.

［23］中华人民共和国民族区域自治法［EB/OL］.（2001 – 03 – 03）［2018 – 06 – 10］. https：//www – npc – gov – cn. vpn. muc. edu. cn/wxzl/gongbao/2001 – 03/03/content_ 5004447. htm.

［24］中华人民共和国宪法（1954 年）［EB/OL］.（2000 – 12 – 26）［2018 – 06 – 10］. https：//www – npc – gov – cn. vpn. muc. edu. cn/wxzl/wxzl/2000 – 12/26/content_4264. htm.

十、其他

［1］1958 年以来民族中小学教育工作基本总结（初稿）［R］. 呼和浩特：内蒙古档案馆（302 – 1 – 385 号），1959 – 12 – 01.

［2］广西壮族自治区教育厅. 关于印发《壮汉双语教育二类模式实施办法》的通知（桂教民教［2012］11 号）［R］. 南宁：广西壮族自治区教育厅，2012 – 07 – 30.

［3］广西壮族自治区教育厅民族教育处，壮文推行办公室. 我区壮文进校实验工作调研报告［R］. 南宁：广西壮族自治区教育厅，2008 – 01 – 29.

［4］内蒙古自治区教育厅（65）教普字第 79 号. 关于我区民族教育基本情况和问题的汇报［R］. 呼和浩特：内蒙古档案馆（302 – 1 – 428 号），1965 – 06 – 30.

后　记

　　本书是我担任第一作者的首部少数民族教育研究著作，也是我与相关作者在少数民族双语教育研究领域特别是民汉双语教育规划研究领域积极探索的初步成果。感谢本书合作者滕星、苏德、陈立鹏、祁进玉、王瑜、李芳兰、吴艳梅、江凤娟、敖俊梅、刘妍、李郭倩、李海峰、仲丹丹、刘倩的支持和奉献。书稿虽已出版，但其中仍存在诸多不足，希望得到有关学界同仁、读者朋友的批评指正。

　　少数民族双语教育是少数民族教育研究领域的重点和难点，具有较强的政策性、专业性、综合性和实践性等特点，一般的研究者进入其中有一定难度。所幸我在求学过程中，先后获得汉语言文学专业学士学位、教育学（课程教学论）专业硕士学位、人类学专业博士学位，具备了从事少数民族双语教育研究的跨学科知识和综合能力。

　　我真正进入少数民族双语教育研究领域是在博士研究生期间，当时参与了中央民族大学滕星教授和王远新教授主持的教育部人文社会科学重点研究基地 2005 年度重大研究项目"中国少数民族新创文字在教育教学中应用状况及存在问题调查研究"（项目批准号：05JJD850139），任项目助理及子课题"侗族新创文字在教育教学中应用状况及存在问题调查研究"的负责人，参与完成《中国少数民族新创文字在教育教学中应用状况及存在问题调查研究总报告》（执笔）及《侗族新创文字在教育教学中应用状况及存在问题调查研究报告》（独撰）。博士研究生毕业后，我继续在中央民族大学中国语言文学博士后流动站工作，由滕星教授指导研究广西壮汉双语教育。博士后出站后，我在中央民族大学教育学院从事教学科研工作，主要研究方向之一是少数民族双语教育，先后主持完成教育部人文社会科学青年基金项目"壮族新创文字应用问题调查与对策研究"（项目批准号：09YJC740073）、国家社会科学基金教育学青年课题"广西壮汉双语教育现状调查与对策研究"（课题批准号：CMA110171），并撰写和发表了一系列研究论文，从而为本书的写作和出版奠定了较为坚实的基础。

　　感谢引导和帮助我进入少数民族双语教育领域的有关师友，他们是梁庭望、舒化龙、肖淑琴、戴庆厦、徐杰舜、滕星、王远新、周明朗、苏德、曲木铁西、孙宏开、黄行、李宇明、郭熙、卫乃兴、覃小航、李锦芳、周国炎、文日焕、关辛秋、董艳、吴应辉、刘正发、贾仲益、李卫英、王阿舒、古力加娜提·艾乃吐拉、华锦木、李儒忠、刘军、赵建梅、李志忠、洪勇明、赵江民、王洋、才果、周庆生、李旭练、兰庆元、韦达提·吉米提、王学荣、韦景云、吴瑞林、赵晓非、田静、孙昉、韦达、韦树关、蒙元耀、覃德清、杨丽萍、韦兰明、零兴宁、李一鸣、覃其文、黄如猛、黄润柏、付广华、韦光化、欧阳常青、韦克平、覃志忠、黄锦艳、林秀贵、吴美莲、艾力·伊明、宝乐日、马效义、巴战龙、张霜、张苗苗、罗吉华、陈学金、高苏、罗正鹏、何璇、陈慧中、谭忠秀、白华、虎技能、英吉卓玛、张艳、陈海艳、张迎治、王静、李瑞华。感谢本书责任编辑邓莹女士的精心打磨，使本书编排更加规范、质量得以提升。最后，特别感谢我的家人对我从事民族教育研究的理解和支持！

海　路

2019 年 8 月 18 日

于北京中央民族大学北智楼 402 室